现场
记

考古队长现场说·中华何以五千年

高江涛 李平◎编

山西出版传媒集团
三晋出版社

考古中國

遗址千年文明　书香万里中国

我是一名考古人，由于专业的原因，经常与距今数千年的古遗址零距离接触。我们知道，考古遗址是传统文化的载体，是祖先智慧的结晶，是古代社会的窗口。简单来说，它们承载着博大精深的中华文明。

近些年来，考古这个以往的冷门学科逐渐热了起来，与此同时，社会上一些不当和错误的认识伴生而来，如“考古就是盗墓”“考古就是挖宝”等甚嚣尘上。考古需要以宽广的胸怀面向大众，让大众正确、科学地认识考古，甚至适时地体验、参与到考古工作中来。于是，越来越多的考古学者开展了大众普及工作，愈来愈多的考古遗址开展了公共考古活动。恰逢契机，国家层面“文化”与“旅游”融合，有了“诗”与“远方”，更有了“研学”。

何为“研学”？我理解，研学是旅行，更是教育；研学对象不仅仅是学生，还应包括我们这些家长。一切有探索需求者，都是学而研者。可见，研学旅行与公共考古在内容与理念上是有相通之处的。

进一步而言，千年、万年历史岁月留下的文明遗址是研学旅行的绝佳之地，是中华文明传承不可或缺的内容。因此，我们提出了“遗址研学”的理念。那么，所谓的“遗址研学”，与其他的研学有什么不同或独特之处呢？大家肯定会有这种灵魂式追问。我觉得至少有以下三个方面的魅力。第一，遗址研学在田野。考古遗址大多在野外，这类室外研学贴近自然，非常接地气。第二，遗址研学在心间。这类研学可以让大家体验考古发掘，通过遗迹、遗物与古人交流，似有穿越时空之感，也可以制作、复原钟爱的“古器”和“圣物”，体会祖先的高超技艺，感知文明的古老与辉煌，让每个人心间都有满满的民族自豪与文化自信。第三，遗址研学在秘境。遗址是一个逝去的存在，可能是一个文明，可能是一个聚落，也可能是一个墓地。探索这些神秘，正是研学之“研”的主题。有时，消失也是一种存在，只是需要我们去探寻。

今年，中国现代考古学诞生一百年。对于中国文明起源和形成的探索是百年中国考古最为重要的热点之一。2002 年，我们国家启动了“中华文明探源工程”，其间虽有短暂间歇，却一直进行到今天。这一工程收获了许多重要的考古发现与丰硕的研究成果。我们选取了十八处与之密切相关的典型大遗址或都邑遗址，由发掘它们的考古队长们亲自撰写遗址故事，编写研学教材，充任研学导师。这十八处遗址是山西襄汾陶寺、山西绛县西吴壁、甘肃临夏齐家坪、陕西神木石峁、河南陕县庙底沟、河南偃师二里头、山东章丘城子崖、安徽蚌埠禹会村、江苏高邮龙虬庄、四川新津宝墩、湖南洪江高庙、湖南澧县城头山、湖北京山屈家岭、湖北天门石家河、安徽含山凌家滩、浙江余杭良渚、上海松江广富林、辽宁凌源牛河梁。

十八处遗址，十八种文化或文明；十八处遗址，十八位考古队长；十八位队长，十八路诸侯，十八般“武艺”，述说十八处遗址独特的文明知识与故事。因此，这一研学书籍或教材，必将带给您不一样的感悟、不一样的体验。

郭沫若的《残春》言：“我们对于生的执念，却是日深一日。”

我们对遗址研学的执念，年复一年。我们只有对探索的执着，没有那佛家所说的怨念。研学在路上，永无止境！

高江涛

2021 年 3 月 18 日

黄河流域

淮河流域

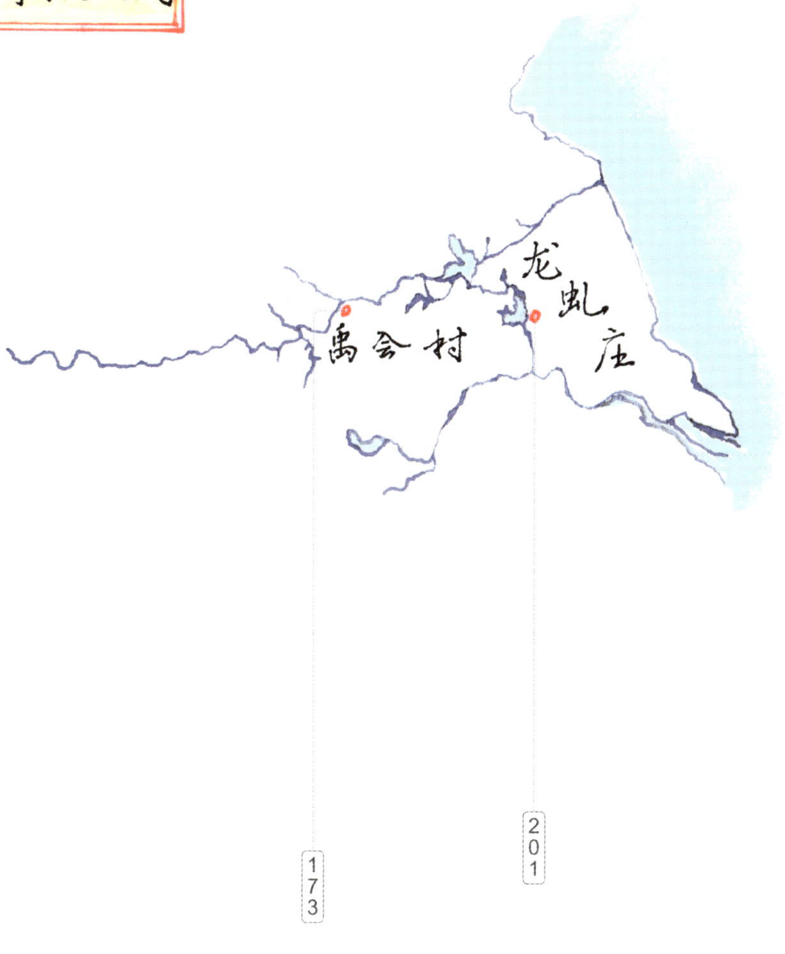

长江流域

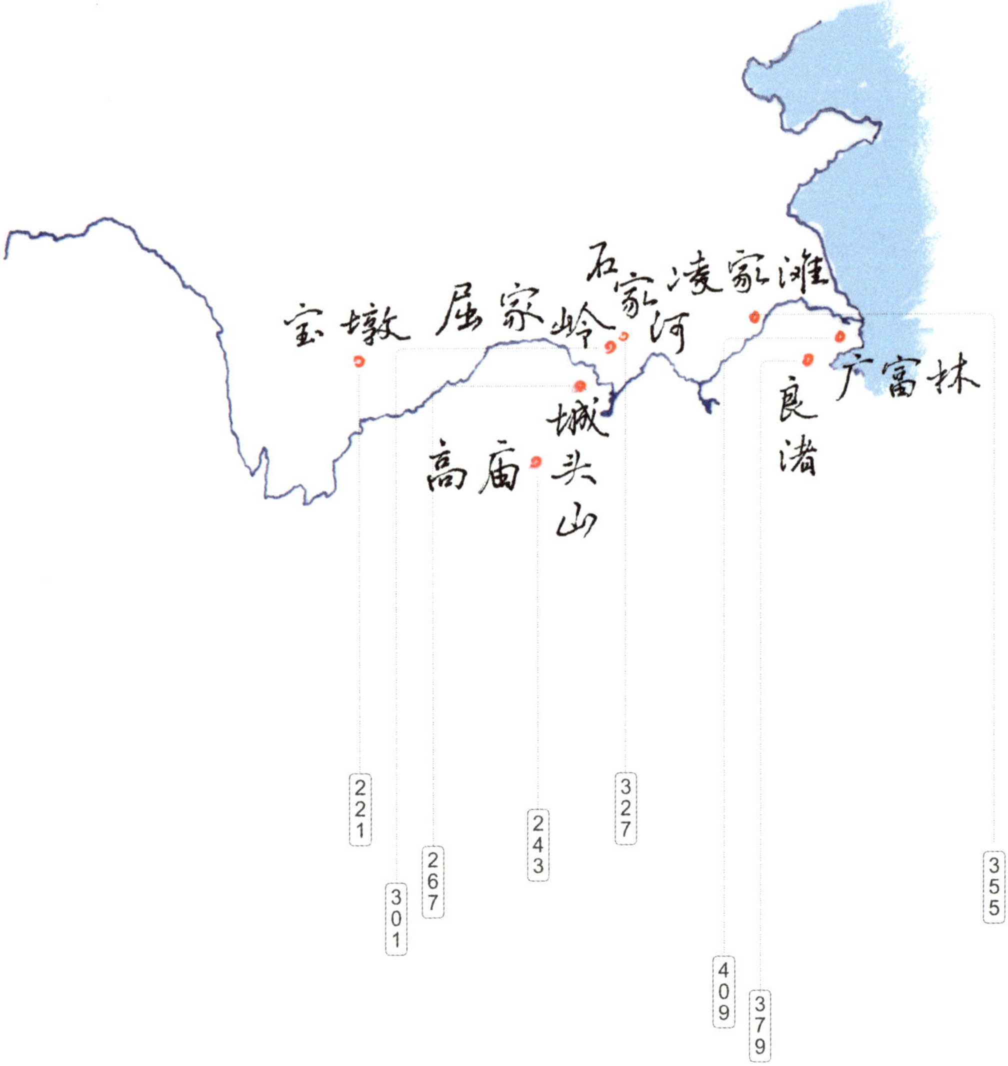

辽河流域

文化 时期 地区		新石器时代早期 10000B.C.～7000B.C.	新石器时代中期（裴李岗时代） 7000B.C.～5000B.C.	新石器时代晚期（仰韶时代） 5000B.C.～3000B.C.				铜石并用时代（龙山时代） 3000B.C.～2000B.C.	
黄河中上游地区	关中、汉中		大地湾文化	一期 北首岭类型	二期 半坡类型	三期 泉护类型	四期 半坡晚期类型	早期 案板三期	晚期 客省庄二期
	豫西、晋南		裴李岗文化（班村类型）	枣园类型（文化）	东庄类型	庙底沟类型（文化）	西王村类型（文化）	庙底沟二期文化	三里桥文化、陶寺文化
	豫中	李家沟文化	裴李岗文化（裴李岗、贾湖类型）	石固类型	后岗类型（后岗一期文化）	阎村类型	大河村类型	大河村五期文化	王湾三期文化
	豫北、冀南		磁山文化	下潘汪类型	后岗类型（后岗一期文化）	钓鱼台类型	大司空类型	孟庄早期龙山文化	后岗二期文化
	豫西南、鄂西北			大张庄类型	八里岗类型	下王岗类型	朱家台类型（文化）	屈家岭青龙泉二期类型	石家河青龙泉三期；王湾三期乱石滩类型
	甘青地区						马家窑文化：马家窑类型	马家窑文化：半山类型；马厂类型	齐家文化
	内蒙古西北、河套、陕北地区				阿善类型	三关类型	海生不浪类型	阿善三期文化	
黄河下游地区	鲁中南		后李文化	北辛文化 北辛类型		大汶口文化 早 王因类型	中 大汶口类型	晚 西夏侯类型	典型龙山文化 尹家城类型
	鲁西北		后李文化	苑城类型			五村类型	尚庄类型	城子崖类型
	胶东半岛			白石类型		紫荆山类型	北庄类型	杨家圈类型	杨家圈类型
	苏北			大伊山类型		刘林类型	花厅类型	赵庄类型	龙山文化
长江中游	洞庭湖		彭头山文化；皂市文化	大溪文化				屈家岭文化	石家河文化
				大溪文化（三元宫类型）				屈家岭文化（划城岗类型）	石家河文化（太山庙类型）
	鄂西南、峡江地区		城背溪文化	大溪文化（关庙山类型）				屈家岭文化（关庙山中层类型）	石家河文化（季家湖类型）
	江汉平原			边畈类型文化	大溪文化（油子岭文化）		屈家岭文化（屈家岭类型）		石家河文化（石家河类型）
长江下游地区	宁绍平原		跨湖桥文化	河姆渡文化第三、第四层	河姆渡文化第二层		河姆渡文化第一层	良渚文化	
	太湖流域			罗家角文化	马家浜文化		崧泽文化	良渚文化	广富林文化
	江淮地区			侯家寨文化	黄鳝嘴文化		薛家岗文化	薛家岗文化第四期遗存	
北方地区	内蒙古东南、辽河流域西北部		兴隆洼文化	赵宝沟文化	红山文化			小河沿文化	
	辽河流域东南部、辽东半岛		新乐文化	小珠山下层类型文化		小珠山中层类型文化		小珠山上层类型文化	
	松嫩平原		左家山第一期文化	昂昂溪文化、新开流文化					

黄河流域

陶寺遗址

高江涛

中国社会科学院考古研究所

“上穷碧落下黄泉，两处茫茫皆不见”本用来形容对爱情的极力追寻，被著名历史学家傅斯年先生改为了“上穷碧落下黄泉，动手动脚找东西”，这是对中国考古学注重实践、讲究物证、着力以田野调查对中国历史与文明进行探寻的形象描述。考古学从来就不是“书斋里”的学问，它离不开野外的调查与研究。山西襄汾县陶寺遗址就是在田野中被发现而闻名于世的。

太岳山脉余脉，崇山（俗称塔儿山）北麓山前向汾河谷地过渡的缓坡状黄土塬上，有一个不起眼的村庄——陶寺村，隶属于山西省襄汾县，是著名的陶寺遗址的所在地。陶寺遗址东依崇山主峰塔儿山，南、北分别被崇山的小支脉所夹，西面向广阔的汾河谷地和临汾盆地敞开，形成三面环山（“怀抱状”）、一面临水（“南北通”）的山川形势（图一、图二）。这种地形、地貌在风水学中被称为“太师椅”与“龙兴地”。

莫非在4000多年前，陶寺人已经懂得了风水学？抑或是陶寺人自觉不自觉的选择，给后世的“风水地勘”做了一次完整的佐证？

不知道，古人留给我们的神奇，太多了。

一、是外星来客吗？

2003年春。

山西，襄汾，陶寺。

这是一个普普通通的晋南村庄，依偎在塔儿山下的黄土塬上（图三）。此时，谷雨刚过，干旱的黄土塬正渴望着一场春雨。然而，连日来“窑窝”（当地方言，发音“尧王”，意为太阳）明晃晃的，让这个小村庄的农民们焦躁不已。谷雨前后，种瓜点豆。靠天吃饭的农民们，多么希望有一场春雨，能够让他们顺利地播种希望。

和农民们一样焦躁的，还有一群考古人。他们是由中国社会科学院考古研究所山西工作队、山西省考古研究所、临汾市文物局共同组成的联合考古队，在队长何努博

图一
图二

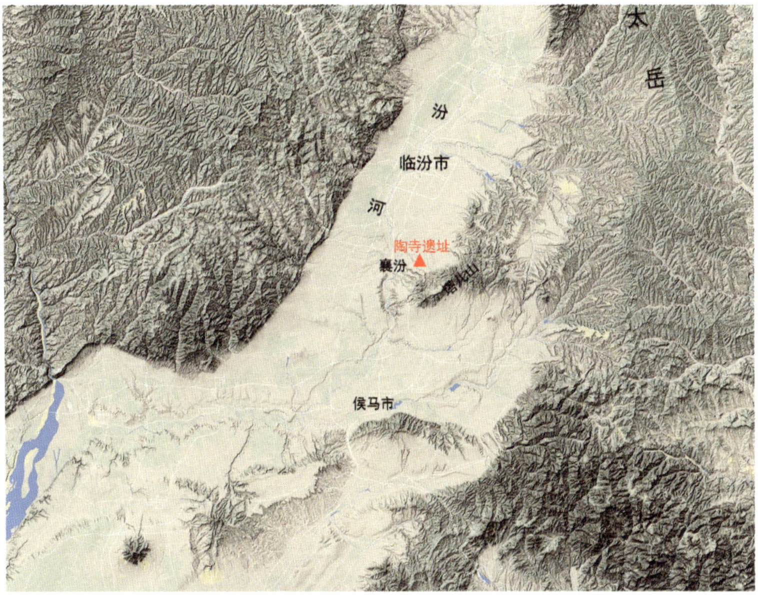

图一 陶寺遗址所在地山川地理

图二 陶寺遗址卫星图

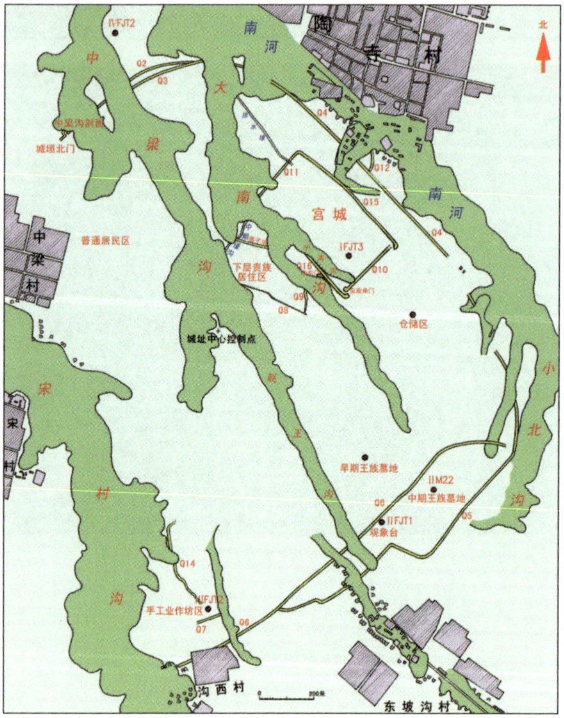

图三 陶寺遗址地貌

图四 陶寺城址平面图

士的带领下，准备对这片土地再一次进行深入的考古研究。

其实之前，经过多年的考古发掘，在这片土地上，一座大型城址的轮廓已经渐露端倪。但让考古学者感到蹊跷的是，这座大型城址的东南部又有一座刀把形的单独小城（图四）。他们认为这应该是一个很特别的区域，所以，从 2002 年开始，联合考古队对这一片区域进行了考古钻探，发现了大量墓葬。刚开始以为是墓地，但在它南面的一小片区域，洛阳铲竟然还钻探出了夯土。在考古勘探中，夯土的发现就意味着建筑类遗迹的存在。莫非，地底下还沉睡着一座大型建筑？它是什么样子呢？“猎物”隐约出现，调动了考古队员的兴奋神经，然而，兴奋的点还没有完全找到，一瓢凉水就泼了下来。

随着钻探的持续进行，考古队员发现，这一片夯土的范围、形状、结构不是十分清楚，而且夹杂着灰坑、路土、生土（没有人工扰动过的原生自然堆积土层）等各种遗迹现象，简直可以用一个“乱”字形容。这是一个完全陌生的地下世界，这里到底隐藏着什么样的秘密呢？亟待大家做进一步发掘，以解心中的谜团。

然而，让何努博士糟心的是，春季，晋南正是春雨贵如油的季节，黄土一干，大体上是一个颜色，这让依靠湿润土面的土质、土色的微妙差别来作判断的考古人简直寸步难行。

冥冥之中，似乎有上天相助。4 月 21 日，竟然下起了春雨。一天一夜小雨后，地面充分湿润，考古队员兴奋无比，谜一般的现场在春雨的滋润下，如同遇到了显影液，露出了各种“端倪”。对于被戏称为“福尔摩斯”的考古队员来说，对这些“端倪”进行科学判断易如反掌。

就在大家兴奋地刮着夯土，想象着地下的奇妙世界时，又一道难题出现了。

当刮完整个地面后，考古队员眼前出现的遗迹竟然那么陌生——地面上出现了至少两道弧形的夯土带。外侧的弧形是什么？是不是一道挡土墙呢？内侧的那道更加神奇。看似规整的弧形夯土带并没有连贯在一起，而是被一段段割断。如果原来是一道弧形墙的话，为何会有12道缝隙？如果不是墙，那又是什么？最有可能的是立起来的柱子排列成弧形，但这又是什么遗迹呢（图五）？

这是一处从未见过的建筑遗迹，完全超出了考古队员最初的想象，一时间，考古探索陷入僵局。

所有的事恰如上天完美的安排，就像那场及时的春雨一般。就在大家苦思冥想、不得其解时，考古队里来了两位“贵人”——中国科学技术大学科技史与科技考古系武家璧博士和石云里教授。武家璧博士满脑子的天文学知识，面对这个前所未见的遗迹，他自然不自然地从天文学方面去思考。他注意到，如果是柱间缝隙，它们面对的恰恰是塔儿山，塔儿山位于东方，恰是太阳升起之处，那会不会是通过缝隙来观测日出呢？

一语点醒梦中人，考古队马上开始制作带缝隙的架子，准备竖在原址上以观测日出，看看有无规律可寻。

经过无数次锲而不舍的发掘、观测和天文学计算，到2004年春季，考古队员们逐步确认确实存在12道柱缝，并判断这些缝隙是用来观日出、定节气的（图六）。

真是这样吗？4000多年前的古人已经可以确定节气了吗？我们熟知的“春雨惊春清谷天”，早在4000多年前就被我们的祖先发明出来了吗？

如果真是这样，这一惊人的发现必定要轰动全世界！

因为，在此之前，喜欢天文学的人们一提起神秘的天文遗迹，总会说起巨石阵，那是欧洲著名的史前时代神庙遗址，也是英国最著名的标志之一。巨石阵位于英格兰威尔特郡索尔兹伯里平原，被认为建于公元前2550—公元前1600年。在一大片草地上，横着、竖着一些看似毫无规律地摆放着的大石头。令人不可思议的是，巨石最高的有8米，平均重量近30吨，呈环形排布，直径超过100米，极具震撼力。更让人们惊奇的是，有不少重达7吨的巨石是横架在两根竖着的石柱上的。有人认为建造这样宏伟的巨石阵是为了记录太阳的轨迹，有人认为是墓碑或是祭神所用。但这些巨石是如何搬运到这里的，它们这样摆放的真正目的是什么，至今是个谜。甚至有人认为这里不是人类的遗迹，而是天外来客的建筑。

如果陶寺这个地方比巨石阵还早几百年就涌现出谜一样的天文建筑，对世界来说，不啻为一场“考古大地震”。

真相到底是什么呢?

探索的道路并不平坦，新的难题又来了。许多考古界的同行参观、考察之后，对这个史无前例的遗迹提出了许多问题，主要集中在两点：一是柱缝是怎么形成的？二是用于观测的圆心点是用现代天文学理论计算出来的，那么4000多年前的先民的观测点在哪里呢?

这些问题都是核心问题。不解决这些问题，这处遗址就无法圆满地定性。

随着考古工作的持续推进，通过对柱缝的解剖，考古队员惊奇地发现，柱缝仅深几厘米到十几厘米，之下的夯土是一体的。这就告诉大家，古人应该是先夯筑一道弧形的墙，再在地面规划出必要的缝隙，之后筑起柱子。第一个问题迎刃而解了。

观测点是观象台的核心，相当于“心脏”或“大脑”。这里如果真是观象台，那么古代先民的观测点在哪里呢？当时，能发掘的地方基本都发掘完了，只留下当时用于观测的土台子，台子上有学者找好的现代观测点。只有把这个土台子挖掉才能做完整的发掘，但是一旦挖掉土台子，现代观测点也就随之消失了。怎么办？考古队员想到一个好办法，在观测点上用洛阳铲打一个洞，洞里灌上白石灰，等于将这个观测点移到了地下，这样，即使土台子被挖掉，还能找到发掘面上的观测点。

土台子挖掉后，来陶寺进行考古实习的博士生高江涛开始发掘这一部分。他用手铲刮平面的时候发现了弧线，之后在何努先生的指导下，刮出四个近圆形的圈组成的圆形夯土台子，而移下来的观测点恰恰落在直径约25厘米的最内圈的中心上，与正圆心仅有4毫米的误差——古今观测点重叠在了一起，在场的人瞬间沸腾了。

就陶寺遗址的出土遗迹是否为古代的观象台这一问题，2004年11月13日，在北京召开专家论证会，会上虽然还有些不同意见，但这一结论得到了许多专家，尤其是天文学家的认可。

那么神奇的观象台是怎么运转的呢？

观象台的使用离不开三个部分，即塔儿山、观测柱（缝）、观测点。

塔儿山是天然条件。塔儿山非常奇特，它位于观象台的东面，是太阳升起的方位。塔儿山山势大体呈南北向，最高峰向南北两侧展开，似一个人张开双臂作怀抱状，所以又称“大尖山”“卧龙山”等（图七）。它不仅是太阳升起的地方这么简单，因为，在不同的时间，太阳会从山脊不同的地方升起。古人经过长期观察，发现太阳从塔儿山不同的地方升起，与物候之间有着一定的关联。而这一玄机，通过观象台这一大型建筑“仪器”，是可以有规律地展现出来的。所以，塔儿山成为 4000 多年前陶寺遗址建有观象台的自然而独特的原因。

观测柱形成 12 道观测缝，观测缝汇聚到观测点。这样，我们站在观测点，通过观测缝就可以看到太阳从塔儿山露出并离开山脊的神奇时刻，之后，太阳便被柱子遮挡看不见了。或者说，太阳升起，一道光柱透过柱缝打在观测点的神奇时刻，就是一个 4000 多年前的节气。今天我们知道，2 号缝的神奇时刻对应的是冬至，12 号缝的神奇时刻对应的是夏至，7 号缝对应的是春分和秋分，这样，冬至→春分→夏至→秋分→冬至，一来一回，正好是一年（图八）。据多年的实地观测，我们发现存在 20 个节气，这些都应该是 4000 多年前的重要节令，用于指导当时的农业生产。这些节气有些保留到了今天，如二分二至，如 3 月 28 日是当时的清明节（图九）。有些节气虽然能感受到物候的变化，但与今天已经不同。然而可以肯定的是，这是我国传统的二十四节气的祖源。

今天，节气对我们来说，是如此的简单和普通，但遥想 4000 多年前的人类社会，能够拥有这样的知识体系，无疑是掌握了最先进的尖端科技与核心技术，堪比今天的航空航天技术。

二、薪火相传 40 年

神奇的观象台遗址只是陶寺考古的一部分成果。说起陶寺考古，其实已经有 40 多年的时间了。

1958 年，山西开始在晋南开展文物普查工作。山西省文物工作委员会的丁来普先生在陶寺村的南沟与赵王沟之间发现了面积可能有数万平方米的史前遗址，这是陶寺遗址的最早发现。

1959 年，中国科学院考古研究所（即今天的中国社会科学院考古研究所）组建了山西队，由张彦煌任队长。时任考古所所长的夏鼐先生交给山西队一个重要课题，即“夏文化探索”与“商文化研究”。1959 年—1963 年秋冬，张彦煌带领山西队在晋南地区进行了 4 次大规模的考古调查，发现了仰韶文化至北朝时期的遗址 306 处。尤其是 1963 年冬季，在陶寺村南、李庄东南、中梁村东北和沟西村北又发现了 4 处遗址。

1973 年，山西队的张彦煌、徐殿魁、高炜以及山西省文物工作委员会的叶学明再一次对陶寺遗址进行调查时，敏锐地发现，之前的 4 处遗址基本连成一片。这样一来，遗址面积达数百万平方米，成为一个巨无霸型的大遗址。他们认识到陶寺是一处龙山文化时期的重要遗址，便将晋南地区指定为首选挖掘区域。

1978 年 4 月初，陶寺遗址开始正式发掘，陶寺考古的科学研究拉开了大幕（图一〇）。

时至今日，40 余年转瞬即逝，几代陶寺考古人孜孜探索，陶寺遗址的考古呈现出四个明显的阶段。

第一个阶段是从 20 世纪 50 年代末发现遗址到 1978 年正式发掘遗址之间，是陶寺的初识阶段。

第二个阶段是从 1978 年至 1985 年的连续发掘时期。这一阶段取得了突破性的收

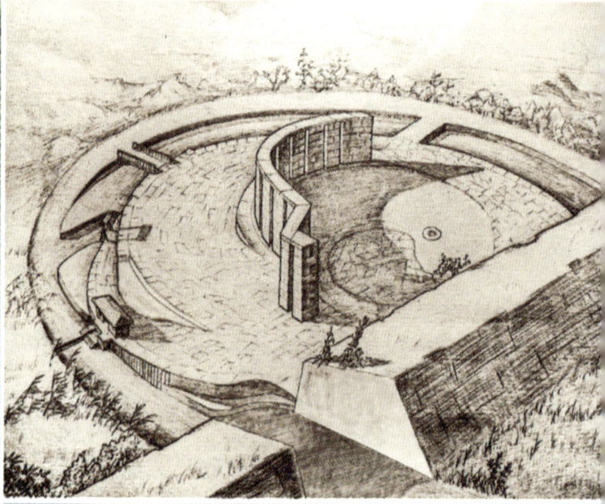

图六 图五
图九 图七

图五 陶寺观象台全景照

图六 陶寺观象台复原图

图七 陶寺塔儿山

图九 太阳出山，通过8号缝，形成光带，打在观测圆心上

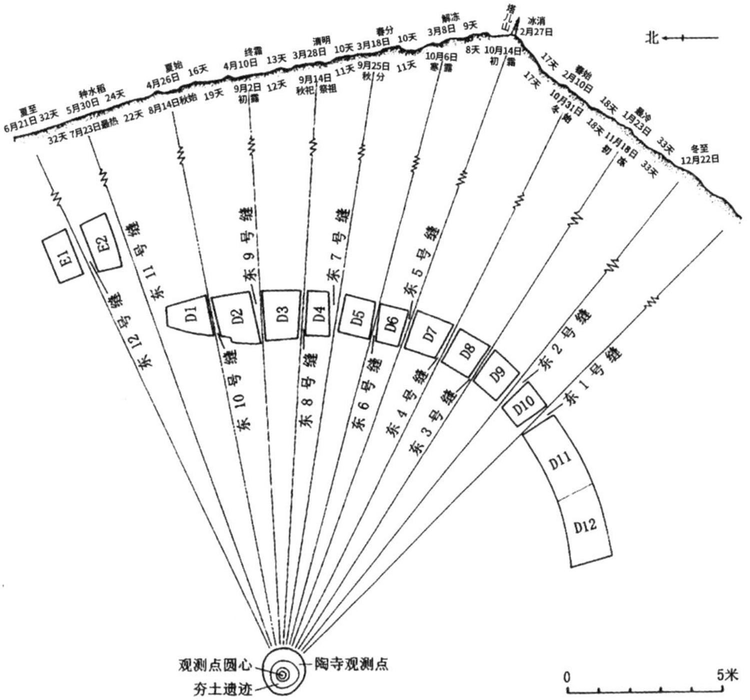

注：观测点至崇山距离为示意。E1、E2、D1-D11为夯土柱基础。

图八 陶寺观象台节气

获，特别是宏大的墓地的发现和发掘，震惊了全国考古界。随着墓地和居址的发掘，高炜、高天麟、张岱海等先生提出的“陶寺文化”，有了初步的内涵、特征、年代，并建立起陶寺文化早、中、晚期的发展顺序，这在考古学上被称为“考古学文化序列”，为以后的研究奠定了坚实基础。随着研究的不断深入，学界意识到，陶寺遗址对于探讨中国文明的起源和古代国家的形成具有重要的意义。

第三阶段是从 20 世纪末至 21 世纪初，以梁星彭为队长的陶寺考古进入一个新的时期，最重大的成果就是发现了当时黄河流域最大的城址，一座面积达 280 多万平方米、沉睡了 4000 多年的大城逐步露出“庐山真面目”。

第四阶段是 21 世纪以来，随着中华文明探源工程的推进，陶寺遗址的重大发现层出不穷，主要有观象台遗迹、中期墓地及中期王级大墓、城北夯土建筑基址、手工业区官署基址、宫城及其门址以及现在正在发掘中的宫城内的大型宫殿基址等。各方面的研究工作如年代、古环境、动物、植物、手工业、食物等，陶寺先民生活的各个方面，包括吃、喝、拉、撒、睡等，都全面展开，并推向深入。陶寺遗址是史前一处重要的都城聚落的地位逐渐确立了。这座与文明先祖“尧”密切相关的圣都的神秘面纱被考古人揭开了。

三、4000 多年前的古城给紫禁城的启示

经过持续的发掘和研究，考古工作者确定陶寺遗址的存在时间达四五百年。在碳十四测年等高科技的辅助下，它被分为早、中、晚三个时期，其中，早期为公元前 2300—公元前 2100 年，中期为公元前 2100—公元前 2000 年，晚期为公元前 2000—公元前 1900 年。这是陶寺遗址的主体年代。有些测年数据显示陶寺遗址早期为距今 4400 多年，实际年代应该更早；有个别测年数据显示它进入了公元前 19 世纪，延续时间或许更晚些。因此，具体的年代还需要今后新的测年数据来进行校正。

目前测得的陶寺遗址面积达 400 多万平方米。在这个范围内，考古队员发现一座面积至少有 280 万平方米的古城废弃在黄土之下。随着 40 多年持续的钻探和发掘，这座古城的面貌逐渐展现在世人面前。

城址平面大体呈圆角长方形，整体上由外围大城与内部宫城组成。城址东北部是宫城和宫殿群所在的核心区。宫城西南部为下层贵族居住区，南部是仓储区。城址南部偏东是早期墓地，墓地往南，单独围出一个“刀把”形的小城，作为特殊的宗教祭祀区，著名的观象台遗迹和陶寺中期的墓地就发现于这个区域内。城址西南部为手工业作坊区，西北部是普通居民居住区（见图四）。

宫城的发现，堪称一项改写历史的重大发现。当我们今天畅游北京故宫，体会明清两代皇宫的宏大与庄严的时候，谁会想到，早在 4000 多年前的陶寺，就已经有了它的雏形。

2012 年秋季，联合考古队在领队高江涛博士的带领下，对宫殿区进行进一步的发掘。之前，在这一片区域中就钻探出一些大型夯土建筑，推断可能是宫殿一类的遗迹，但没有进行过系统发掘，所以整体面貌并没有搞清楚。

10 月 19 日，考古队老技师张官狮在遗址的一个冲沟内，突然发现前方的沟崖断面上有一层层非常明显的夯土。这一现象瞬间触碰到了他的职业敏感神经。他马上喊来领队高江涛。二人沿沟寻查，发现在断崖上有 50 多米长的夯土层。高江涛立刻意识到它的重要性，因为如此长度或宽度的夯土遗迹存在于宫殿区，代表的可不仅仅是大型建筑基址，还有可能是城墙一类的遗存。于是，所有探工马上被调集到这里，全力追寻夯土的走向。结果，夯土延伸 100 多米仍不见断。考古队员全都兴奋起来，因为之前的判断被证实了——它就是墙垣一类的建筑（图一一）。

在随后的钻探中，一座封闭的长方形城址展露出来，围合的面积近 13 万平方米，恰恰是以前被称为宫殿区的区域，极有可能就是宫城之所在。经过长达 5 年的发掘，2018 年，考古专家们最终确认这里就是陶寺古城的宫城，是目前发现的全国最早的宫城。

宫城平面大体呈长方形，四面原来应是高高夯筑起来的城墙。城墙南北长约 270 米，东西长约 470 米，面积近 13 万平方米（图一二）。城墙复原高度 8 米以上。墙体为梯形，底部复原宽度约 10 米，顶部宽约 8 米。

十分重要的是，宫城的南墙上发现了两处门址，一处是南墙偏东的门址，叫南东门，可以在大南沟断崖看到其地基部分的剖面。这个门结构特殊，在南墙上东、西两侧各向外伸出两道短墙，中间为门道，复原以后有点像故宫的午门，其实这种门被称为“阙楼式”门址。隋唐时期，洛阳城的“应天门”就是这样的（图一三、图一四）。

在宫城南墙与东墙相接的地方，发现了一处形状特殊的门址。南墙向内拐折了一下，使进城的门偏向了一侧，这被称为“瓮城”，实际上是个“半瓮城”。东墙内侧门口墙上接出一个台子，是墩台。这个门最大的特点就是不容易进入，具有较强的防御性，这是中国古代都城城门常有的特性（图一五）。

宫城内超过 1000 平方米的宫殿建筑目前发现了 12 处，其中最大的夯土建筑基址，面积约 8000 平方米。夯土台基上发现了一座 540 多平方米的大殿堂。殿堂已遭废弃，支撑屋顶的柱子的柱洞和柱础石留了下来。台基之上还发现了疑似附属建筑，如厨房之类的房子（图一六）。

宫城内的各种设施和要素还是比较齐备的。它的发现意义重大：一是陶寺宫城保存较为完整，自成体系，规模宏大，形制十分规整，并具有突出的防御性质，是目前考古发现的中国最早、最大的宫城。二是宫城历经的时间较长，始建于陶寺文化早期；陶寺文化中期继续使用，并因陶寺大城的修建，成为真正意义上的宫城；陶寺文化晚期有重建的现象，在其偏晚阶段被彻底废弃。三是陶寺宫城的发现，使得陶寺遗址既有大城（郭城），又有宫城，形成双城的“城郭之制”。陶寺很可能是中国古代都城制度的源头或最初形态。四是陶寺宫城南东门遗址形制特殊，结构复杂，具有较强的防御色彩，十分罕见，对后世宫城城门的修建影响深远。陶寺宫城开创了中国古代宫

图一〇
图一一

图一〇
20世纪70年代末的发掘现场照
（左起：高炜、张岱海、高天麟）

图一一
2012年，宫城遗址钻探工作照

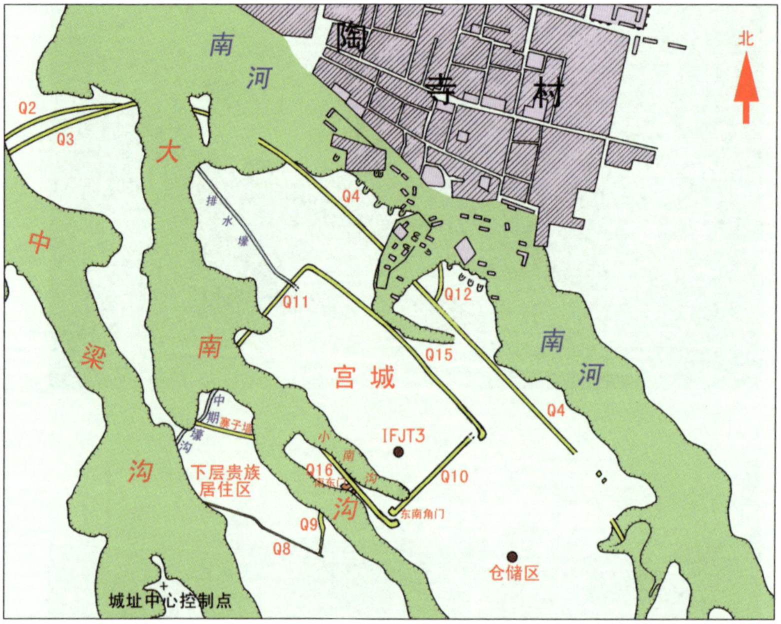

图一二

图一三　图一四

图一二　陶寺遗址宫城平面图

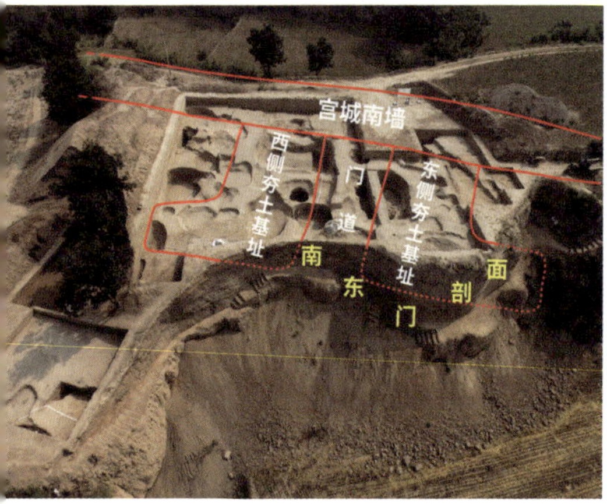

图一三　陶寺遗址宫城南东门遗迹

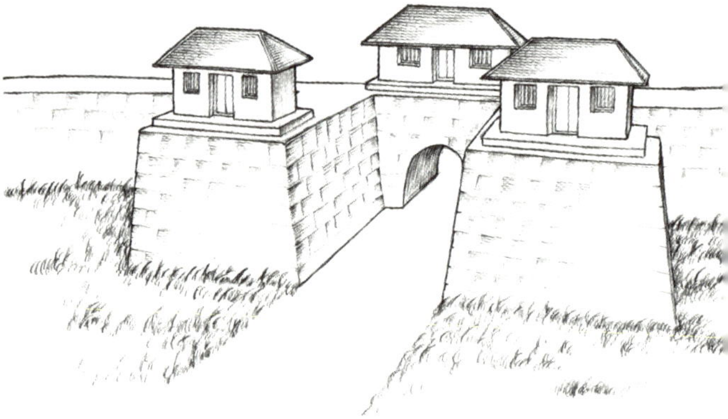

图一四　陶寺遗址宫城南东门复原图

图一五 图一六

图一五 陶寺宫城微缩景观航拍图

图一六 陶寺遗址最大宫殿

室制度的先河。

从陶寺4000多年前的史前宫城、阙楼式门址，到大唐盛世时期的洛阳城，再到明清紫禁城，一座城，一座中国古代的建城标本，绵绵不绝。

四、神奇的陶寺墓地

1978年春季，考古队在对陶寺遗址进行调查时发现，在地头断面和梯田断崖面上，竟然有人的残骨，而且数量不少。这是存在大型墓地的特征。因此，当年秋季，对这片区域的发掘正式开始了。此后，一处面积达4万平方米的墓地呈现在世人面前。考古队发掘了其中的1309座墓葬，轰动全国（图一七）。

经过对所发掘墓葬的整理、研究，我们发现陶寺墓地展现出了四大特点。

第一，密密麻麻的墓葬聚集在一个区域（图一八），这就是考古上常说的“聚族而葬”。“事死如事生”的观念由来已久，一个家族、一个大宗族，生前生活在一起，死后也要葬在一处，以血缘关系为纽带的“族墓地”传统延绵至今。陶寺墓地集中体现了这一点。然而，值得我们思考的是，当时怎么会有如此大的家族，需要占用4万多平方米的墓地。考虑到当时这里是一处都城，汇聚众多不同的族群，所以管理者统一进行了规划，墓地应该包含不同的家族，并且相对集中地埋在了一起。

第二，墓葬不仅“聚族而葬”，而且像排兵布阵似的成排成列地布局（图一九）。通过对早期墓地的发掘，我们发现，至少在陶寺文化早期，陶寺先民就对墓葬进行了规划。它们东西成排，南北成列，一排排、一列列地排列着。更令人惊奇的是，几乎所有的墓葬头向都朝向其东南方位的塔儿山。换句话说，塔儿山成了当时人们死后的“向往”之处。我们据此推断出两点：一是先民事先就对墓地做了严谨而统一的规划，二是先民存在明显的山川崇拜。这也从一个侧面说明，塔儿山是当时人们心中的“圣山”或“神界”！

第三，墓葬“聚族而葬”，成排成列地布局，且大小不一（图二〇）。陶寺遗址的墓葬明显分为大、中、小三个等级。大墓一般长 3 米左右，宽 2 米左右；中型墓一般长 2.5 米，宽 1.5 米；小墓一般长 2 米以下，宽 1 米以下，仅能容身。大墓虽然面积大，数量却极少，目前仅有 9 座，其中 5 座是最大一级的。小墓虽然面积小，却数量众多。就数量而言，三种类型的墓葬整体上形成了一种如金字塔般的结构分布。大墓数量虽然少，却在墓室中随葬大量珍贵物品（图二一）；而数量众多的小墓，大多空无一物，偶尔会有一件随葬品，也是日常生活使用的陶器。这种现象说明，严重的“不平等”已经存在于当时的社会中，社会上很可能已经有了不同的阶层，甚至阶级，而不再是“平等的社会”。阶级的存在，折射出“国家”这一社会组织形式的存在。“国家是文明社会的概括”，可见这又是“文明”社会的标志。陶寺遗址墓地让我们透过蛛丝马迹初见“文明”社会和“国家”的端倪。

第四，墓葬出土了数量不少的礼器，如彩绘龙盘、鼍鼓、土鼓、漆木器、玉器等。礼器的出现反映了礼制的逐步形成。“礼乐文明”是古老的中华文明最大的特点之一，中国一直以“礼仪之邦”来定义自己。彩绘龙盘上有一条盘曲形态的龙，龙是中华民族古老的图腾。鼍鼓是用鳄鱼皮蒙面的鼓，土鼓是陶质的鼓。直到今天，远近闻名的“威风锣鼓”依然是山西临汾地区特有的民间艺术形式之一。

五、陶寺出土的宝贝

直至今日，陶寺遗址的发掘面积尚不足遗址总面积的千分之五，但是这千分之五不仅为我们呈现了让人叹为观止的 4000 多年前的神奇观象台，结构复杂的最早宫城、宫殿，还让我们得以窥探 4000 多年前古人使用的各种生活用品，其中很多已成为“国家宝藏”。

陶寺遗址迄今出土了陶器、石器、骨器、蚌器、玉器、铜器、木器等各类文物

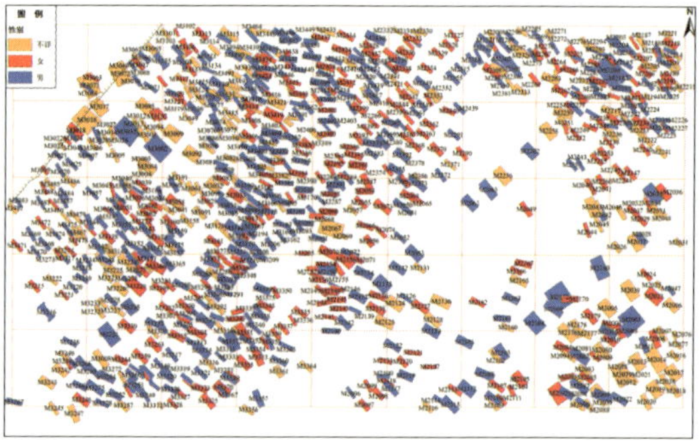

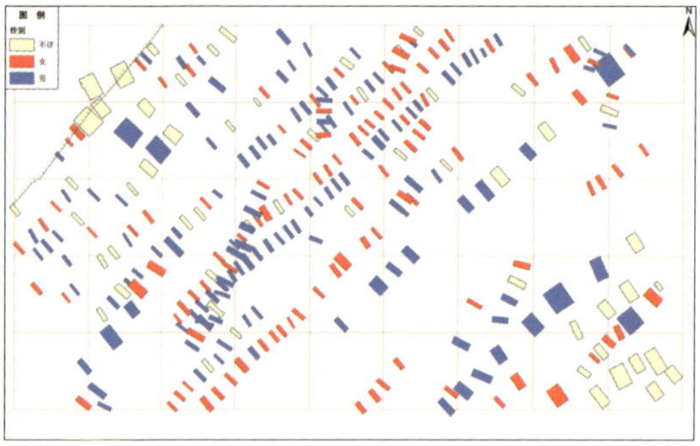

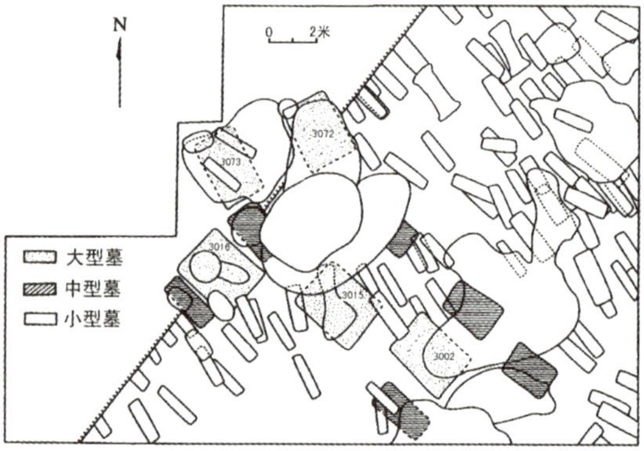

图一七 陶寺文化早期墓地

图一八 陶寺墓地墓葬分布示意图

图一九 陶寺墓地墓葬成排成列分布示意图

图二〇 陶寺墓地不同等级墓葬分布图

图二一
陶寺文化早期大墓

5200多件。在众多文物中，彩绘龙盘、文字扁壶、鼍鼓、玉兽面、豮豕之牙等重器值得给予特别的关注，这些都是真正意义上的“国之重器”。

彩绘龙盘

彩绘龙盘是陶寺遗址出土的最为典型的“国之重宝”。我们今天常说中华儿女是龙的传人，龙是中华民族的象征。陶寺遗址出土了4件带有龙形彩绘图案的陶器，我们称之为“龙盘”。

1980年，春季发掘快结束时，在陶寺3016号大墓的平面清理中，发现了一个圆盘形的陶器，模模糊糊有一些图案。据考古队高炜先生回忆，因墓葬面积较大，进一步发掘比较耗时间，根据工作整体进度的安排，考古队员们撤出工地，把这个陶盘留在原处，留待下半年发掘时进一步清理。下半年的发掘启动后，考古队员才发现，那个陶盘竟然是龙盘。它好像故意在我们暂时撤离现场前出来先跟大家打个招呼，几个月后才让我们见到它的真容。也是，好东西岂是那么容易见的（图二二）。它成为陶寺遗址发现的第一个龙盘，之后在3072号、3073号和2001号大型墓中又出土3件龙盘（图二三）。

陶寺出土的4件龙盘大小基本相同，盘口直径35~40厘米，盘底直径12~15厘米，高7~12厘米。仔细观察陶寺的龙盘，会发现：第一，它们均是蟠龙，盘曲如蛇；第二，身体上有鳞状斑纹，似鳄；第三，头部两侧似耳，为方形，但众所周知，蛇无耳，头呈三角形，因此，又非蛇头形象；第四，长颌，有锯齿状牙齿；第五，口衔枝状物，十分罕见。

这些龙的形象是现实中不存在的多种灵兽的组合体，这正是“龙”的最大特点。陶寺龙是真正意义上的“龙”的雏形，是与夏、商、周及后世的龙最有渊源关系的龙的形象。

龙形图案多出现在水器上，与水、云、雨相关，后世常常认为龙是主管雨水的神祇。龙与风调雨顺关联，意味着丰产、丰收。有学者认为陶寺龙口中所衔的枝状物或许就是禾穗之类的东西，带有丰收之意，所表现的是“泽被四方，心系万众”之情。这些正是中华民族的精神和美德。

朱书扁壶

扁壶是陶寺最常见的汲水器，其中有一件朱书扁壶，因陶器上用朱砂书写两个文字而闻名于世（图二四）。

朱书扁壶的发现是偶然，也是必然。1984 年春，考古队负责人高天麟先生除了发掘分配给自己的探方以外，还经常去其他探方查看和讨论。一天早晨，他看到李健民先生的探方中一座编号为 3403 的灰坑口部堆了不少大块陶片，就蹲在坑边“对陶片”。“对陶片”就是将破碎的陶片按照陶器原本的形态粘对在一起，以便复原。高天麟先生“对陶片”的技术在考古队中是最厉害的。他发现几块陶片表面有鲜红的“道道”，

图二二 图二三

图二二 蟠龙纹陶盘（M3016：9）

图二三 蟠龙纹陶盘

高先生敏锐地意识到这个“道道”不普通，就赶紧把陶片收集起来，带回灶房，找来刷子和水盆，洗刷掉红色笔迹周边的泥巴。果然，扁壶鼓的一面显现出像是“文”字的字形，平的一面有一处近似圆圈的痕迹，下有一横，横下又是一个近似“人”的形象。经过辨认，大家一致认为这些是软笔朱书无疑。“文”的字形可以明确释读为“文”字，另一字则不易释读。如果真是这样，这些文字将比甲骨文早近 800 年。这一发现让考古队的同仁异常惊喜。李健民先生这样形容当时的气氛：“血液凝固了……空气凝固了……”当时“对”出来的扁壶是残缺不全的，于是，考古队员们又将这个灰坑出土的陶片一一检视，把土全部过筛，却无新的收获。再反过来仔细审视扁壶残器，见边沿的断茬一周都涂有朱砂。大家这下恍然大悟了，原来涂朱时就是残断的器物。出于谨慎，考古队员暂时称这两个朱书文字为两个“符号”。

1985 年秋，哈佛大学教授张光直先生到北京访问时，大胆提出会不会是字呢，为研究指出了一个新的思路。1985 年冬，张政烺先生见到该扁壶的照片和临摹图后，指出，它与殷墟甲骨文和现在通行的汉字属于同一个系统。之后，学者们纷纷考释这两个字。其中的一个字被多数学者认定为“文”字，争议不大。另一个字则颇有争议，目前有三种看法：一是“命”字，与大禹有关；二是“昜”字，与太阳崇拜有关；三是“尧”字，与“尧王”有关。我认为，这个字上部表示太阳，中间一横表示地平线，下面是“人”形，组合起来表示“人长期观测从地平线上升起的太阳”，自然就发现了太阳运转的规律，进一步创造性地发明了观象台。就字本身而言，最有可能是“昜”字，也就是“唐”字。综合来说，这个字与观日授时、唐尧密切相关。

一件残破的朱书文字扁壶，折射出中国文字的起源、形成与演变的历史。

鼍鼓

鼍鼓就是用鳄鱼皮蒙面的鼓。“鼍”又称“扬子鳄”“鼍龙”“猪婆龙”，它的皮可以蒙鼓。《诗经》中的 “鼍鼓逢逢，蒙瞍奏公”，可能是对鼓的最早描述。古代文献中的宫廷庙堂乐器竟然在 4000 多年前的陶寺文化时期就已经存在了。

鼍鼓只出土于陶寺遗址的王级墓葬中，据此，我们推测当时有专门的制作者（绘师）。因为这 5 座大墓都曾被陶寺文化晚期的人破坏，从残留的鼍鼓复原物看，其直径一般在 50 厘米左右，高 1 米以上。我们进一步研究还发现，如果不是被破坏的话，每一个王墓中都有 2 个鼍鼓（1 对）和 1 个石磬的组合，而且它们在墓室里的摆放位置也是固定的。显然，鼍鼓、石磬等已经成为当时的礼乐器，或兼为祭器。距今 4300 年的陶寺文化时期已经出现了明显的乐器组合，由此可以窥视当时的“礼制”。《诗经》也说“既和且平，依我磬声”，鼍鼓与磬的组合更是传继至商周时期，成为身份高贵的王侯特有之器。礼制是中华文明的特质之一，而礼制，甚至是礼乐文明，在陶寺文化中已经初步形成（图二五）。

玉兽面

玉兽面出土于陶寺文化中期偏晚阶段的 22 号王级大墓中，距今 4000 年左右。它不同于陶寺文化中常见的玉钺、玉璧、玉琮、玉环、多璜联璧、玉戚等，是陶寺玉器中最有特色的，整体呈现出兽面的形状。它的顶是“介”字形冠，中间是面部，似有口与眼，两侧似双翼。玉兽面尺寸很小，高 3.5 厘米，宽 6.4 厘米，厚 0.3 厘米，可能是佩戴的饰品之类（图二六）。

陶寺文化具有汇聚周边文化的特点，玉器是最能体现这一特点的器类。从这些玉器的身上能够见到东南方“良渚文化”、北方“红山文化”、东方“大汶口—龙山文化”、西北“齐家文化”等新石器时代各地域文化的因素。远在长江中游江汉平原的石家河遗址，也有形态基本相同的玉兽面。北方的陶寺文化与南方的石家河文化、后石家河文化的交流由此可窥一斑。一件小小的玉器，真实地反映出 4000 多年前中国不同区域文化和社会之间存在着广泛的交流与互动。

有社会学家认为玉兽面展开的两翼似大角，与上古传说中的战神蚩尤的形象十分

图二四 朱书扁壶

图二五 鼍鼓

图二六 玉兽面

图二七 豮豕之牙

图二四
图二五
图二六
图二七

相近，佩戴它可以驱凶辟邪。这可备一说。

豮豕之牙

豮豕之牙，通俗来说，就是被阉割过的公猪的獠牙。在陶寺 22 号王墓东壁中央最显眼的位置，摆放着一个带牙的公猪下颌骨，十分少见（图二七）。更令人难以琢磨的是，这个下颌骨两侧分别对称摆放了 3 把代表军事武力的玉石兵器——钺。这显然是有意如此摆放的，那么它要表达的是什么意思呢？我们无法穿越，只能透过这些现象尽力去寻找答案。

何谓豮豕之牙？翻阅古文献，我们发现，《易・大畜》中说："六五，豮豕之牙，吉。"马王堆汉墓出土的帛书《昭力》篇中说："豮豕之牙，何胃（谓）也？子曰：'古之伎强者也，伎强以侍难也。上正（政）卫兵而弗用，次正（政）用兵而弗先，下正（政）锐兵而后威。……上正（政）陲衣常（裳）以来远人，次正（政）橐弓矢以伏天下。'《易》曰：'豮豕之牙，吉。夫豕之牙，成（盛）而不用者也，又笑而后见，言国修兵不单（战）而威之胃（谓）也。'"大意是说我们很强大，但是我们陈兵不战。这就是常说的"不战而屈人之兵"，这才是最好的施政策略（上政）。我们突然明白了，王墓东壁正中陈列"豮豕之牙"，那牙两侧的 6 把兵器不就是"陈列的兵"吗？墓主人——这位主政者或领导人，想要通过随葬品的陈列表达他"卫兵弗用、修兵弗战、崇尚文德"的和合思想。

众所周知，尧舜时代的政治理念强调的是和善、多元、包容、融合，是和合思想产生的重要时期。这在很多文献典籍和出土文字资料中都有一定的反映。《尚书・尧典》就直言"协和万邦"。这也是我们说陶寺遗址是伟大祖先尧的都城的一个侧面证据。

直到今天，我们在国家治理方面还经常说要建立和谐社会。4000 多年前的简单的文物组合，传达出中华民族传承数千年的一种治国理念和思想！

六、陶寺实证了什么？

陶寺遗址的重大发现对于我们探索中华文明起源、形成和发展的演进过程有什么重要意义呢？或者说它在中国历史长河中处于什么样的地位呢？这是我们必须回答的问题，也是我们抽丝剥茧想要知道的答案。

陶寺遗址被发掘之后，考古学家发现它周边还有近 100 处与之物质文化相同的其他遗址，主要分布于晋南地区的临汾盆地，即峨嵋岭以北，汾河下游及其支流浍河、滏河流域。陶寺遗址是它们的典型代表，且发现较早，所以就以“陶寺”这个地域名字为考古学文化命名，称其为“陶寺文化”。陶寺文化是中原地区龙山时代的著名区域考古学文化，有着自己特有的器物群和文化面貌，主体年代距今约 4300—3900 年，分为陶寺早、中、晚三期，属于新石器时代末期，早于我们常说的中国第一个王朝——夏代，并与之大体衔接。

在今天我国的地域范围内，与陶寺文化大体同时期的考古学文化主要是海岱地区（主要是山东）的“大汶口—龙山文化”，主要分布于河南的“王湾三期文化”，晋陕高原的“石峁文化”，甘青地区的“齐家文化”，长江中游江汉平原的“石家河与后石家河文化”，长江下游的“良渚文化最晚期”等。各个区域都有自己社会与文化的发展过程。众多的区域文化被著名考古学家苏秉琦称为“满天星斗”，严文明先生称之为“重瓣花朵”。无论如何，陶寺文化都是“满天星斗”中最亮的星星之一，是“重瓣花朵”的花心部分之一。

根据现在的考古研究，我们发现，陶寺文化时期的社会具有以下四个特质：

一是陶寺文化时期，社会不是一个平等的社会，已经出现了严重的等级分化。比如前面提到的墓葬大、中、小的差别，就是墓主人社会地位高低的巨大差别；比如在居住上，王住在高大恢宏的宫殿里，普通人住在 10 多平方米的小房子里，更低下阶层的人住在半地穴或窑洞式的房子内（图二八）。

二是陶寺文化时期，社会出现了“王”这一最高统治者，意味着王权为主的国家的出现。早期的 5 座大墓（如 3015 号墓）和中期的 22 号墓都应该是王的墓葬。

三是陶寺社会是讲“礼”的，就是礼制初步形成了，并成为社会制度的精髓，传继后世。

四是陶寺所建立的这个国家是初级国家阶段，很原始，也很脆弱。

总之，陶寺社会已经不在部落社会阶段，而进入了国家阶段，这一时期文明已经形成。

同时，陶寺文化时期，社会具有以下优秀的品质：

一是重礼。礼就是秩序，有了秩序，社会才能稳定发展。

二是务实。用大量的人力、物力来兴建城池，保护居民；建设观象台，指导农业生产，发展经济。不像石家河、良渚等文化浪费大量人力、财力用于虚无缥缈的“神”的祭祀和非生产活动。

三是融合。就是海纳百川，把周围文化和社会中先进的因素兼收并蓄，重新改进，为己所用，所谓“不积小流，无以成江海”。比如，它吸收了东方的玉礼器，将长江下游良渚文化的玉琮用于“通神”的神徽纹饰抹去，而用于世俗的佩戴；它吸收了北方过来的实用器陶鬲，西北过来的铜器等。总之，陶寺社会的品质是低调、沉稳、有内涵的，走的是可持续发展的道路。这也正是陶寺社会的很多东西能够传承到今天的原因。

陶寺社会所创造的物质文化和精神文明多为夏、商、周三代王朝及其后世所继承、发展，与之一脉相承。如果把中华文明比喻成一棵参天大树的话，当我们追寻它“根”的部分的时候，发现密密麻麻的根系就像不同地区众多的区域文化，都为这棵大树贡献了养分，但树木总有一个“直根”或“主根”直接连通树干，陶寺文化创造的文明就是中华文明的主脉。

七、为什么说陶寺是最初的中国？

我们今天自称“中国人”，其实这种认为自己所在地是“中心”“中国”的观念自从人类有了群居就自然而然地产生了。然而，这个“中国”被不同的人群或族群广泛认可，则是从陶寺文化时期开始的。

西周初年的青铜器“何尊”最早提到“中国”二字，其铭文曰：“余其宅兹中国，自之乂民。”意思是周武王意欲建都“中国”，以方便统治四方的人民。在周人意识中，“中国”处于四方之中。因此，周代初期的“中国”，可以肯定的有二：第一，“中国”为四方“地中之国”，或言“地中之都”；第二，“中国”是一个具体的地方，即大体指以洛邑或洛阳盆地为中心的中原地区，所以就有了许宏先生所说的处于洛阳盆地的二里头遗址为“最早的中国”之说。简单而言，“中国”就是两个字，一个“中”，一个“国”，“地中之国”或“中土之国”即“中国”，这应该是其最原始的本意。

这样一来，“中”或“地中”就成为问题的关键。“中”字在比西周更早的商代甲骨文中就已经出现，一般被解释为与旗帜有关。但也有很多学者发现甲骨文中还常见“立中”，认为“立中”就是“立中测影”，即我们常说的立杆测影或立表测影，通过杆（表）的影子长短来确定春、夏、秋、冬四时。近些年，著名的清华大学藏战国时期的竹简被整理出来，其中《保训》一篇提及舜的“求中”“得中”和上甲微的“假中”“归中”四个“中”，由此引起学界的热议。但是我们发现，这个“中”竟然可以求得，甚至可借可还，所以它显然是一个具体的东西。

令人称奇的是，陶寺22号王级大墓出土的一件带有不同色带的漆杆，正是立表测影的“圭”（图二九）。2009年6月21日，考古队员与天文学家使用复原的漆杆进行了实验考古。正午 12:40，漆杆最短的影子逐渐到达杆上一个特殊的色带，这时影子长度约 40 厘米，折合 1.6 尺（图三〇）。《周髀算经》恰恰记载“夏至之日晷尺六寸”，规定夏至圭尺影长一尺六的地方是“地中”。因此何努先生说圭表测影确立“地中”，“圭尺”代表着“地中”，而陶寺一带，或笼统来说，晋南地区至少应该是龙山晚期人们意识形态上的“地中”所在。

但是《周礼》中又有“日至之景（影），尺有五寸，谓之地中……乃建王国焉”的记载，说一尺五的地方是“地中”。元代著名的观星台所在的河南登封一带，夏至晷尺影长约 1.5 尺。这样，出现了两个“地中”，看似矛盾，其实却正好解释这个问题。原来，人们最早普遍认同“地中”在陶寺所在的晋南一带，之后逐渐转移，到了西周时期，二里头遗址所在的洛阳盆地一带被当时的人们确定为“地中”。

我们前面已经说陶寺文化时期已经进入了“国家”时期，这样既有“中”，又有“国”，比许宏先生认为的“最早的中国”的二里头遗址早 300 多年，所以我们说，陶寺所在的地方才是“最初的中国”。司马迁在《史记・五帝本纪》中讲到尧禅位给舜，但舜不得不避开尧的儿子丹朱去其他地方，最终舜“之中国践天子位”。这里所提到的“之中国”，就是回到了“中国”。这一记载也从侧面反映了尧都陶寺之所在是当时人们心里认可的“中国”。

所以，陶寺在中国历史长河中的地位可以概括为八个字——华夏主脉，最初中国。

陶寺都城经历了数千年的沧桑巨变，已面目全非。今天的我们，岂能辜负我们伟大民族悠远的文明？纵然不能重现其时的辉煌，也可以通过合理的开发与科学的展示，将“最初的中国”呈现给今天的人们和我们的后人，所以，“陶寺遗址国家考古公园”已经在筹建中了。未来，我们将行走在遗址冲沟中的人行道路上，沿途体验古观象台、22 号王墓、大型墓地、宫城及宫殿、城墙剖面等文化遗产。穿越回 4000 多年前的“最初的中国”，那将是怎样的一种体验（图三一、图三二、图三三、图三四）！

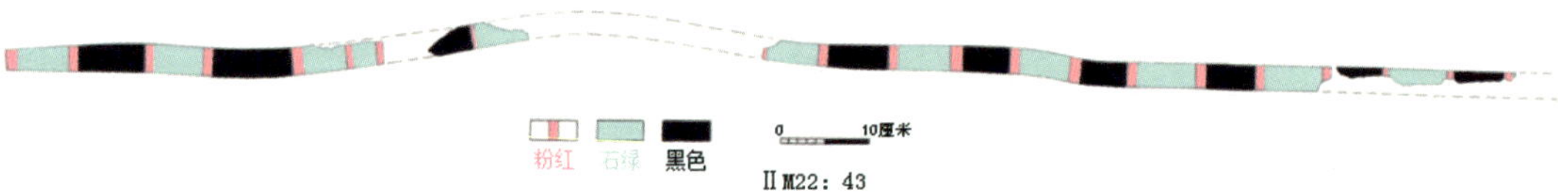

图二八 陶寺遗址半地穴式房子

图二九 圭尺（复原线图）

图三〇 圭尺复原实验测试（2009年6月21日）

图三〇 图二八
图二九

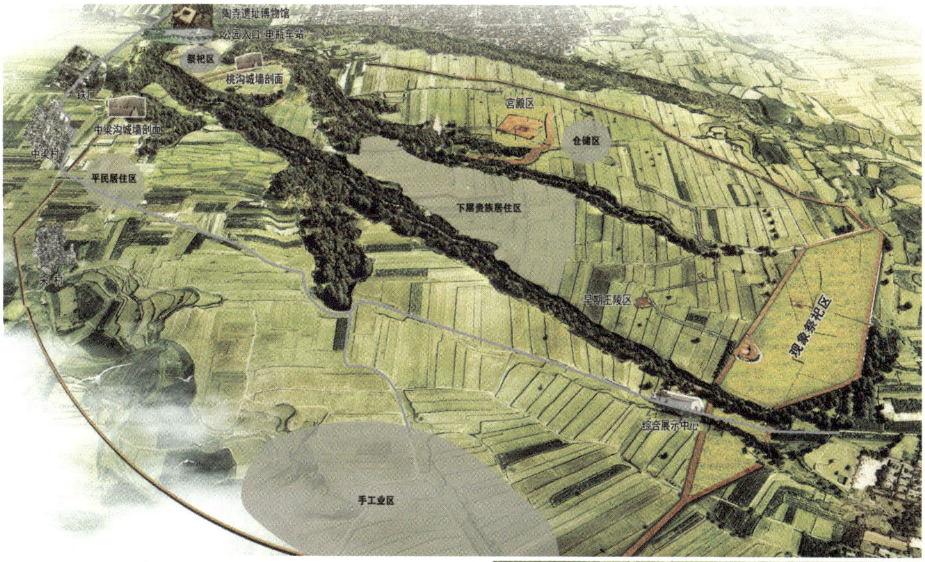

图三一 陶寺遗址公园总图

图三二 陶寺遗址公园观象台与王墓

图三三 陶寺遗址公园中梁沟中的大城城门断面

图三四 陶寺遗址公园中的博物馆

未解之谜

1. 陶寺都城为什么废弃了？之后的人去哪里了？

2. 陶寺遗址从早期到晚期经历了 400 多年的历史，陶寺真的是尧的都城吗？

3. 观象台有 12 道观测缝，但是 1 号缝却无节气可观测，它是干什么用的？

4. 观象台一年可以观测到 20 个节气，严格来说，除了夏至与冬至，其他节气为什么和今天的二十四节气大多对应不上呢？

5. 陶寺晚期的人为什么去捣毁早期与中期的大型墓葬？

6. 陶寺文化之后，直到汉代，陶寺遗址之上才开始有少量的人居住、生活，这期间将近两千年的时间为什么一直没有人在此居住？

西吴壁遗址

田伟

中国国家博物馆考古院

夏商王朝铸铜作坊中的铜料从何而来？

夏商先民在中条山采得的铜矿石，除少量在矿山冶炼之外，其余为何不知所踪？

山西绛县西吴壁遗址的发掘为上述问题提供了答案。

西吴壁遗址的发掘，首次在中原地区揭示出大规模的夏商时期冶铜遗存，弥补了从铜矿石开采到集中铸造之间所缺失的冶炼环节，填补了中国冶金考古的一个重要的学术空白。夏商先民在矿山开采到铜矿石后，将大部分铜矿石运送至西吴壁这样的冶铜地点进行冶炼，得到纯铜后，再送至都邑铸造铜器。西吴壁遗址为理解夏商王朝的崛起与控制、开发、利用铜矿资源之间的关系提供了珍贵的实物资料，具有重要的学术意义。

2020年5月，西吴壁遗址被评为“2019年度全国十大考古新发现”。

西吴壁遗址位于山西省绛县古绛镇西吴壁村南，地处涑水河北岸的黄土台地上，东、南被冲沟环绕，遗址总面积约 110 万平方米，其中夏商遗存分布范围均在 70 万平方米左右。

一、从找铜说起

中国最早的几个王朝是夏、商、周，合在一起常被称为“三代”，所处的时代是“青铜时代”。青铜时代最引人注目的器物是青铜器。著名考古学家张光直先生认为：“对三代王室而言，青铜器不是在宫廷中的奢侈品、点缀品，而是政治权力斗争上的必要手段。没有青铜器，三代的朝廷就打不到天下；没有铜锡矿，三代的朝廷就没有青铜器。”铜在当时的重要性不言而喻。

那么，三代的铜从何而来？

自然界的纯铜很少，要想得到铜，先得找到铜矿。

《史记·封禅书》载：“昔三代之居皆在河洛之间。”“河洛之间”很好理解，大体是指今天以洛阳盆地为中心的区域。距离河洛地区最近、铜矿资源丰富的矿山是中条山（图一）。很早就有学者提出三代王朝的铜料来源于中条山的假说。理由很简单——近。这个理由几乎无法反驳，相当符合逻辑。

符合逻辑的假说，大都会被事实所证明。

1958 年，安志敏、陈存洗两位先生在中条山西北的运城发现了一处汉代采矿遗址。1987 年，李延祥先生专程赴中条山调查，发现多处战国到汉代的矿冶遗址。这些调查虽然没有找到夏商时期的采矿遗址，但他们的工作为后人提供了重要借鉴。

第一次激动人心的成果出现在 20 世纪 90 年代初，垣曲县的文物工作者在中条山内的大汉沟捡到夏商时期的绳纹陶片，这一成果迅速引起考古学家佟伟华的重视。

佟伟华供职于中国历史博物馆（今中国国家博物馆，以下简称国博）考古部，当时正在垣曲率队发掘古城南关商城遗址。她认为，商王朝兴建垣曲商城的主要目的是控制中条山腹地的铜矿资源，并保证运输铜料的路线畅通无阻。佟伟华曾长期关注垣曲境内的矿冶遗址，多次派人前往中条山铜矿峪、篦子沟等地寻找矿冶遗址。她相信大汉沟与夏商王朝到中条山采铜有关。

经过数代国博考古人的不懈努力，加上山西省考古研究院、北京科技大学等单位考古工作者的辛勤耕耘，迄今已在中条山腹地及周边发现了几十处矿冶遗址。

这些遗址大致可以分为两类，第一类位于中条山内，属于采矿遗址；第二类一般在矿山附近，是专业冶铜遗址。

2011 年到 2012 年，中国国家博物馆与山西省考古研究所对闻喜千斤耙采矿遗址进行了发掘，这是考古工作者首次在中条山内发掘的夏商时期的采矿遗址，取得了丰硕的成果，但也产生了新的问题（图二）。其中最重要的问题就是，千斤耙遗址开采的铜矿石数量很大，但似乎只有小部分在矿山冶炼，其余去向不明。

千斤耙及周围采矿点开采到的矿石都去了哪儿呢？

古往今来，中条山风景秀美，空气清新，尤其是秋天的红叶，美得让人心醉。但这种环境只适合旅游观光，长期居住并不舒服。尤其是在使用原始工具的早期农业社会，山内进行农业生产的条件极差，还要随时应对各类毒虫猛兽，非常不适合人类定居。如果不是因为采矿，一般人不会选择在山中长期生活。山内很少发现早期遗址就是最好的说明。

采矿必须进山，属于情非得已。采到铜矿后，直接把矿石运到首都太费劲，需要冶炼成铜锭才便于运输。而在山中冶炼，除了燃料方便，其他什么都不方便。于是，

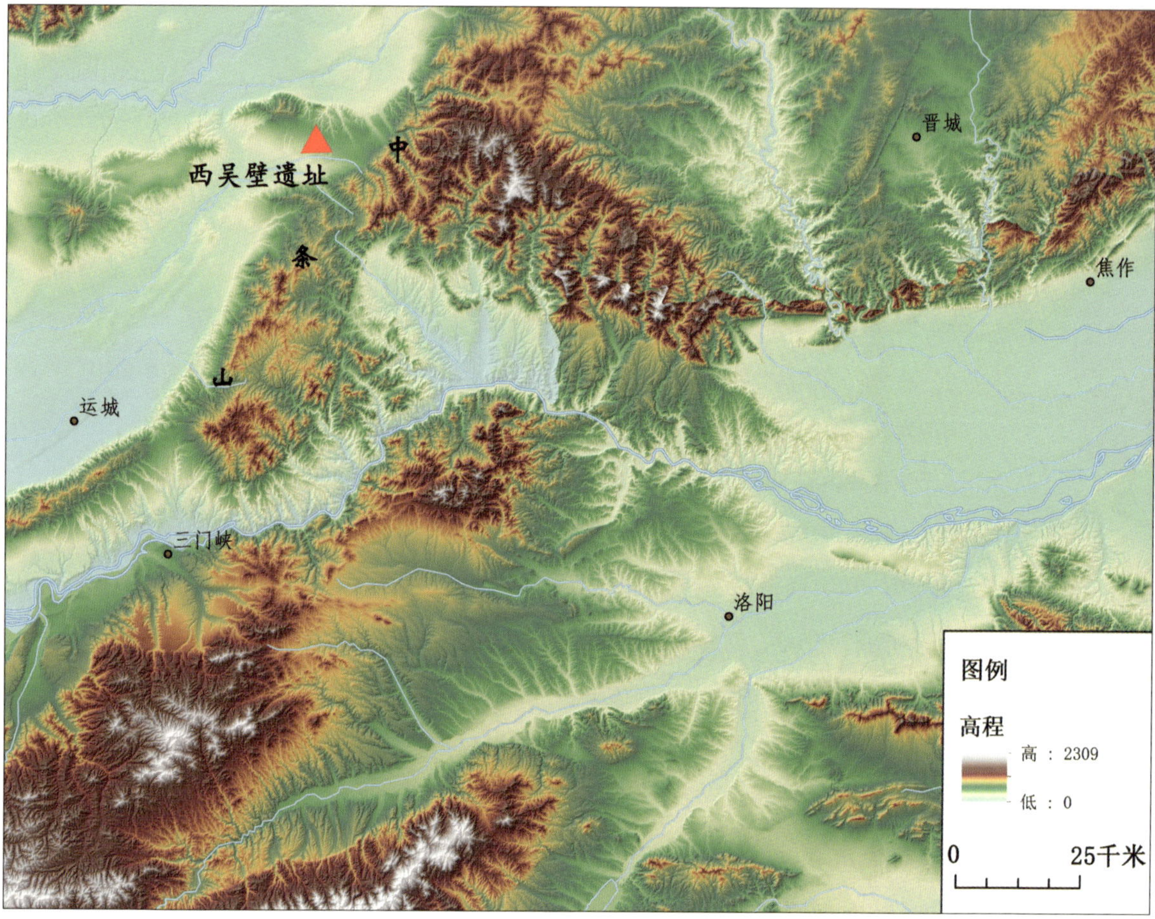

图一
图二

图一 中条山与河洛地区相对位置图

图二 闻喜千斤耙遗址周边地貌

矿山附近的专业冶铜作坊应运而生。它们承接从矿山运出的矿石，炼出纯铜，源源不断地送到首都的铸铜作坊，成为支撑早期国家发展的战略资源。这些冶铜作坊的炉火，照亮了处于上升时期的青铜时代。

目前，中条山腹地及周边已经发现几十处冶铜遗址，西吴壁就是其中规模最大、内涵最丰富的一处。

二、发现西吴壁

辛苦是对考古发掘工作的概括，实际上，考古调查更艰辛，尤其是区域系统调查。所谓区域系统调查，首先要做的是选定一个区域，再由若干考古队员根据地形排成队形，步行走遍那个区域。一边走，一边观察地面和断坎上的古代遗存，寻找古人活动的点点滴滴，并随时进行采集、测绘、记录。迄今为止，区域系统调查仍是发现考古遗址最有效的手段。

2001 年，当时的中国历史博物馆组织撰写“十五”规划，将晋南列为探索早期国家与文明起源的重要地区，并计划开展考古调查工作。2003 年，中国历史博物馆已更名为中国国家博物馆，但在晋南做一番事业的计划却未改变。是年秋季，中国国家博物馆与山西省考古研究所（现山西省考古研究院）、运城市文物保护研究所合作，选定运城盆地东部，开展了持续四年、覆盖面积超过 1000 平方公里的区域系统调查。

戴向明先生在后来出版的《运城盆地东部聚落考古调查与研究》一书中写道：“横亘于（运城）盆地南部的中条山脉蕴藏着丰富的铜矿资源，最晚至夏商时期可能已经加以利用。这些重要的战略资源究竟早到何时开始被利用和控制，其在本地区文明化进程中究竟扮演了什么角色，这也是我们尤感兴趣的一个问题。”李延祥教授在《中原与北方地区早期青铜产业格局的初步探索》一文中记录了他与戴向明、李刚先生关于寻找矿冶遗址的经验交流，他的建议为国博考古工作者提供了帮助。

开始有准备，过程中得到益友相助，思想上加以重视，工作不辞辛苦，回报就是发现了多个堆积丰富的冶铜遗址，西吴壁就是其中之一。

三、认识西吴壁

第一次听到西吴壁这个名字，是个偶然，但我却记忆犹新。2012 年初春，在绛县周家庄遗址忙碌一天后，考古队一行驾车行驶在返回驻地的乡间小道上。领队戴向明先生说附近有个西吴壁遗址，早期铜炼渣在那里随处可见。因为我的主要研究方向是青铜时代考古，铜炼渣对我的吸引力不言而喻。从此，“西吴壁”这个名字便刻在了我的脑海中。

次年初，一场春雨暂时中断了周家庄遗址的发掘工作，我们借机造访了西吴壁。在西吴壁，遗址地面随处可见的陶片、断崖上丰富的铜渣让人激动不已。从那以后，我们经常去西吴壁，不仅看铜渣，还注意观察各类早期遗物，对西吴壁遗址的认识逐渐深入起来。2018 年，我们将发掘工作正式转向西吴壁。3 月，由中国国家博物馆、山西省考古研究所及运城市文物保护研究所组成的联合考古队进驻西吴壁村。

西吴壁遗址地形东北高、西南低，据年长的村民回忆，东、南部的冲沟内在 20 世纪 80 年代前有较大的泉水，向西南流向涑水河。平田整地的痕迹在西吴壁仍然非常清晰，自东北向西南的许多台地逐次降低，宛如逐级向下的台阶。遗址东部“台阶”的立面上暴露着许多早期遗迹，不少遗迹中都可以轻易找到绿色的铜炼渣，有的干脆附着在残碎的炉壁上，向路过的人们讲述着这里曾经的辉煌。

不是每个人都能读懂这些辉煌，即使是经验丰富的考古队员们，也需要通过艰苦、认真的工作以及不断改进的科技手段，才能翻阅湮没于尘土中的无字天书，获取令人兴奋的历史信息。

西吴壁遗址总面积达到 110 万平方米，包含史前和夏、商、周、秦、汉、宋等时期的遗存，其中夏商遗存分布面积大约 70 万平方米。这是什么概念呢？就是说，它的面积大大超过了著名的夏县东下冯遗址和垣曲商城遗址，是目前所知的晋南夏商时期最大的遗址。

四、挖到了什么？

从 2018 年春季到 2019 年秋季，联合考古队通过发掘，揭开了西吴壁遗址的神秘面纱，各时期的发现接踵而至，层出不穷，而夏商时期冶铜遗存的发现与确认，更让我们兴奋不已（图三—图五）。

1. 冶铜炉残迹

考古现场揭露出的古代遗存包括遗迹、遗物两部分。不同考古遗址发现的遗迹与遗物既有共性，也有个性。夏商周时期考古遗址的一个共性是会揭露出灰坑、房址、窖穴、灰坑、墓葬等遗迹，出土陶器、石器、骨器、铜器、玉器等遗物。当然，不同的遗址有不同的个性，如有些遗址陶窑多，可能以制陶为主业；有些遗址墓葬多，内涵主要是墓地。

西吴壁遗址的个性体现在发现了很多夏商时期的冶铜遗存。其中，最重要的遗迹是冶铜炉。我们没有挖到完整的冶铜炉，这与当时的冶铜方式有关。

当时的冶铜炉是内加热的。简单说，就是先做好炉子，将选好并粉碎的矿石和燃料（木炭）放进炉中并点燃，同时鼓风，令其充分燃烧，在高温条件下产生氧化还原反应，炼出纯铜。

夏商时期利用的铜矿石主要是表层的氧化铜，深层的硫化铜需要经过焙烧才能炼铜，而我们在西吴壁没有发现焙烧矿石的现象。直到周代，先民们才具备了冶炼深层硫化铜的能力。

图三
图四
图五

图三 西吴壁遗址东部发掘区航拍图（上为北）

图四 领队戴向明先生（左）在西吴壁考古现场指导发掘工作

图五 西吴壁遗址考古发掘现场

冶铜完毕后，需等待铜炉降温后毁炉取铜。

因此，在今天的遗址中，我们很难发现完整的冶铜炉。如果真发现的话，只能说明，那个炉子或者没有被使用过，或者冶炼完了还没来得及取里面的铜，铜炉就被弃掉了。这两种的可能性都不大。

幸运的是，我们发现了两座冶铜炉的残炉底。我们来看看其中被称之为“一号冶铜炉残迹”的具体情况。

一号冶铜炉残迹靠近一座大坑的生土壁，今天仍然可以清楚地看到操作面上反复踩踏的痕迹。通过仔细的发掘，我们对炉子的构造及冶炼过程有了初步的了解。

我们不妨设想一下当时构筑冶铜炉的场面：

工人们首先选择一处断崖，向下挖掘出一座不规则的坑，在坑底向靠近生土的一侧横挖，形成壁龛。冶铜的从业者们一定相信，要想提高冶铜生产的成功率，就必须举行某种祭祀仪式。而这个祭祀仪式的一个可能的环节就是“杀人”。

3000 多年后的今天，我们在一号冶铜炉残迹的正下方见到了那个被杀死用作牺牲者的遗骨。他（她）大口圆张，左手捂胸，身体略微扭曲，那个瞬间，他的心有不甘一览无余。尸体在祭祀仪式后大概就被掩埋了。埋葬他（她）的地方成了冶铜炉基（图六）。

一号冶铜炉残存的炉体呈半环形，炉壁的内侧和炉底粗糙，已经没有明显的烧结面，大概是在毁炉取铜时被破坏了。

炉体最初的形制虽然已无法复原，但贴近断崖的筑炉方式与早期陶窑的选址异曲同工。苏荣誉等先生注意到，古文献中常将陶、冶并提，如《孟子·滕文公上》：“以粟易械者，不为厉陶冶，陶冶亦以其械器易粟，岂以为厉农夫哉？”直到今天，我们还经常说陶冶性情。中国古代的制陶业非常发达，据研究，新石器时代晚期，许多陶窑的温度都超过了 1000℃，已经具备了冶铸铜器的技术水平。因此，冶铜炉借助或模仿烧制陶器的工艺是顺理成章的。

2. 木炭窑

除了冶铜炉残迹，木炭窑也较为特殊。木炭窑的发现过程也挺有意思的。

木炭窑位于夏代遗迹较为丰富的东部发掘区。2018 年春季，木炭窑的一部分——半个操作间和一个木炭窑室首先被发现了。这部分看上去特别别扭，就像一个地穴式房子长了一个圆形的瘤。圆形的瘤不大不小，还沾着一层厚厚的炭黑，给人的第一感觉是烟囱，但又太粗了。经过反复验证，整个遗迹是一个底面，底部在使用时被踩得很硬，手铲刮起来很困难。“这是什么情况？”我把这份别扭暂且埋到心里。

2019 年秋季的一天，东区的发掘工作将近结束，唯有一座大型灰坑的剖面留着，等待领队戴向明先生查看后再做清理。一直留在心中的“别扭”，让我又走到了那处别扭的遗迹前。那天有点冷，看着炭黑，我想起了木炭，想起了火锅，想起了烧烤……一个念头突然窜入脑中：这个别扭的遗迹会不会是烧制木炭的木炭窑？于是我反复观察，越看越觉得自己的想法有道理。可是怎么证明呢？

带着这份疑惑，我到西部发掘区向民工师傅寻求帮助。这些民工师傅之中有退休干部，有泥瓦工，有修理工，个个身怀绝技，而且生活经验非常丰富。令人惊喜的是，他们之中真的有人年轻时以烧制木炭为生。这位师傅姓侯，名兴智。侯师傅向我讲述他年轻时烧炭的经历后，我带他来到疑似木炭窑的遗迹前。侯兴智师傅非常肯定地告诉我，这个就是木炭窑。我立即决定扩方发掘，并请经验丰富的技工申红俊师傅现场清理。最终，我们非常幸运地清理出一组疑似二里头文化时期的木炭窑遗迹。

但我还不完全放心，就请侯师傅另外再择地造一座窑来烧制木炭，以验证这种形制的遗迹是否具备烧制木炭的功能。结果，烧炭试验非常顺利。我们利用各类仪器，全程监控了木炭窑的烧制过程。

首先选择一处断面，向内横掏成窑室，并在窑室后面向上掏烟囱直至地面。之后往窑室里放入木料，点燃木料后封住窑门。木炭窑的烟囱起初冒着黑烟或白烟，待转为青烟后，封闭烟囱，静等窑温降低后，开窑取炭（图七）。

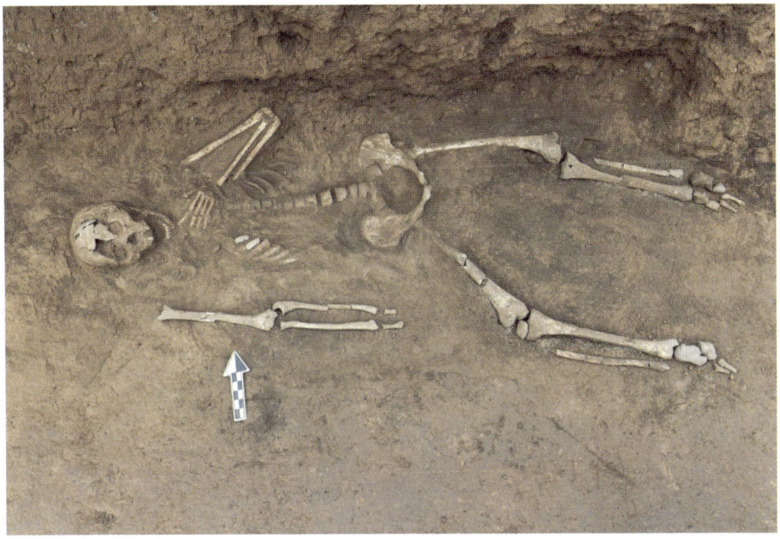

图六
西吴壁遗址商代早期一号冶铜炉奠基坑内的人骨

当第二炉木炭烧制成功后，我对那组遗迹是木炭窑就深信不疑了。烧制成功的木炭很多，其中一些成为我们后来吃火锅和烧烤的燃料。

我们来看看这组目前国内的最早木炭窑的结构吧！

这组木炭窑由中央的操作间，位于北、西、南部的木炭窑室，东部的通道等部分组成。中央操作间底部有三个柱洞，说明这里曾经是烧炭工人的工棚。操作间东侧有一处被火多次灼烧的红烧土面，可能是烧炭引火之处（图八）。这座木炭窑烧成的木炭无疑就是冶铜活动的燃料。

3. 窖穴

常见的遗迹如果数量很多，并凑到了一起，也会形成个性，例如西吴壁遗址集中分布的窖穴。

2019 年春天，我们计划了解一下遗址核心区内的堆积状况。西吴壁村村主任闫利

1. 木炭窑窑门、烟囱示意图

2. 木炭窑室装柴后的情形

3. 点火

4. 烧制好的木炭

图七　烧制木炭的实验

明非常仗义，主动邀请我们去他承包的地里发掘，表示愿意挪走刚栽种几年的苹果树。他的地也在核心区内，不久，我们在那里布设了一条 3 米 × 80 米的探沟。

起初，探沟内的发现不尽如人意。因为那里地势较低，自地表向下 1 米多深都是晚期细沙土堆积。这种细沙土像极了生土，一度让我们有些气馁。经过对比后，我们坚信那不是生土，随即继续向下清理。直到第 3 层清理完毕后，一个个圆形遗迹的开口线才显露出来。后来我们才知道，这些圆形遗迹基本都是口小底大的袋形窖穴，年代均属于早商时期。这些窖穴集中在探沟的中东部，在探沟内一百多平方米的狭长范围内发现了十几个窖穴，密度相当大。个别窖穴的底部还发现了疑似粮食的遗存。紧邻窖穴集中分布区的西部发现了深度超过 15 米的水井，时代与窖穴基本相同。集中分布的窖穴暗示这里可能属于一处规模较大的商代早期物资存储区。

4. 冶铜遗物

冶铜遗物是西吴壁遗址最具特色的发现，主要包括铜矿石、残炉壁、鼓风嘴、铜炼渣以及各类石质冶铜工具等（图九—图一二）。

铜矿石当然来自附近的中条山。我们没有发现储存铜矿石的仓库，只是在冶铜废弃物中发现了一些铜矿石。即便如此，出土的铜矿石个头都不大，应该是经过挑选的结果。如果用于冶炼，矿石的颗粒会更小。内蒙古翁牛特旗头牌子曾发现一件商代的青铜鼎，其中就有不少经过处理的金属（锡）矿砂。

残炉壁是毁炉取铜后的遗留。这些残炉壁的内壁一般都附着铜炼渣，证明当时冶铜的加热方式是炉内加热。

鼓风嘴是连结冶铜炉内膛与外界的重要媒介，通过鼓风嘴对冶铜炉进行鼓风，以提高炉温，保证冶铜活动能够顺利进行。

图八 西吴壁遗址夏代晚期的木炭窑

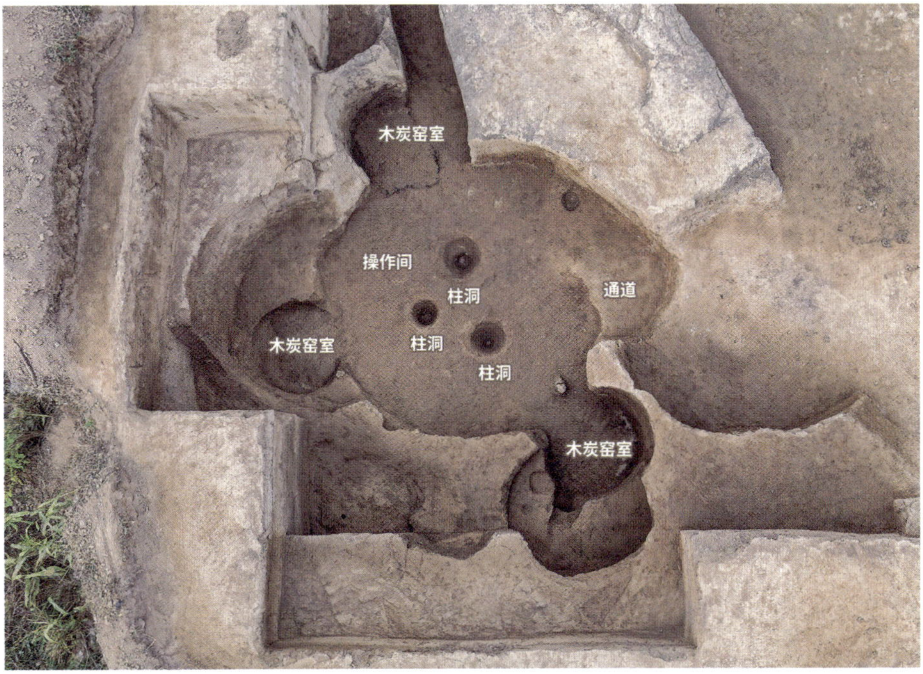

铜炼渣是冶铜过程中产生的炉渣，毁炉取铜时，用石质工具将炉渣与铜分离开来，纯铜留下，炉渣丢弃（图一三）。

石质工具包括石锤、石砧等，大部分都是用来敲砸东西的（图一四）。砸碎铜矿，砸炉取铜，通过敲砸分离铜和炉渣。

除了冶铜活动的遗物，还有一些特殊遗物。例如商代的石磬。郭明博士认为石磬属于高等级礼器，主要发现于商王及其他高级贵族的墓葬之中。换言之，石磬在商代是高等级的象征，只有身份很高的人群才能使用。石磬的发现，间接说明西吴壁遗址在商代具有较高的等级，很可能是当时一处区域政治、经济中心，其中或许设立了管理机构，担负着协调区域内冶铜等事务的重任。

五、说明了什么？

西吴壁遗址的考古工作，解决了很多问题，我们选其中重要的两点简单说说。

1. 当时的铜是怎么炼出来的？

这方面缺乏文献记载，但各类冶铜遗存的发现，让我们对夏商时期的冶铜工作形态有了大致的了解。

石锤、石砧上残留的矿石痕迹，说明矿石被运到西吴壁后，工人们首先要砸碎矿石，以方便后续冶炼。实验考古成果表明，西吴壁遗址发现的木炭窑可以为冶铜活动提供足够的燃料。选择好冶炼地点后，夯实基础，再构筑冶铜炉。

筑炉完毕后，将矿石和木炭投入其中进行冶炼。待铜与其他元素分离后，再毁炉取铜。之后平整地面，一些冶炼废弃物被压在下面，成为新的冶铜炉基础，再继续筑炉炼铜。如此反复多次。

2. 夏商王朝是怎么控制、开发、利用中条山铜矿的?

成熟的青铜器生产包括采矿、冶炼、铸造三个环节。因为材料原因，以往的考古发掘与研究更多关注铸造环节，而对采矿、冶炼环节关注较少。中国国家博物馆早年发掘的闻喜千斤耙遗址是一处采矿遗址，让我们对夏商时期的采矿环节有了一些了解，同时也发现了一些问题，就是采到的大部分矿石去了哪儿。

西吴壁遗址的发掘，首次在中原地区揭示出大规模的夏商时期的冶铜遗存，弥补了从铜矿开采到集中铸造之间所缺失的冶炼环节，填补了中国冶金考古的一个重要的学术空白。夏商先民在矿山开采到铜矿石后，将大部分铜矿石运送至西吴壁这样的冶铜地点进行冶炼，得到纯铜后，再送至都邑铸造铜器。

六、西吴壁遗址为什么在商代晚期就不炼铜了?

根据现在的发现可以知道，西吴壁冶铜作坊的炉火在商代的某个时刻熄灭了，同时停工的还有中条山南北的几十处冶铜作坊。这是为什么呢？我个人推断有两种可能。

第一，可能与大环境有关。商代早期，王朝的影响力东至于海，西抵甘青，北达幽燕，南及湘赣。到了商代晚期，王朝的势力在北、西、南三面均大幅度收缩。位于商王朝中心西部的临汾、运城盆地，晚商遗存稀少，几乎成了无人区。学术界对商人势力退出晋南的原因有很多种说法，比如这里成了常年打仗的地区，人们都被吓跑了；比如这里可能爆发了可怕的疾病，人们都逃离了。我最近专门研究了这个问题，发现在商代晚期，商王朝在西方的势力大大收缩，放弃了晋南临汾、运城盆地的核心地带，在盆地的东部边缘地区布设了多个据点。近年发现的浮山桥北、绛县周家庄、闻喜酒务头等商代晚期遗址就是其中重要的组成部分。如此布置的目的，是积聚力量，应对来自西方的威胁，与位于王朝腹心地带西部的诸势力形成东西对峙的局面。晋南地区，

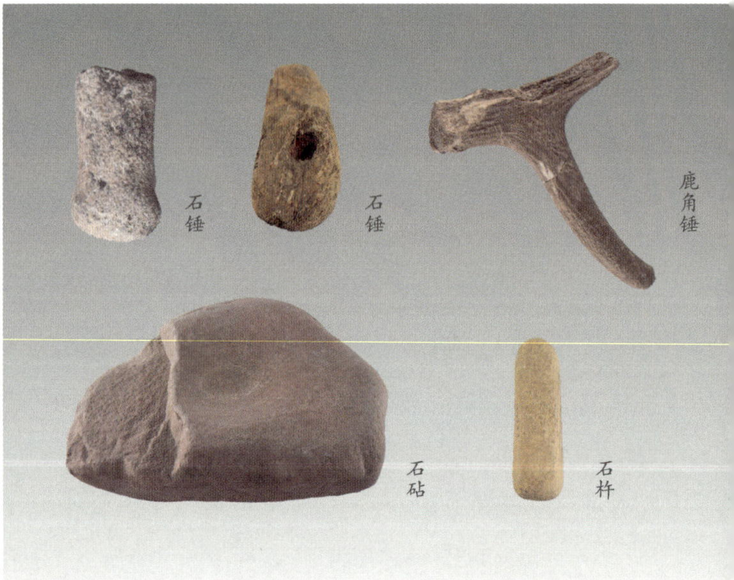

图九
西吴壁遗址夏代晚期灰坑中出土的铜矿石

图一〇
西吴壁遗址夏代晚期房址中出土的铜炼渣

图一一
西吴壁遗址夏代晚期的残炉壁

图一二
西吴壁遗址夏代晚期的残坩埚壁

图一三
西吴壁遗址商代早期的铜炼渣

图一四
西吴壁遗址夏商时期的冶铜工具

图九 图一一
图一〇
图一二 图一四
图一三

经常作为战场，成了危险区域，当然不再适合进行矿冶生产。

第二，可能与矿产资源的特点有关。铜矿最初都是硫化矿，所有属于金属硫化物的矿床，在其靠近地表部分都要发生表生变化，使矿体结构、矿物及化学成分发生改变，形成一层铁帽，包含自然铜和一些氧化铜矿石，如孔雀石、蓝铜矿等。在铁帽之下是一层比较薄的氧化矿层。氧化矿层之下是次生富集层，其中的铜矿石含铜量很高，但均为硫化矿。在次生富集层之下，便是原生的硫化矿床了。

刘莉和陈星灿先生指出，西周之前，中原地区的先民们还不具备冶炼硫化矿的技术，只有将浅层氧化铜冶炼成纯铜的能力。中条山的铜矿经过夏商两代数百年的开采，易于寻找和利用的表层氧化铜矿可能已被开采殆尽。这一情形应该在商代早期就已经显现出来，所以商王朝将寻矿的触角伸向了南方。正是在商代早期偏晚阶段，长江中游地区出现了多个商王朝用于采铜的据点，比如江西瑞昌铜岭遗址。相对而言，南方铜矿具有产出率高的特点。铜陵和铜绿山等地的铜矿，分布地域广大，矿床浅，有些甚至是露天矿，便于开采。

各种因素交织，商王朝暂时放弃了中条山，转而向南方寻找铜矿资源。中条山铜矿进入了近千年的沉寂期，直到东周及以后方才再现辉煌。

未解之谜

1. 中条山铜矿最早何时开始被利用？成熟的铜器生产产业链何时开始出现？

2. 考古工作者已在陶寺、周家庄等大型遗址发现了龙山时期的铜器。在邻近中条山的豫西地区也有不少龙山时期的铜器被发现。这些铜器是否在本地铸造？铸造这些铜器使用的铜是否来自中条山？

3. 冶铜炉到底长什么样？

我们发现了冶铜炉的奠基坑，看到了冶铜炉的残底，但还没有看到完整的冶铜炉。有学者指出，冶铜术的发端与制陶技术关系密切，笔者深以为然。中国的铸铜技术最大的特点就是使用陶范，这无疑与发达的制陶技术关系密切。前文已经说过，中国新石器时代中晚期的烧陶温度等技术指标已经可以满足冶铜的需要。从情理上讲，冶铜炉没有理由不借鉴陶窑。实际上，我们在西吴壁遗址发现的炉壁都比较薄，用这些炉壁炼铜显然是不行的。我个人认为，这些所谓的炉壁应该是贴附在冶铜炉内壁的炉衬，完整的冶铜炉或许有不少方面类似同时期的陶窑。我的猜测是否正确，有待于今后的考古发现来证明。

4. 西吴壁人群与王朝的关系。

西吴壁遗址发现的夏商冶铜作坊应该是王朝的官办作坊，属于王朝的派出机构，有点像计划经济时代的国营企业。夏商时期，在西吴壁冶铜的工匠类似于今天的国企职工，是职业冶铜生产者。他们炼出的铜最终被运往偃师二里头、郑州商城、偃师商城这样的都邑铸铜作坊。不仅是因为西吴壁距离上述都邑近，而且晋南地区在夏商时期的考古学文化面貌与都邑相比，虽然存在差异，但基本可以归入同一文化系统之中。

尽管如此，还是会有人提出疑问，即西吴壁的铜有没有被其他势力利用？西吴壁的冶铜工人也得吃饭，他们的食物来源是什么？他们是专职冶铜生产者，还是亦工亦农？他们冶炼出来的铜，是无偿运往首都，还是存在一定程度的贸易？

齐家坪遗址

魏美丽

甘肃省文物考古研究所

约 3700 年前的某一天，一位尊贵的首领去世了，人们为了埋葬他，举行了一场神圣而庄严的祭祀活动。墓葬中，被捆绑在一起的一对母子，被丢在逝者的脚边。不一会儿，他们将作为祭品被活埋，在另一个世界为逝者服务。可怜的母亲大声呼喊着，她希望放了孩子，给孩子一个活下去的机会，然而……

数千年后的今天，当齐家坪遗址重现于世的时候，当年那对可怜的母子绝对没有想到：他们和齐家坪一起不朽了！

青藏高原和内蒙古大草原之间的过渡地带，因为特殊的地理位置，造就了特殊的生态环境。这里自古就是多民族杂居的地区，人们过着美好的定居生活。这其中就有富足的仰韶和马家窑文化先民。他们生产出了精美的彩陶，创造了灿烂的文明。

距今约 4000 年，西北地区的环境发生了急剧的变化，气候变得干冷，土地变得贫瘠，灿烂辉煌的马家窑彩陶未能在后来雄踞于此的齐家文化中得到传承，但成就了别具一格的齐家文化。作为齐家文化的命名地，位于甘肃省临夏回族自治州的齐家坪遗址，揭开了黄河上游地区史前文化研究的序幕。

一、西方学者错误的“中国彩陶西来说”

1914 年，瑞典地质学家安特生博士辞去瑞典乌普萨拉大学教授职务来到中国，开始了他梦寐以求的中国探险考察之旅。

当时，西方学者普遍认为中国没有石器时代，中国的远古文化都是从西方传入的。为了证明中国的彩陶是从西方传入的，1923—1924 年，安特生在中国的大西北进行考察，发现了 49 处古遗址，并对甘肃马家窑、齐家坪、辛店、寺洼山等地进行了考古发掘。

安特生把他在中国西北地区发现的史前文化分作六期，从距今 5500 年至距今 3700 年，每期约 300 年，从早到晚依次为齐家期、仰韶期（包括马家窑、半山）、马厂期、辛店期、寺洼期和沙井期，进而提出“仰韶彩陶西来”的假说。

安特生按照先有素陶后有彩陶的逻辑，即事物的发展规律是由简单到复杂的逻辑，将齐家期列为甘肃六段远古文化之首。后来他又提出中华民族是在仰韶时期从新疆迁徙至黄河流域的，新疆是中国人种和远古文化的发祥地，而新疆又是受中亚和西亚文化的影响。这样一来，他就勾画出了一条中国彩陶自西向东传播的完美路线。

就这样，悠久而灿烂的中华文化被贴上了“西来”的标签。直到 20 世纪 40 年代，中国考古学者在西北地区试掘了临洮寺洼山遗址和广河阳洼湾遗址。

二、拨乱反正——中国彩陶本土起源说

为了证明“中国彩陶西来说”是荒谬的，20 世纪 40 年代，中国学者做了大量工作，中国多家单位组成“西北科学考察团”，在西北地区进行了多次调查。夏鼐先生在广河县阳洼湾发掘了 2 座齐家文化的墓葬。他在填土中发现了马家窑文化的彩陶片，根据地层学原理，纠正了安特生的错误推断，从而认定齐家文化晚于马家窑文化。至此，安特生关于齐家文化早于马家窑文化的错误观点才得以订正。以后，裴文中先生在渭水、西汉水、洮河和大夏河流域调查了约 90 处史前遗址，并对齐家坪、寺洼山和鸦儿沟等遗址进行了试掘。大量的事实都证明马家窑文化早于齐家文化，最终证明了中国的彩陶文化就是本土起源的土著文化，“彩陶西来”的说法不攻自破，甘肃考古学文化序列也得以修正，即仰韶期、马家窑期、齐家期、辛店期、寺洼期和沙井期。

安特生得知中国学者的考古发现后，公开承认了自己的错误：“当我们欧洲人在不知轻重和缺乏正确观点的优越感的偏见影响下，谈到什么把一种优越文化带给中国的统治民族的时候，那就不仅是没有根据的，而且也是丢脸的。”

随着现代科技手段在考古学中的运用，考古学家们以田野发掘和实验室测年数据为依据，最终形成了准确的西北地区史前考古学文化序列。

由于西北地区特殊的地理环境，即使是同一个考古学文化，在这一地区也存在着

差异。甘肃就可以分为东部和西部两个大的文化区域。这里我们仅列出甘肃东部地区的史前考古学文化序列：大地湾文化（距今 7800—7000 年）—仰韶文化（距今 7000—5300 年）—马家窑文化（距今 5300—4200 年）—齐家文化（距今 4200—3600 年）—辛店文化、寺洼文化（距今 3600—3000 年）。

三、上下探索——齐家文化的探索

齐家文化东起泾渭流域，西至河西走廊中部及青海东部，南抵白龙江流域，北达内蒙古西南部、宁夏南部，横跨甘、宁、青三省区，是黄河上游地区新石器时代晚段至青铜时代早段的一支非常重要的考古学文化。齐家文化主要展现了这一地区原始氏族公社解体和文明诞生的历史进程、社会经济形态急剧变化的状况，也反映了文化交流的早段情况。

目前发现的齐家文化遗址有 1100 多处，已发掘的主要有：甘肃永靖大何庄、秦魏家、张家嘴，武威皇娘娘台，广河齐家坪、阳洼湾，秦安寺嘴坪，天水师赵村，临潭磨沟，青海贵南尕马台以及乐都柳湾等处。最新的研究成果表明，齐家文化是本地的土著文化，它的主要来源是菜园文化，西部的马厂文化给其带来了彩陶，东部的客省庄文化则带来了少量的空三足器。

当中国大地上，尤其是中原地区的古文化正在向古国阶段迈进时，偏居西北的齐家人也跟随着时代的步伐蓬勃发展着。虽然齐家文化还属于史前时期，但是它已经具备了向更高的阶级社会迈入的能力。人民的寿命增长了，生产工具更加先进了，粮食出现了剩余，家畜畜养能力提高了，陶器制作更加精美了，先进的冶金产品出现了。“仓廪实而知礼节”，齐家人开始更加注重礼仪和祭祀，重大事件会通过占卜来问吉凶。

下面以齐家文化的命名地——广河齐家坪遗址为例，我们来领略一下齐家文化的风采。

1. 齐家坪遗址的发掘

齐家坪遗址位于甘肃省临夏回族自治州广河县，东临洮河，西傍二坪山，南临水沟晏子坪，北靠军马沟。三水一山的自然小环境为人们提供了得天独厚的生存条件（图一）。

1975 年，甘肃省博物馆考古队对遗址进行了两次科学发掘，发现了墓葬、房址、灶址、灰坑、窑址、建筑基址、祭祀遗迹等。2008 年，甘肃省文物考古研究所对齐家坪遗址进行了系统钻探，确认遗址的范围达 50 万平方米，几乎遍布整个齐家坪台地。

钻探发现，齐家坪人群已经形成了较科学的选址理念和较强的区域规划能力。他们将生活区、墓葬区、手工业区进行了统一的规划。生活区分布在齐家坪村所在的北部台地上，位置较高；墓葬区分布在南部台地上，地势稍低；制陶区分布在墓葬区的东南面（图二）。

2. 齐家坪遗址的公共墓地

齐家坪遗址的墓地也像多数典型的齐家文化的墓地一样，是专门规划的公共墓地。齐家坪遗址的公共墓地由南向北依次排列着。

早期墓葬大多数为正北向的竖穴土坑墓，少量为东西向的竖穴土坑墓和不规则的椭圆形坑。单人仰身直肢葬最多，随葬品数量比较少。大部分单人墓葬有规律地排列着，每座墓之间几乎距离相等，随葬品的数量也相似。合葬墓较少，随葬品数量多于单人墓葬。

时代较晚的墓葬，合葬墓和乱葬坑比早期的要多，随葬品出现了多寡不均的现象。合葬墓中约有一半是成年男女双人合葬，男性多为仰身直肢葬，女性则为侧身屈肢葬，面向男性（图三、图四）。男性左侧腰身处随葬石斧和白色小碎石，女性随葬的多是骨匕。陶器多放置在两个墓主人的脚前方，随葬品数量也出现了明显的差异。这种一男一女

图一 齐家坪遗址全景照

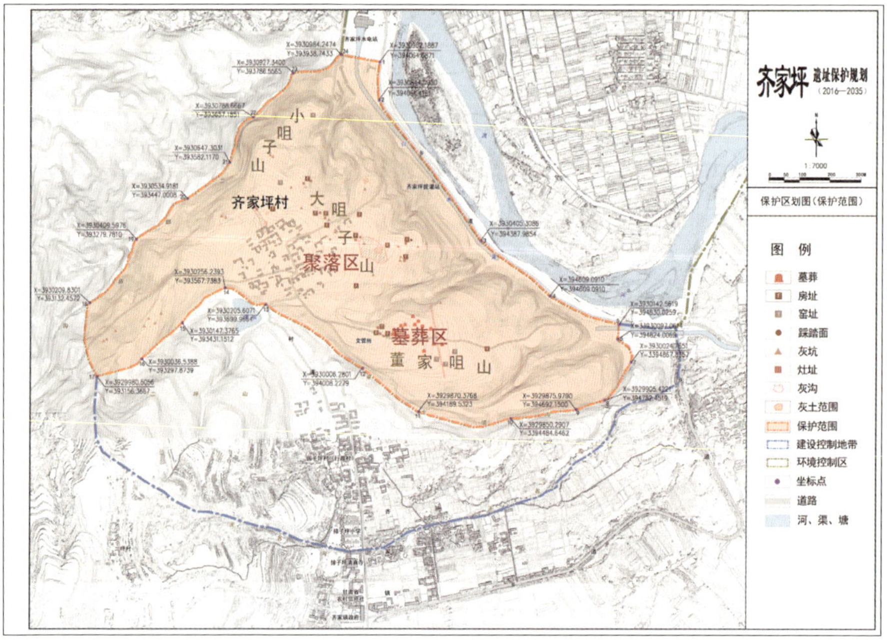

图二 齐家坪遗址平面图

的合葬方式应该是一夫一妻制的体现。

石斧是生产工具，骨匕是生活工具。通过这些随葬品的摆放位置，我们判断男女在社会生产方面已经出现了明确的分工。男主外、女主内，男人耕田打猎、女人煮饭缝衣的性别分工已经形成。

葬俗、葬式的不同以及随葬品数量的多少，反映了墓主人占有社会资源的不同，不同的社会阶层已经出现了。乱葬坑在甘青宁地区的史前遗址中是普遍存在的。乱葬坑中的死者肢骨不全，他们可能是因战争而死亡，或者是被用来殉葬的奴隶。

特殊墓葬

整个墓地中，一座大型合葬墓最为特殊。它位于整个墓地的中心位置，墓坑内共埋葬了 13 人，有男有女，年龄在 10 岁到 60 岁（图五、图六）。

真正的墓主人是一位中老年男性，他上半身及盆骨被扰动或者迁出了，仅留了下肢骨部分，但依然能推断出他是仰身直肢葬，而且也是这个墓坑内唯一一个仰身直肢葬的人，其他人都是侧身屈肢葬，围绕在他的两侧或者脚部下方，面部朝向他。这种埋葬方式，凸显了墓主人尊贵的身份与地位。

他的头部位置有许多长方形小骨片，可能是冠。他的右小臂处有长方形小绿松石片，可能是臂钏。他是整个墓地唯一一个头戴冠、臂有钏、身体周围还撒有赭石粉的人。

墓主人的脚部下方有一对母子，母亲侧身屈肢，环抱着幼儿，口大张，呈现出惊慌失措、大声疾呼的样子。这对母子的遗骸，让人不禁浮想联翩：约 3700 年前的某一天，一位尊贵的首领去世了，人们为了埋葬他，举行了一场神圣而庄严的祭祀活动。墓葬中，被捆绑在一起的一对母子，被丢在逝者的脚边。他们将作为祭品被活埋，在另一个世界为逝者服务。可怜的母亲大声呼喊着，她希望放了孩子，给孩子一个活下去的机会，然而……

当时虽然还没有文字记载，但是同一族群的人是有共同的信仰和生活方式的。随

图三 M36墓葬图

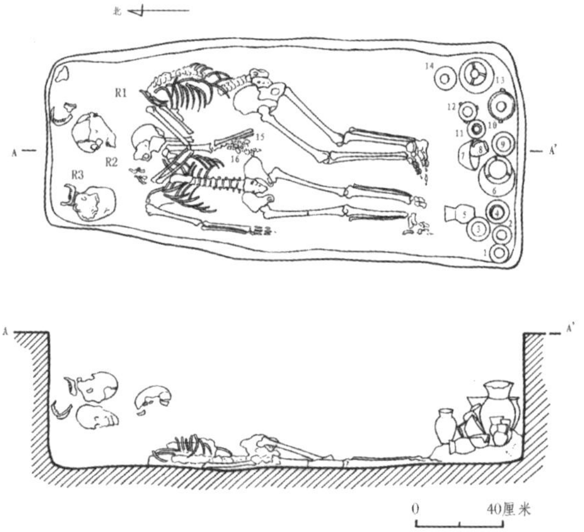

图四 M36平、剖面图

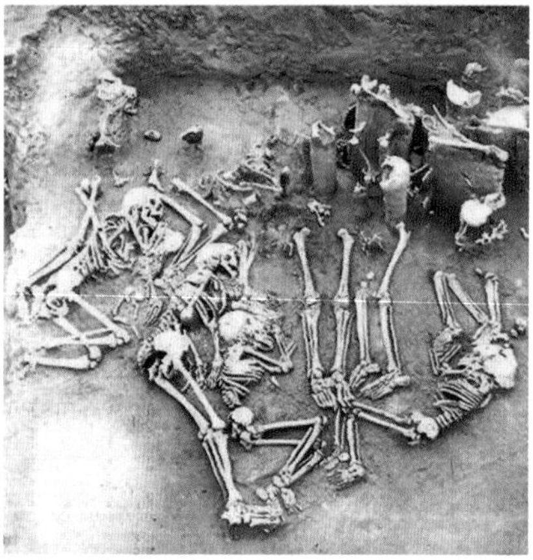

图五 M42墓葬图

图六 M42平、剖面图

着生产力的发展、物产的增多，社会就会产生贫富分化。我们从墓葬葬俗、葬式和随葬品的变化上，可以推测出齐家坪人群的社会关系正在发生着变革。富人和穷人，剥削者和被剥削者，奴隶主和奴隶，被分成两大对立的阶层。奴隶们被奴隶主当成会说话的工具，像牲畜一样被主人支配和杀戮。

随葬白石

随葬白石就是墓主人腰旁或多或少都会放置一堆小白石子。这种特殊的葬俗在齐家文化遗址中比较普遍，齐家坪墓地的单人和合葬墓中都出现过。白石块有的是天然小石块，有的是被人为砸碎的。石块大小均匀，棱角和石面都清晰可见（图七）。

白石崇拜是羌人及同祖的其他少数民族共同的习俗。齐家人墓葬内随葬白石，可能和白石崇拜有关。

相传，古代羌民在岷江上游与戈基人恶战，久而不胜。他们在梦中得到用坚硬的白石与木棍作为武器的暗示后，果然很快就战胜了敌人。羌族人想答谢神恩，却苦于不知神颜，于是他们便奉白石为最高天神，并为其举行了隆重的祭祀仪式。

四川茂县的羌族人就有白石崇拜的习俗，各家各户的大门顶上或屋顶上都安放一块白石，人们称之为白石神。有不少地方还专门为白石修建了神庙。随葬白石的现象也证明齐家人确实是古羌人的一支。

3. 祭祀遗址

祭祀场所是举行祭祀活动的固定地点。齐家坪遗址中的祭祀场所在坑底铺满了大小相似的鹅卵石。坑底散落着残缺不全的人骨和狗骨，还有陶片和石器（图八）。陶片虽然很残破，但根据口沿、底部和足等残片，可判断这些陶器有鬲、盆和罐等。石器主要是刮削器。有銎青铜斧也是在祭祀遗址中发现的。

4. 白灰面居址

方形或长方形的半地穴式房屋，规整的灶，修造平整的白灰墙面和地面，是齐家文化房屋的基本特征。白灰面房屋不但美观，而且防潮效果非常好，居住起来舒适感很强。那么齐家文化的白灰面技术是自创的，还是从别的文化传来的呢？

考古发掘资料表明，早在新石器时代晚期，中国已经开始大量使用白灰面这种建筑涂料。自 1931 年梁思永先生在河南安阳史前遗址中首次发现地面和墙面涂抹白灰面的建筑遗迹后，陕西、河南、山西、安徽、甘肃等地陆续发现了许多仰韶时期至商代的白灰面建筑遗迹。有学者对陶寺遗址和殷墟遗址的白灰面进行了科学分析，指出其很可能是人工烧制的石灰，中国古代先民在新石器时代晚期已经掌握了石灰烧制技术。显然，齐家文化的白灰面技术来自中原。

5. 珍贵器物

齐家坪遗址出土了丰富的器物，其中最具代表性的有双大耳罐、高领腹耳罐、单大耳罐、侈口罐、豆和碗等（图九）。双大耳罐的大耳大得夸张，从口沿一直延伸到中下腹部，是其他考古学文化所不见的。

除了齐家文化本身的这些代表性器物外，齐家坪遗址还出土了一些器型特别的精美器物，如铜斧、铜镜、玉璧、陶盉等。青铜器开始使用合范，制作工艺较冷锻技术和单范法有了很大的进步，已摆脱了原始的锻造状态。玉器的雕琢上有着非常独到的技艺，采用了薄片切割、钻孔和管钻技术。陶器虽然以素陶为主，但陶质细腻，器型多样，是难得的佳品。彩陶数量极少，但图案精美，线条规范、紧密，具有较高的艺术价值。骨器既耐用又精致（图一〇）。

铜器

冶铜业在马家窑文化中已现端倪，在西城驿文化中已经具备了完整的采矿、冶炼和加工技术。西城驿冶金遗址的发现，为河西地区冶金业的发展提供了清晰的脉络。研究表明，齐家文化长期和西城驿文化共存，并作为冶金产品的传播者，将冶金技术带到了东部地区，甚至对中原文化产生了深远的影响。

齐家文化共发现铜器 140 余件，其中可以确定属于塞伊玛—图尔宾诺文化的器物有铜矛 3 件、铜斧 3 件、弧背铜刀 3 件、骨柄铜刀 3 件、铜牌饰 1 件（塞伊玛—图尔宾诺文化是从芬兰到蒙古的欧亚草原东部发现的一种青铜时代考古学文化，是欧亚草原东部地区最早的青铜文化之一。它的年代为距今 4100—3600 年）。这些新因素的出现，暗示了河西走廊与欧亚草原等地存在着交流。中国文明有独立的起源，但中国文明的发展是中国文化与世界其他国家或民族的优秀文化不断交融的结果。中国文明之所以可以发扬光大，就在于中国人兼容并蓄的文化传统。

在齐家坪遗址的一处祭祀场内，发现了一件保存非常完整的有銎铜斧。铜斧整体较厚重，通长 15 厘米，宽 4 厘米，銎部通高 3.5 厘米（图一一）。銎为长方形，有双耳，銎口部位装饰凸棱状的折线几何纹饰，刃部尖锐、锋利，銎内腔还有残留的木屑。这件铜斧在祭祀场所被发现，让人不禁联想到齐家坪遗址 42 号大墓的埋葬场景：尊贵又威风的首领或者长老，手持带有长木柄的铜斧，嘴里念念有词，庄严地举行着神圣的祭祀仪式。

这件铜斧是锡青铜合范铸造的。合范就是在铸造器物时需要两块及两块以上的范，与单范铸造相比，已经有了很大的进步。早期铜器制作工艺中这种合范技术的发明，为以后青铜铸造业的高度发展奠定了重要基础。

齐家坪遗址一个儿童墓葬中出土了一面铜镜，素面无纹饰，镜面平滑，镜背中央有桥形钮，是用来穿绳、系挂的（图一二）。这面铜镜放于儿童的身边，此外再无其他随葬品。这个儿童墓仅是一个椭圆形的坑，甚至没有规整的墓圹，这不禁让人对这个墓主人生前的身份产生了好奇。如果能知道这位墓主人的身份，那么铜镜的功能也就清楚了。

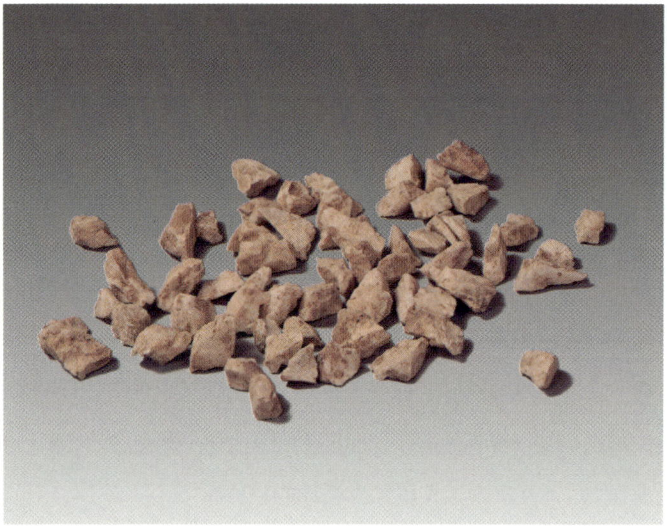

图七
齐家坪墓地随葬的小白石

图八
齐家坪遗址中发现的祭祀遗迹

图七

图八

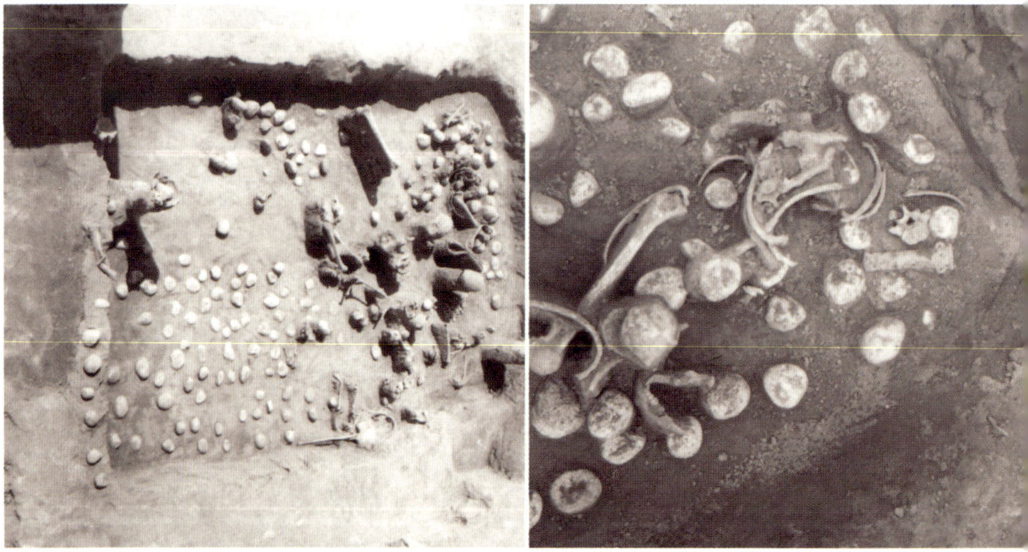

图九 齐家坪遗址出土的陶器

除了制作精美的铜斧和铜镜外，遗址还出土了半个残铜环和残铜刀，但却未见铜渣、矿石或者炼铜工具。它们最大的可能就是从更西边的丝绸之路通道上的西城驿文化传播过来的。

玉器

齐家文化的玉璧不仅数量多，分布范围广泛，而且往往与“同料同工”的玉琮形成了固定搭配，成为齐家文化的代表性玉器。与中国东北地区、长江流域相比，黄河中上游地区的玉璧出现得比较晚。齐家文化的玉璧有着鲜明的地域特色，是黄河上游的典型玉器之一，成为与辽河流域的红山古玉、江浙地区的良渚玉器并列的中国三大古玉之一。

图一〇 齐家坪遗址出土的骨匕

图一一 齐家坪遗址出土的有銎铜斧

图一二 齐家坪遗址出土的铜镜

图一三 齐家坪遗址出土的玉璧

齐家先民在玉器的雕琢上有着非常独到的技艺，他们掌握了玉器的薄片切割、钻孔和管钻技术。特别是钻孔技术，经过这种技术加工的玉器，会留下细细的螺旋纹。这种技术在玉器的加工史上有着承前启后的作用，是夏商周古玉加工技术的源头（图一三）。

绿松石手环饰品

爱美之心，自古有之。目前发现的绿松石器几乎全都是装饰品，主要用作人体和器物的装饰。距今 8000 年左右，绿松石器就出现在中原地区。大约距今 6000 年，在海岱地区、长江中游地区出现。北方地区在稍晚的红山文化晚期出现。长江下游地区在距今 5300 年左右的凌家滩文化时期出现，华南地区更晚些。甘青地区在距今 5300 年左右的马家窑早期类型中出现。

齐家坪遗址出土的由长方形绿松石薄片组成的饰品，出自 42 号墓墓主人右臂旁。虽然薄片附着物残朽不存，但这些绿松石薄片和骨片散落在手臂旁，根据出土位置推断，应为手环类饰品（臂钏）（图一四）。

陶盉

陶盉是一种器型比较复杂的器物，由三个袋足、器身、管状的流组成，顶部或封闭而另开小口或大口、有鋬。 封顶陶盉在黄河中游的中原地区发现最多。目前所知最早的封顶陶盉出自河南、湖北和陕西等地的龙山文化遗址，逐渐向西北地区蔓延。

齐家坪遗址出土的这件陶盉却与众不同，它虽然也有封闭的顶部、管状流和另开的小口，但是不同于黄河中上游和长江流域的陶盉（图一五），因为这些地区的盉都有三个袋足，而齐家坪遗址的这件盉却是平底的，管状流居中，看起来更像是直口的带鋬葫芦瓶（图一六）。

蛇纹陶罐

蛇纹器是一种在器物表面贴塑细泥条附加堆纹的陶器。蛇纹器广泛地分布在我国北方的长城沿线和俄罗斯的外贝加尔地区，先后延续了 1500 年之久。但是，令考古学家困惑的是，生命力这么顽强的蛇纹器却在每一个遗址中都非常稀少，齐家坪遗址仅出土了 3 件蛇纹罐（图一七）。这种贴在器物表面的细泥条花纹大部分呈现出弯曲的样子，就像是爬行的蛇一样，考古学家形象地把有这种纹饰的陶器称为蛇纹器。考古学家初步得出这样一个结论，在距今 4000 年前后，生活在这里的各民族人民，由于气候、环境的变化，不得不过上半农半牧甚至是游牧生活。流动性的生活方式促进了这一地段诸多民族间的频繁接触和相互交往， 使他们在文化面貌上呈现出越来越多

图一四
齐家坪遗址出土的绿松石手环饰品

图一五
东下冯遗址出土的陶盉

图一六
齐家坪遗址出土的陶盉

图一四
图一五 图一六

的相似性。蛇纹器广泛而零星地出现在这一地区也说明了这一点。蛇纹器在中国西北至鄂尔多斯一带出现，并迅速在长城沿线蔓延开来，向东、向北发展，约到距今2500年才消亡。

彩陶罐

彩陶最早出现在距今8000—7000年的老官台文化时期，起初仅在器皿口沿内外用红彩绘制宽窄条带纹，或在器内壁绘水波、蛇形、波折、螺旋花卉、箭头、+等图案。彩陶在后来的仰韶文化中得到发展。西北地区的马家窑文化将史前彩陶工艺推向巅峰。马家窑文化的彩陶不仅数量超乎寻常的多（比例高达30%），彩绘工艺也发展到了极致（图一八），流行用直线、弧线、圆点、三角、网格等组合成的几何纹，构图繁缛，画面流畅，布局有序，代表了中国史前时期彩陶工艺的最高水平。后来的齐家文化发现的彩陶极少，主要出现在洮河以西地区，特点是绘红色单彩，构图简练，常见网格条带纹、倒三角纹、对三角纹等（图一九）。齐家坪遗址仅发现3件彩陶罐，构图繁缛，通体绘密集的折线三角纹、水波纹（图二〇），与齐家文化其他遗址出土的彩陶在纹饰上大不相同。

卜骨

卜骨是古代先民占卜用的兽骨，通常用羊、猪、牛的肩胛骨作为材料，巫师在选好的兽骨面上进行火灼、钻、凿，然后根据骨面上出现的痕迹纹路来判断吉凶。目前的材料表明，用骨占卜起源于新石器时代，至商代兴盛起来。

齐家坪遗址出土了5件卜骨（图二一），均由羊的肩胛骨灼烧而成，骨头上正反两面都留下4~10处数量不等的灼烧痕迹，这些痕迹大部分未穿孔，只有一件卜骨从灼烧点断裂开，形成一个不规则的镂空图案。司马迁曾说：“三王不同龟，四夷各异卜，然各以决吉凶。”我国少数民族地区还有各种各样的占卜方法，例如草卜、鸡蛋卜、鸡骨卜、手卜、石卜、泥包卜等。

四、发现的重要性和意义

举世闻名的“丝绸之路”形成前，东西、南北方文化已经有了交流和融合，齐家文化就扮演着“丝绸之路”奠基者的角色。在发展过程中，齐家文化以陇东地区为中心不断向四周扩张，逐渐演变成以洮河、大夏河流域、渭河上游、青海东部和河西走廊为中心的强势主流文化。在这一发展过程中，齐家文化不仅吸收了马家窑文化的文化因素、北方河套地区的文化因素，晚期还融合了俄罗斯南部草原地带和中原二里头文化的文化因素。多源的主流文化特征，使齐家文化成为早期文化交流的见证者。

齐家文化延续时间长，文化影响范围大，但并没有和中原诸多文化一起进入早期国家阶段。中原核心区文化是一种整合、集中、文明化和城市化的演进模式。齐家文化晚期则呈现出逐步分化、不断分裂、各自割据的状态，一支广域、强势的主流文化逐步分化成多支独立的区域性青铜文化，最终走向和中原龙山时代文化相反的发展方向。齐家文化的发现和不断的探索、研究，为我们认识中国西北地区的文化演进提供了另类视角，并不是所有高度文明的文化都会走向城市化的发展道路，这再次验证了“多线文化”的历史规律。

图一七 齐家坪遗址出土的蛇纹罐

图一八 马家窑文化彩陶

图一九 齐家文化彩陶

图二〇 齐家坪遗址出土的彩陶罐

图二一 齐家坪遗址出土的卜骨

图二二 辛店文化彩陶

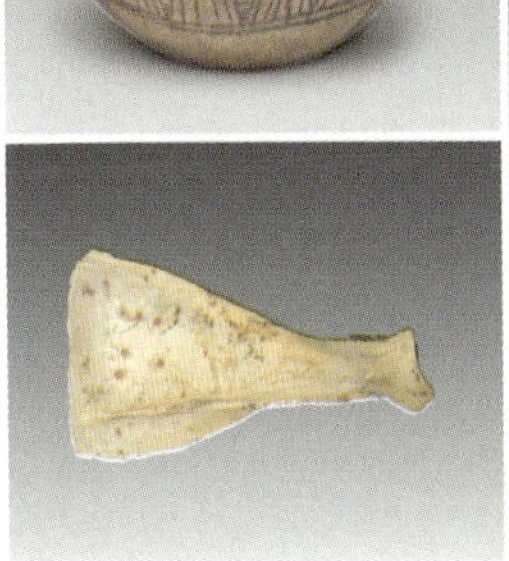

图一九 图一八 图一七
图二二 图二〇
图二一

未解之谜

考古人栉风沐雨已有百年，虽然目前对齐家文化的面貌已经有了一定的了解，但遗址全貌和内涵尚未完全清楚，还有着太多未解之谜，目前至少有六大谜题需要一一破解。

1. 史前东西方文化交流的参与者，除了齐家坪这样的大型聚落，也有许多中小型的聚落。在史前东亚与其他欧亚文明的联系上，这些位于不同环境背景下的大小聚落分别发挥了什么作用？

2. 齐家人所掌握的生业、手工业技术和交换体系有什么差异？

3. 早期的齐家文化和中原同时期的文化发展程度相当，甚至最早出现了青铜器。但当中原文化发展到王国时代时，齐家文化却依然处于史前时代，甚至文化面貌更加复杂，分化出多支具有强烈地方特征的青铜时代文化来，生业方式更是从农业经济逐步转变成农牧并重的经济状态。这除了气候环境的影响外，还有什么重要的原因？

4. 齐家文化中比较特别的器物有花边口沿罐、蛇纹罐、陶鬲、绿松石饰品、玉器和权杖等。这些器物到底是从哪里来的？怎么会出现在这里？

5. 马家窑文化中，彩陶工艺达到了登峰造极的境界，但是在之后的齐家文化中几乎销声匿迹，在齐家文化之后的辛店文化（图二二）中却出现了昙花一现的状态，这又是什么因素导致的？

6. 除了随葬白石的特殊葬式外，我们还发现了头高脚低、割体、二次扰乱（捡骨、迁出、迁入）等复杂的葬俗。这会不会与宗教信仰或者部落家族血亲关系有关呢？

“江山代有才人出，各领风骚数百年”。齐家文化的重重迷雾有待更多的有志仁人前来破解。

石峁遗址

邵晶

陕西省考古研究院

石峁，黄土高原上再普通不过的一座小山村，如今被各大主流媒体争相报道，甚至还以纪录片的形式出现在美国、英国、法国的电视节目中。究其缘由，是4000多年前的石峁遗址充满了各种神奇和惊叹；考古十载，石峁大地上每天都有惊喜出现。石峁城下，秃尾河静静地流淌，日夜不息，见证并记录着石峁的过去、现在和将来……

一、初见石峁

1928年，天津《大公报》上刊登了一则《陕北发现汉匈奴古物》的报道，石峁初见影踪。

……陕北地处边陲，与内蒙（古）接壤，古昔夷夏战场，多在此间。……近有新由该处来京者云，陕北神木县高家堡东十里许有崔家峁山头，四边隐有朽腐石墙，中有乱石陶片、牛马朽败骨片。该处农人往往拨搜得铁片、铁箭头、玉片、铜带钮、铁马镫等物……北大考古学会得此消息后，业已转嘱神木学生韩益生旋里调查。候得确实报告后，将派人前往考察……

然而国家式微，那些来自陕西“榆林府”的以黑色牙璋为代表的中国古玉，同彼时其他大部分文物一样，如同漂萍，流于海外，出现在博物馆、美术馆、大学等机构中。直到1958年，在第一次全国文物普查工作中，陕西考古工作者记录了“石峁山遗址”，也就是今天的石峁遗址，它才有了正式的专业记录。1963年，陕北长城沿线调查时，再次记录了“石峁山遗址”，判定它为龙山文化遗址。1981年，西安半坡博物馆对石峁遗址进行了试掘，发掘者认为石峁遗址存在两种不同时期的文化类型，早段与客省庄二期文化同时，晚段与内蒙古大口二期文化同时。2011年，石峁遗址考古调查工作全面启动。2012年，石峁遗址考古发掘工作获得国家文物局批准，系统考古发掘正式开始。

说起石峁遗址的系统考古发掘，其中还有一件让人无奈但却有趣的事情。2011

年，我的同事杨利平带队，对石峁遗址进行了区域系统考古调查，调查成果令人振奋。2012 年初，我所在的黄陵寨头河战国戎人墓地的发掘工作结束，考古队转战同在葫芦河畔的史家河墓地，主要工作交由我的同事孙战伟负责。因为我接到院里通知——立即北上，前往神木石峁遗址开始发掘。那时正当年少，果毅干练，对于单位指派，我从不曾有一星半点的犹豫。可在此时，却犯起了由衷之难，内心五味杂陈，不知该如何告与大家。毕竟，寨头河一年，我们已经吃了很多苦、受了很大罪。寨头河墓地的发掘缘起于延安南沟门水库的修建，由于南沟门水库库区施工前期的移民搬迁，寨头河墓地所在的葫芦河谷道成为无人区，屋漏窗颓，水电无常，生活不便。休整、换个好环境，是多么令人期待啊！但是，从我所知道的情况来看，北上石峁，无异于将大家所有美好的愿望推入深渊，摔得粉碎。

学生时代，我在靖边、横山一带参加过发掘实习。刚参加工作不久，在府谷、神木两县跑过考古调查，对于榆林地区的工作条件也算略知一二，加之 2011 年底去石峁村的先期“侦察”，更是对石峁的工作环境感触较深，纵使找来各种标准衡量，石峁的条件也比不过寨头河。倘在此时将真实情况和盘托出，势必影响人心，不利于北上开展工作。此种境地，如之奈何？我实在难以说出“虽然石峁条件很艰苦，但我们还是要打起精神好好干”一类加油打气的空话。愁了几天，终于决定编一个小小的谎言。

出发前日，一顿丰盛的大餐后，我向大家宣布了北上的消息，并说：“给大家找了一个有山有水的好地方。”酒酣耳热之际，大家来不及详加考证，便兴致勃勃地讨论起在那个“有山有水的好地方”将要怎样工作、怎样生活。时机成熟，趁热打铁，我随即宣布，明日一早先头部队动身，奔赴那“有山有水的好地方”。那夜，我辗转难眠，因为不知明日到达石峁后该如何应对？

第二日清早，虽已立夏好几日，但空气中似乎仍带有冬天的味道，寒意料峭，我们一路向北，去往那“有山有水的好地方”。

车轮滚滚，越过白于山区，驶进毛乌素沙地的时候，已能望见塞上明珠——榆林城周边的能源设施了。看着一路由绿转黄的苍茫大地，大家对那个“山水之家”的讨论也由多变少，即使我的美好描述再生动，也改变不了“曲高和寡”的尴尬。在榆林市文物部门顺利备案，与相关人员接洽后，我们继续赶路，到达石峁村时，已是傍晚时分。石峁山上的夜里比葫芦河谷底要凉得多，大家来不及细加打量，便匆匆忙忙将大大小小的行李从车上卸下来，挤进事先谈好的屋里避寒。不一会儿，天渐黑，开灯，没电。也好，天黑看不见大家脸上的疲倦，或许还有狐疑和失望；正好，天黑看不清石峁的模样，我的山水谎言今天夜里便不会被拆穿。凑合睡吧，在陕北的大炕上挤着睡，暖和！大约凌晨，大家不约而同地被寒意逼醒，可是带来的被褥已无多余，窸窸窣窣、难以成眠，银盘似的大月亮照进屋里来，才发现窗户上的玻璃已无踪影。朦朦胧胧中，屋里的白月光变成了温柔的晨光，慢慢地，寒气被一点点逼退，起床，看看我们的“山水之家”。

赵先生早已完成了四周巡查，与我照面的第一句话便是：“你说的山和水呢？”说话间露出戏谑的笑意。我故作严肃，指着背后的黄土梁子和屋前的干沟，用十分蹩脚的陕北话说：“你看这一道道山来一道道水。”大家和我一样，都被我的“山寨”陕北话逗乐，笑声中透着无奈、失望，但更多的是团结和希望。随着我轻轻一声“咱们收拾吧”，大家便分头忙开了，洒扫庭院、接水拉电、安门配窗，来石峁的第一天在忙乱中日沉西山，这座被废弃了 20 年的窑洞小院迎来了特殊的新主人——石峁考古队。当屋后升起那久违的炊烟时，天边又挂起那轮大月亮，但此刻新装的玻璃擦得锃亮，映着屋里通明的灯火，今夜，绝不会再冷，明日，石峁遗址将迎来新的开始。

二、重要发现

1. 华夏第一门——石峁外城东门

外城东门

我们最先揭露的遗迹是外城东门（图一），它位于石峁城址外城的东北部，是遗址内的最高处，地势险要，那时还叫作“石墙阴洼”，因遍布石墙且地处阴坡，是当地百姓不太喜欢的“下等地”。正因为如此，城门本体虽多被掏去石块，但整体结构保存较好，轮廓清晰。石峁遗址系统发掘的第一次布方、第一次清表、第一次刮面都是从外城东门开始的。究其原因，要感谢 2011 年的航拍。航拍照片显示，外城东门处的结构“曲里拐弯”。实地踏查，发现中间地势低洼，在南北两侧的“高堆”之间形成过道，隐隐约约似一座城门遗迹，但这座疑似城门的规模要比以往所知的史前和大部分历史时期的门址大得多。与石峁村王主任协调好发掘用地和用工后，我的内心被无数个疑问和忐忑填满。外城东门年代如何？这座城门下隐藏着多少秘密？

随着工作的有序进行，我们一点一点揭开了它的神秘面纱（图二）。2012 年 10 月，我们有了一个宏大的概念——这里，是 4000 年前的一座巨大城门！内外瓮城、南北墩台、门塾、门道以及两翼的马面、角台等城防设施保存良好、形制完备，虽历 4000 年风雨，仍岿然矗立，向我们诉说着曾经的辉煌。这些设施之间又以门道连接，总面积约 2500 平方米，周边地层及遗迹中出土了玉铲、玉钺、玉璜、牙璋、陶器、壁画和石雕头像等遗物。

瓮城

瓮城是在城门外修建的半圆形或方形的护门小城，是古代城市的主要防御设施之一。外城东门的外瓮城平面近“U”形，与两座墩台间未完全连接，两端留有进入城门的缺口；墩台以门道为中心对称建于南北两侧，形制相似，均为长方形；门道宽约9米，是东门的主门道，朝向门道一侧的墩台墙上分别砌筑出三道平行的南北向短墙，隔出四间类似门塾的区域，南北各两间，两两对称；进入门道后，南北墩台西北继续砌筑石墙，形成门址内侧的“曲尺形”内瓮城结构；在墩台外侧地面之上有一条与墙体走向一致的砌石条带，状似散水；外城东门还集中规划了附着于墙体之上的马面，间距约40米。这是我国史前城建史上规划最复杂、设施最齐备的实例。面对这样一座史前城门，有学者用“石破天惊”赞誉，有作家以“华夏第一门”形容。石峁考古队的领队孙周勇博士说：“历史时期常见的瓮城、马面等重要城防设施在4000年前的石峁城已显现出它们最初的样子，看得见、摸得着，是影响中国城防建设的实物证据。”外城东门让石峁初露峥嵘，一个寒暑，我们已能穿行于门道之中，两侧是高大的墩台和规整的门塾，脚下是平整、坚实的地面，除了“穿越”，我实在想不到更好的词语去描述当年的感受。直到现在，“穿越”的感受从未消减，反而更加强烈和真实。

藏玉于墙

外城东门最引人入胜的秘密当属“藏玉于墙”（图三）和“人头坑”。发掘前，有白胡子老乡告诉我们，“石头墙里有玉片片”。怎么可能？这是当时的第一反应。因为我们知道，石峁的玉器很薄，最薄处只有一两毫米，放在石头墙里，不怕被压碎吗？不过后来的发掘证实了白胡子老乡的说法。开始发掘不久，我们便在东门石墙的倒塌堆积中发现了一些玉器，多为铲、钺、刀等片状玉器。这些玉器的原生位置在哪里？怎么会在石墙的倒塌堆积中呢？诸如此类的疑问迎面而来。后来，外瓮城东北角的墙体里发现2件玉钺（铲）平放在石头缝中，被石块与石块之间的草拌泥包裹。此刻，我们恍然大悟，老乡所说不虚，石峁的石头墙里有片状玉器，这些玉器是石峁先民在修建石墙的过程中有意放置在墙体内的。现在，我们将这样的现象称为“藏玉于墙”。我们知道，玉在传统文化中一直有辟邪、通灵的功用，或许这样一个世代沿袭的观念早被石峁先民所尊崇，并以“藏玉于墙”的形式来表达。古代文献中提到的“玉门瑶台”也许就是修建中放置玉器的门址和高台。

人头坑

最“骇人听闻”的发现莫过于“人头坑”了（图四）。100余个森森颅骨静静地躺在外城东门的门道内、瓮城外和城墙下。虽称为“坑”，但只为表述方便，这些头颅实际是埋放在城门和城墙修建之前的“基础土”内的，一般成堆埋放，数量6到24个不等。经过鉴定，这些“可怜人”以年轻女性居多，头颅被生生砍下，她们的枕骨部位，就是后脑勺连接脖子的地方，有明显的砍斫痕迹。头颅被砍下后，似乎还经过“燎祭”，因为在枕骨或是下颌骨底部，有一些火烧痕迹。将上述迹象一一串联后，我们将这些头颅判断为东门及周边城墙修建前的奠基和祭祀之物。当这些头颅的秘密被我们逐步探明时，老乡又告诉我们，在东门不远处，农业社耕地时发现过不少骨殖，像人的，有腿、身、胳膊，但没有头。可怜的人啊，身首异处，躺在石峁的城墙下，不必再等孟姜女的哭诉了，你们在考古发掘中“重生”吧！

陕北无玉矿，东门和石峁的玉来自何方？被如此残忍地对待，东门的人恐非石峁之民，那他们又来自何方？这些问题接踵而至。根据目前的矿物元素测定和锶同位素分析，玉来自西北、人来自东北的可能性比较大。当然，想要尘埃落定、一锤定音，还需要更多的考古材料和科学证据支撑。但无论如何，玉和人都是石峁先民营建精神屏障的重要实物。

图一
图二 图三
图四

图一 石峁外城东门遗址及周边城墙鸟瞰

图二 石峁外城东门遗址发掘现场

图三 石峁外城东门遗址出土玉钺

图四 清理人头坑

2. 石峁城址

外城东门的发掘打开了探秘石峁遗址的大门，这扇大门之后隐藏着多少未知的秘密，深深地牵动着我们小心思。得陇望蜀、再进一步一定是对待重要考古发现该有的态度和思想准备。2012 年底，当我们初步了解外城东门整体结构的时候，对整个石峁城址还仅仅只有模糊的三重城垣的概念，于是我们对石峁遗址开展了区域系统考古调查和重点复查，用脚步丈量石峁大地。

通过丈量，我们知道，作为石峁遗址的主体内涵——石峁城址，面积超过 400 万平方米，以皇城台为中心，内、外城以石砌城垣为周界向内拱卫，巍峨壮观，气势恢宏，结构清晰（图五）。但石峁城有几座城门？城内的功能区划如何？各类设施怎样布局？它们又是如何发展、演变的？……带着这些问题，2015 年，我们又开展了为期一年的石峁城址的专门性调查工作。考古的一个主要目的就是“手铲释天书”，用手上的各类工具，发掘出古人的点点滴滴，推测出先民的社会生活。脚步丈量之后，就该出手了！于是在随后的几年内，石峁考古队对内城后阳湾、呼家洼、韩家圪旦、樊庄子、皇城台等地点都进行了发掘，揭露了房址、墓葬等遗迹，也发现了一批陶、玉、石、骨等材质的遗物（图六、图七）。

韩家圪旦地点

韩家圪旦地点位于皇城台东南一处椭圆形山峁上，是内城的一处居葬遗址，清理出了房址 31 组（座）、墓葬 41 座（包括石棺葬）、灰坑 27 座、灰沟 4 条。发掘的墓葬多为竖穴土坑墓，规模在 2 平方米以上。大中型墓葬结构相似，墓主位于墓室中央，仰身直肢，棺外有 1~2 个殉人。墓葬北壁均设壁龛，用于放置陶器等随葬品，规模差异较为明显。该地点早期作为居址使用，晚期时废弃，作为墓地使用。

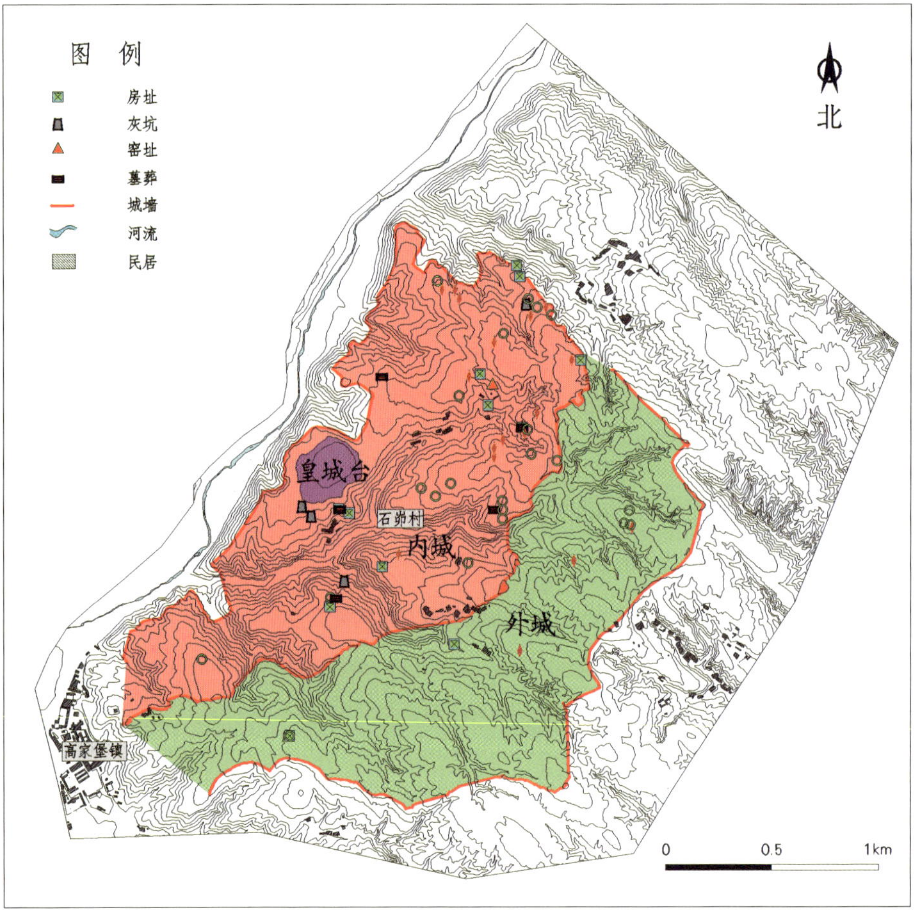

图五 石峁遗址城垣分布图

后阳湾和呼家洼地点

后阳湾和呼家洼地点试掘的主要遗迹包括房址和墓葬。房址均为地穴式，墓葬包括竖穴土坑墓和瓮棺葬。其中呼家洼 2012F3 出土的鬲、斝、甗、豆、尊、喇叭口折肩瓶（罐）等是石峁遗址开展系统考古工作以来最丰富的一组陶器组合；后阳湾 2012F2 内出土了鳄鱼骨板、2012M1 发现了女性殉人。

樊庄子哨所

樊庄子哨所位于城外的东南方向，从发掘情况看，系在自然土峁顶部垫土找平后再修构石砌建筑，石砌建筑分为内、外两重石围。除西墙外，其余三面墙体保存较完整。内围里外均未发现踩踏层面或用火迹象，但在石墙内侧有均匀分布的凹槽，应是在墙体内侧立柱所用的壁柱槽。从发现的遗迹看，基本不见与祭祀相关的其他遗物或现象，但根据壁柱槽分析内方外圆的两重石围结构，或应为一座用柱子架撑的哨所，其功能或与登高望远、观敌瞭哨有关。它与其他四座同类遗迹共同构成城外的“预警系统”。

皇城台

外城东门西南望，有一座孤立的台城，老乡叫作“huang 城台”。调查工作伊始，我们便犯了难，哪个 huang？“皇”或“黄”？思筹多时，加上“石峁女王”的传说，当天的调查日记中我们便以“皇城台”记述这座高大的台城。现在的发现证明，此台确有皇者之气。这一切，都将在发掘后始见真章。

皇城台位于石峁城中部偏西，为内、外城重重拱卫之核心，是一处四围包砌石砌护墙的高阜台地。除东南一侧以“皇城大道”与外面相接外，其余各面均为深沟、陡崖，顶小底大。顶部平整、开阔，面积约 8 万平方米。四周以石砌护墙包砌，最高处约 70 米。整座皇城台巍峨壮观，颇具平顶大金字塔之势。站在皇城台下，人们很容易发出“一片孤城万仞山”的感慨（图八）。对于皇城台的发掘，我们做了五年准备（2011—

2015），在经历了外城东门遗址、内城韩家圪旦居址和墓地、城外樊庄子哨所的发掘，内城后阳湾、呼家洼地点的试掘以及同处秃尾河流域的寨峁梁龙山石城的规模性揭露之后，皇城台的系统发掘正式提上日程。

2016 年 5 月，我们终于开始了在皇城台上的辉煌之旅。连续多年的全面复查及反复比对航拍资料，我们基本了解了皇城台的结构及周边台体的构建方式。经过多方考虑与论证，我们最终决定选择皇城台通往内城的唯一通道——一个疑似门址的区域进行发掘。皇城台与外相连只能通过东南侧的山体马鞍部，此处宛若一大坑，乡人呼之“地牢壕”。相传，“石峁女王”审判嫌犯时，会将嫌犯从皇城台顶部投入下方的地牢壕，如果这个人清白，就可以从“欢喜梁”逃出生天；如果有罪，那么走到“恓惶梁”后便再无生路。后来的发掘证实，这是皇城台的门址，也是唯一一处门址。到 11 月中旬，我们已经全面揭露了地牢壕，清理出一座规模宏大、结构复杂、保存较好的门址。门址由广场、南北墩台、瓮城、石板道路等组成。这座门址与外城东门大同小异，修建年限要早于外城东门，或许它们的建造理念具备一定的承袭关系。对于大遗址的发掘，保证其共时性非常重要，门址内发现的道路无疑是关联皇城台众多重要遗迹的纽带。

而此时，这座沉默的高台还在悄悄酝酿着一场轰动世界的发现。2018 年 9 月，完成皇城台门址和东护墙北段上部的发掘后（图九），根据现场情况和学术需要，我们沿门址主门道内的路面继续向上“追踪”，在皇城台顶部发现了一个大型台基，夯土内芯、砌石包边，其上分布着多处大型房址和池苑类遗迹。当考古工作集中在大台基南护墙处时，那“重磅炸弹”才逐渐露出引子，并被最终引爆——30 余件石雕！

从出土情况来看，这些石雕原本大多是镶嵌在南护墙墙面上的。雕刻手法以减地浮雕为主，多为单面雕刻。内容丰富，大致可分为符号、人面、动物、神面、神兽等。除此以外，南护墙附近还发现了个别的圆雕人像或神像，体量很大，比如其中一根圆雕柱，和成年人蹲下时一样高（图一〇）。

图六
石峁皇城台出土的陶鹰

图七
石峁皇城台出土的玉钺

图八
石峁皇城台发掘场景（2018）

图六 图七
图八

图九 石峁皇城台东护墙北段上部墙体

石雕一经出土，立即引起各界的重视，来参观、考察的专家与学者络绎不绝，讨论热烈。我们认为，这些石雕中的一部分可能来自其他更早的高等级建筑，属于“旧物新用”，也许与修筑外城东门时的人头奠基坑有相同的精神内涵，石峁先民赋予皇城台大台基独特的精神力量。纵观历史，放眼中国北方，皇城台石雕与东北地区的兴隆洼文化、红山文化遥相呼应，共同构架了北方地区的石雕传统，在中国史前文明中形成了独具特色的文化风格，或许还影响了商周青铜礼器的艺术构思和纹饰风格。那咧至双耳的嘴角、飞入鬓角的眼尾、卷若浮云的鼻翼和额上不知名的花纹，似乎都与青铜器上那些浪漫诡谲的纹样一脉相承。

“筛了两年半土，出了万把个针”，当地老乡这样真实朴素地评价东护墙北段上部的发掘工作。而对于我们来说，这是“铅华褪尽留本色，大浪淘沙始见金”。在那数以万计的骨制品中，最为重要的莫过于石峁口簧的发现和确认。这是目前世界范围内发现的年代最早的一批口簧，距今约4000年，考古背景明确，制作过程清晰，是世界音乐史上的重要发现。与之共存的骨制管哨、陶制小球哨等音乐文物，是还原皇城台居民日常生活的重要证据。乐器的发现，体现出皇城台居民身份和地位的特殊性。结合皇城台在城垣结构中的核心地位，其性质不言而喻。

皇城台具备早期宫城的性质，或可称为“王的居所”。于是，再一次，深沉而又富含爆炸性能量的石峁遗址皇城台入选“2019 年度中国考古新发现”“2019 年度全国十大考古新发现”，不断刷新我们对中华文明起源的认知。

2018 年，历经三年的发掘与清理，拨开层层云雾，皇城台在我们眼中不再模糊，门址初露全貌，东护墙彰显巍峨，大型宫室展露峥嵘。

三、向“十大”进发

艰苦的条件和高负荷的工作几乎是每个考古工地的标配，石峁发掘工作开展以来，我们每年在外工作的时间超过 300 天，与家人聚少离多是日常状态，虽多被理解，但难免愧疚和苦闷；陕北虽富甲陕西，但特殊的自然和社会条件给石峁考古工作带来了诸多不便，就连现代社会难以或缺的水、电和通信信号都成了“奢侈品”，收音机、电视沦为摆设，手机只能挂在窑洞门口的树杈上蹭信号，“别人下雨收衣服，考古队下雨收手机”，曾经一度成为石峁村民的饭后笑谈。窑洞虽说冬暖夏凉，但蝎子满墙的窑洞何谈舒适！每年夏天，晚上睡觉前，石峁考古队的必修课就是集体清理窑洞内的蝎子，但百密终有一疏，大家无一不被蜇伤……

艰苦工作数年，终于迎来了石峁遗址的第一次全国专家论证会，会议决定于 2012 年 10 月底召开。国庆刚过，满打满算，我们只有两周时间去准备。这两周期间，大家都化身为拼命三郎，拼对和修复陶器、挑选标本、整理汇报材料、清理发掘现场。考古队加班加点，白日发掘 10 小时，夜里整理 5 小时，大家仿佛都憋着一口气，想把最好的石峁展现给来自全国的专家们。连日的超负荷运转，我们的身体不约而同地发出警报。有一夜，我拿着正在拼对的单把鬲，上一秒还在寻找可能拼接的碎片，下一秒便觉眼皮沉重，竟然睡着了。有一天，赵先生和我讨论一处重要的剖面，刮了画、画了刮，不知不觉蹲了好久、看了好久，下工时，只觉头晕眼花，脑袋里全是各种线条。但没有人喊苦，大家只是咬紧牙关，披星戴月，废寝忘食。十月的陕北，大地已经穿上了萧瑟的外衣。2012 年，石峁的雪来得也早，会议之前，已下过两场。但任他窗外寒风再凛冽，考古队的工作依旧热火朝天。就这样，我们迎来了专家论证会，石峁遗址第一次震惊了学界，石峁考古发现有了“石破天惊”的美誉。除了石峁考古队每一个人的努力，还有石峁遗址本身。它辽阔而深邃，所蕴含的无穷的秘密，让人情不自禁，甘愿苦苦地求索、追随。石峁城址的石砌城垣总用石量巨大，动用的劳动力资源远超本聚落人群，不仅具有完备的防御性设施，还具有神权或王权的象征意义。它的出现，暗示在公权力的督导下修建公共设施等活动，已经成为新石器时代晚期石峁所在的中国北方地区早期都邑性聚落的重要特征，石峁或已迈入早期国家阶段。气势恢宏、巍峨壮观的皇城台的修建亦倾注了建设者大量的心血，在此发现了国内已知最早的铜器范。大量陶瓦的发现，对探讨中国早期建筑材料及建筑史具有重大意义。出土的口簧是目前世界范围内年代最早的，是世界音乐史上的重要发现。30 余件石雕可能与石峁先民砌筑石墙时“藏玉于墙”或修筑时以人头奠基的精神内涵相同，代表了先民对皇城台的精神寄托……凡此种种，皇城台当已具备了早期宫城的性质，或为高等级贵族或王居住的核心区域。被称为“华夏第一门”的外城东门遗址及内外瓮城、马面等遗迹，系国内确认的最早的同类城防设施，是东亚地区土石结构城防设施的最早的实物资料。或许不是我们使它扬名，而是它成就了我们。

如今，皇城台下开满格桑花，花丛后灰瓦白墙的院子便是我们的石峁之家，门阔庭广、窗明几净，与当初的窑洞驻地相比，何止天壤之别？住在皇城台下，开门见山，启窗闻香，沉淀着十年来的石峁过往，回味最深处总是被满满的幸福和甜蜜包裹着。

图一〇 石峁皇城台大台基南护墙石雕

窑洞驻地就在不远处，步行大约十来分钟，有意无意，我都会踩着石峁特有的黄米之路，从这头到那头，边走边想，细细品味这十年的幸福和甜蜜。十年来，习惯了看石峁的风起云涌、云卷云舒，风住云歇后，面对雄伟东门、巍巍皇台，时常忍不住去猜想那 4000 年前的石峁的过往，但思绪过后，往往只留下“寥落古行宫，宫花寂寞红”的无尽感慨，而难有“白头宫女在，闲坐说玄宗”的娓娓道来；十年来，都是带着“理荒秽”的心情醒来，到了“荷锄归”的夜晚仍不愿睡去，只因想对石峁的秘密知道得多一点，再多一点；十年来，从东门到皇城台，边发掘边解读，石峁考古早已变成了生活的习惯；十年来，有欢笑、有苦痛、有兴奋、有哀叹，但我从不曾后悔。下一个十年，我还想留在石峁；再多个十年，我都想留在石峁。当我凝视皇城台的时候，只想轻声地说：与你相遇，是我一生的荣耀。

未解之谜

石峁遗址有着如此重大的发现，但仍然存在很多谜题，至少有以下待解：

1. 4000多年前，石峁所在地的自然环境如何？为何会在现今北方长城沿线出现这样大的城址？

2. 石峁遗址和周边地区包括中原和欧亚草原地区的文化存在何种关系？

3. 石峁先民的经济形态是农业，还是游牧，甚至是其他？

4. 石峁的文明社会有什么特殊性？

5. 它在早期中国文明中处于什么地位？

……

庙底沟遗址

樊温泉

河南省文物考古研究院

在河南省三门峡市韩庄村北有一块较为平坦的黄土塬，处于黄河支流青龙涧河和苍龙涧河的交汇地带，属于陕、豫之间的黄河峡谷（图一）。这里三面环溪沟、一面临高崖，优渥而稳定的自然环境，为庙底沟先民提供了赖以生存的条件，形成了我们今天所看到的庙底沟遗址（图二）。遗址总面积约 36 万平方米，平面略呈菱形，有庙底沟文化（距今 5900—5600 年）、仰韶文化西王村类型（距今 5600—4900 年）、庙底沟二期文化（距今 4900—4600 年）三类文化遗存。庙底沟先民借助沟通东西的黄河谷地，将这里先进的文化，特别是以花卉纹为代表的彩陶文化传播出去，为中国古代文明的起源和统一国家的形成做出了伟大的贡献。

2001 年，庙底沟遗址被国务院公布为第五批全国重点文物保护单位。

“只是因为在人群中多看了你一眼，再也没能忘掉你容颜”，每当李健的歌声响起，我的脑海里总会浮现考古学家安志敏先生发现庙底沟遗址的传奇瞬间。那是 1953 年 11 月的一天，中国科学院考古研究所的安志敏先生和他的同伴们乘坐火车到豫西进行考古调查。列车已经放缓了脚步，向着陕县南关车站滑行，在大家都起身收拾行李的瞬间，安志敏先生又扭头望了一眼窗外。就是这一眼，庙底沟遗址暴露在断崖上的古代灰坑的剖面落入了安老的眼睛。从此，庙底沟遗址的容颜便再也没有离开他的视线……

一、望三门，三门开

顺着安志敏先生所发现的古代灰坑这一线索，经过一系列考古工作，考古学家确认这是一处 36 万平方米的新石器时代聚落遗址。

1955 年 10 月，为配合三门峡水库建设工程（图三），文化部和中国科学院联合组成了黄河水库考古工作队，由中国科学院考古研究所副所长夏鼐任队长，安志敏副研究员任副队长，开始有领导、有组织地对黄河水库库区内古代文化遗存的分布情况进行大规模的调查和发掘，并对庙底沟遗址进行重点勘探。

1956 年，国庆大典的前一天，庙底沟遗址的第一次发掘工作正式拉开了序幕。

据安志敏先生回忆，这次发掘“在个人的考古生涯中也是一次重要经历，至今回忆当时的情景仍兴奋不已”。它成为当时考古工作中参加干部人数最多、工作规模最大的一次，仅工作人员就达 75 人，来自各省的文博单位。

田野考古工作历来都是艰难、辛苦的，更何况当时处于一穷二白、百业待兴的时期。为了修建黄河大坝而刚刚成立的三门峡市，“马路不平，电灯不明，夜晚狼嚎，风沙满城”。就是在这样恶劣的环境下，考古队员们凭着对中国考古事业的热爱，克服了种种困难，圆满完成了这次中国考古史上具有里程碑意义的发掘工作，并取得了极为重要的学术成果。考古队共开了 280 个 5 米 ×5 米的探方，发掘面积达 4480 平方米，发现仰韶文化时期灰坑 168 座、房基 2 座、墓葬 1 座，庙底沟二期文化墓葬 145 座、灰坑 26 座、房基 1 座、陶窑 1 座等（图四）。

出土的仰韶文化时期的陶器以泥质红陶和夹砂红陶为主，泥质灰陶仅占少数。陶器表面的纹饰以线纹为主，其次是划纹、附加堆纹等。陶器器型主要有碗、钵、盆、罐、杯、釜、灶、器盖、器座、尖底瓶、鼎等。在复原的 690 多件陶器中，彩陶比例达 14.02%，这在其他同类遗址中是很少见的。

出土的仰韶文化时期的石器以打制石器为主，磨制石器仅占很少的比例。打制石器中，最常见的是盘状器，但用途不明（图五）。磨制石器中刀、铲数量最多，还有少量斧、锛（古代开垦土地或刨修木料的工具）、磨棒等。骨器数量不多，种类也较简单，主要为针、锥、簪、镞等。

出土的庙底沟二期文化的陶器较少，共复原了 60 余件器物。这一时期的器物特征与仰韶文化时期的区别很大。在陶质、陶色上，这一时期的陶器，夹砂灰陶和泥质灰陶数量最多，红陶和黑陶数量极少。在器表纹饰上，这一时期以篮纹为主，表面磨光的次之，还有少量的绳纹和方格纹等。在器型上，这一时期除了沿用以前的碗、杯、罐、鼎外，新出现了双耳盆、豆、斝等器型。

出土的庙底沟二期文化的石器以磨制石器为主，打制的比较少。石斧的数量增多，新出现了石镰、石镞等器物。骨器变得丰富起来，数量和种类都超过了以前，主要有针、锥、簪、镞、梳等。蚌制的刀、镞也开始出现了（图六）。

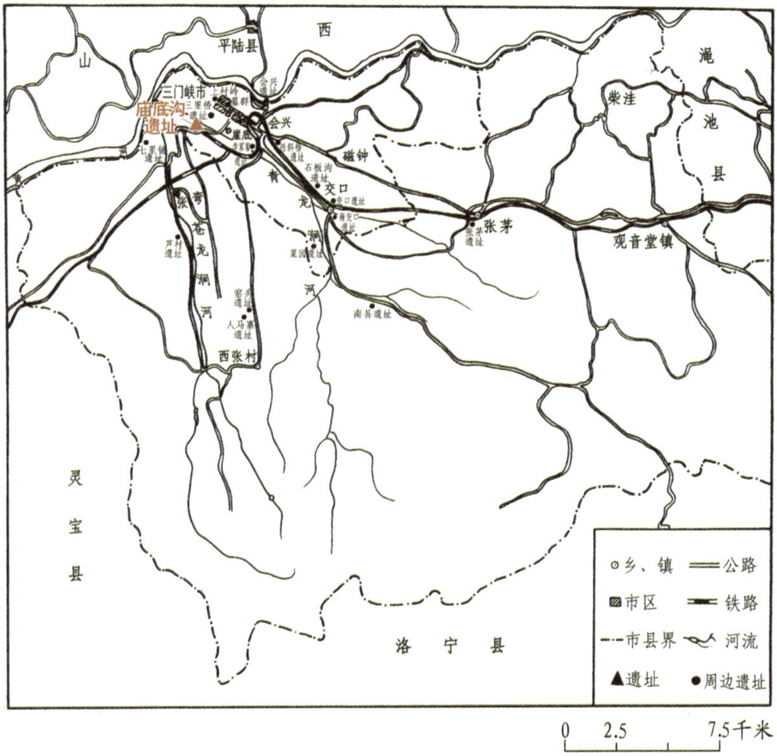

图一 庙底沟遗址及周边遗址位置图

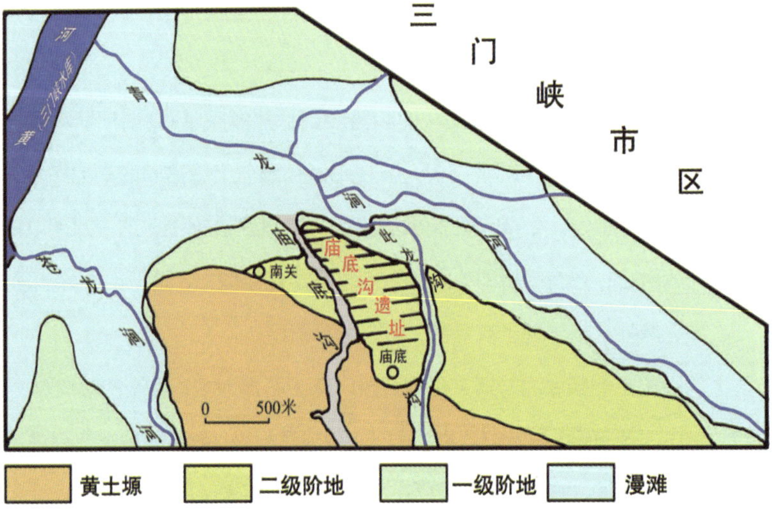

图二 庙底沟遗址环境考古图

图三
三门峡大坝

图四
庙底沟遗址1956年发掘工作照

二、黄河明珠花怒放

2002 年，庙底沟遗址迎来了第二次发掘。这次发掘的规模远远大于首次，面积达 1.8 万平方米，共发现庙底沟文化、仰韶文化西王村类型及庙底沟二期文化的灰坑和窖穴 800 多座，陶窑 20 座，保存较为完好的房基 10 余座，壕沟 3 条，数处残破的房基硬面，同时还清理了 200 余座唐、宋、元、明时期的墓葬，出土了大量陶、石、骨、蚌及铜、瓷等材质的文物。

这些发掘成果，说明庙底沟遗址早在庙底沟文化时期就已经初步形成了聚落结构的雏形：

——遗址东西两面有壕沟相环，它们不仅具有防御性质，还兼具防洪、排水的功能。

——主要分布于遗址中部和西部的居住区，有圆形的半地穴式和方形的浅地穴式房址，其间又有大量窖穴和灰坑。

——遗址的西部集中着制作陶器的陶窑，说明当时已经有了专门的制陶作业区。

从庙底沟遗址出土的生产工具的种类来看，当时仍以农业生产为主，这一点，遗址出土的炭化植物遗存初步分析情况也可以印证。粟和黍应该是当时最重要的农作物，水稻和大豆也占一定的比例，表明庙底沟遗址的农业结构是以旱作农业为主、稻作为辅的混合型模式。石镞、骨镞、石球和陶网坠等工具的发现，说明渔猎仍是一种辅助性的生业模式。纺轮和陶器器耳上的布纹，证实当时已经开始了简单的纺织生产（图七—图一一）。

出土的庙底沟文化时期的彩陶，在器物数量、绘彩种类、图案结构上都大大超出了以前。庙底沟文化的彩陶图案烦琐，色泽明艳，变化多端，虽然有极少量蜥蜴、蟾蜍等写实类的动物图案（图一二），但更多见的还是各类几何形图案。这类图案的主要元素为圆点和弧线三角，类似植物的花蕊和叶片，所以庙底沟文化彩陶的典型图案就是花瓣纹，有双瓣花、四瓣花，也有五瓣花和六瓣花，其中四瓣花最为规范，最具代表性（图一三）。当然，庙底沟文化的彩陶图案中，也有鸟纹，圆点的鸟首和弧线三角的双翼是花卉纹的演变（图一四）。鱼纹已与半坡文化的鱼纹有着明显的区别，是庙底沟先民们自己创造的一种抽象的简体鱼纹，也就是横“X”纹，似取材于鱼的尾部（图一五）。彩绘的颜色不仅有黑彩，还出现了红彩、赭彩及少量复合彩。我们初步判断，这些颜色应该来源于矿物原料。

彩陶盆上的连体花瓣图案很有特色，两两相连的五瓣纹花朵，彼此之间共用一片花瓣，我们把这种图案称之为“华夏之花”。苏秉琦先生曾提出“花卉纹彩陶可能就是华族得名的由来”。同时，共用花瓣的构图形式，也充分体现了中华文化在传播过程中你中有我、我中有你的交融状态（图一六）。

仰韶文化西王村类型遗存，特别是西王村三期文化遗存，虽然从遗迹到遗物都不是很多，但其意义却非同一般。它从文化内涵上证实了其仍属于仰韶文化晚期遗存，但是其中的一些文化因素，如灰陶、篮纹等，却开了庙底沟二期文化的先河，具有很明显的过渡性质，填补了由庙底沟文化向庙底沟二期文化发展的空白。

三、构建聚落见思想

在庙底沟文化时期，已经形成了聚落结构的雏形，这主要从遗址所发现的防御体系、居住房址、活动场所、制陶作坊等几个方面体现出来（图一七）。

1. 环壕

由于受自然环境的约束，古人对生存环境的选择非常讲究。

庙底沟遗址东、西部均发现了壕沟。东部壕沟是 20 世纪 50 年代发掘时发现的。

图五 庙底沟遗址 1956 年发掘出土的盘状器

图六 庙底沟遗址 1956 年发掘出土的生产工具

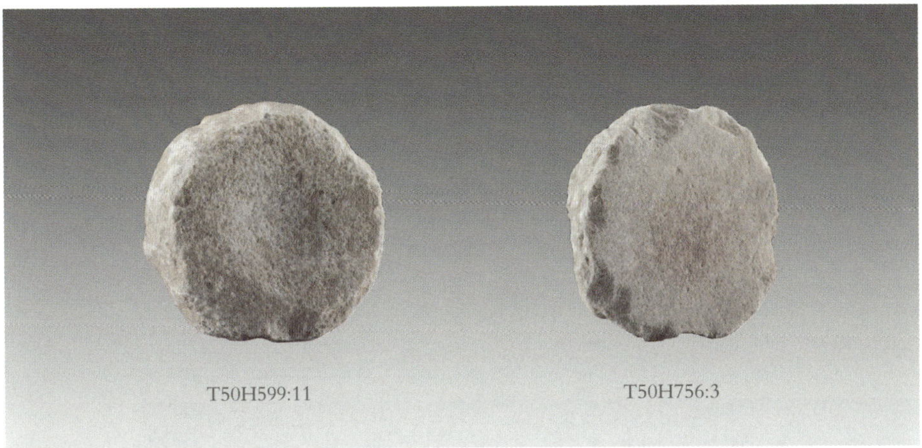

图七 庙底沟遗址 2002 年发掘出土的盘状器

图八 庙底沟遗址 2002 年发掘出土的农业生产工具

图九 庙底沟遗址 2002 年发掘出土的渔猎生产工具

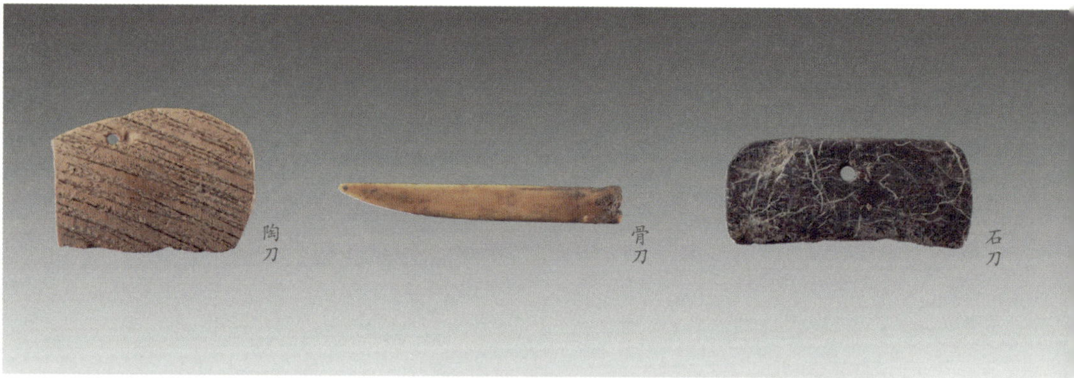

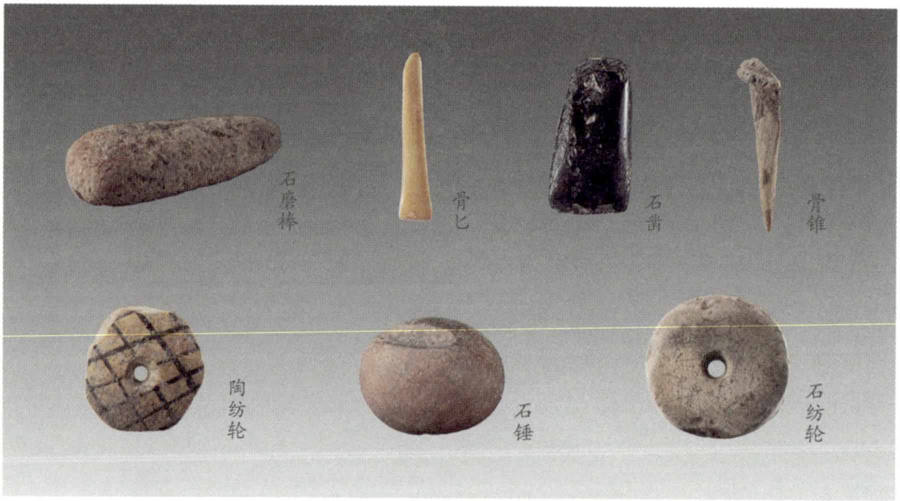

图一〇
图一一

图一〇 庙底沟遗址 2002 年发掘出土的采集工具

图一一 庙底沟遗址 2002 年发掘出土的手工业生产工具

图一二 庙底沟遗址出土彩陶上的龟纹和蜥蜴纹

图一三 庙底沟遗址出土彩陶上的花瓣纹

图一四 庙底沟遗址出土彩陶上的鸟纹

图一五 庙底沟遗址出土彩陶上的鱼纹

西部壕沟是2002年发掘时清理出来的，共有3条。壕沟口宽底窄，口部最宽处达12米，深5~8米。沟底不平，中部有凹槽，局部铺有鹅卵石。从清理出来的100余米壕沟看，壕沟的深浅程度依地势而变，由东南向西北渐次变深。由此，我们推断，除了防御外界的侵袭外，壕沟还具有防洪、排水的功能（图一八）。

从几次发掘的遗迹分布及勘探情况（南部壕沟是2016年勘探时发现的）观察，这几段壕沟有可能是一个连接在一起的环壕。因为西部壕沟以东的遗迹比较集中，而西部壕沟以西则很少发现早期的遗存。遗址东部当年发现的两座房址（F301、F302）也均位于大灰沟之西（见图一七）。

2. 房址

庙底沟遗址的西北部是房址集中分布的地方，多为圆形半地穴和方形浅地穴式建筑。

圆形房址的直径一般在4~5米，墙壁及底部修饰得平整光滑。灶台大多设在中部，柱洞多分布在四周，数量不等。个别房子还带有壁龛。如F6（6号房址），门道朝向西南，房址东西长3.4米，南北宽3.25米，南、北两面共有大小四个壁龛。其中南面一个，龛口高1.25米，宽0.9米，进深1.45米，龛内的最大宽度1.5米；北面三个，最大的一个龛口高0.82米，宽1米，进深0.8米（图一九）。这种现象在庙底沟遗址首次发现，其他地区极为少见。初步判断，这些壁龛是为了分门别类地放置物品，当然也不排除有些较大的壁龛是作为“卧室”使用的。壁龛无疑增加了房内的使用面积。

方形浅地穴式房址比较特殊，而且面积一般较大。它的建造方式可分为两种。

一种是先在房子的四周挖出基槽，待基槽处理完毕，竖好支柱后，再在房内向下挖坑，然后填土，形成居住面，如F3。F3室内的硬面，东西长8.6米，南北宽7.5

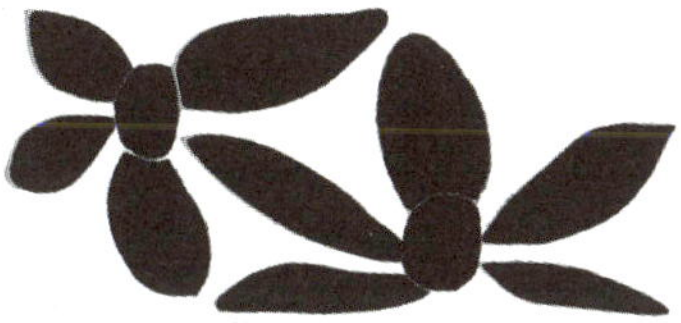

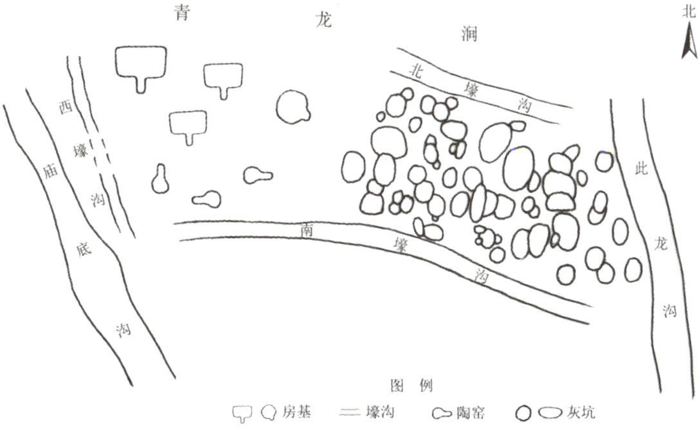

图一六 图一七
图一八

图一六 庙底沟文化花瓣纹

图一七 庙底沟遗址聚落布局图

图一八 庙底沟文化 T19壕沟局部

米。门道在房址的南部，长 4.4 米，宽 1 米。门道进入室内的部分比居住面低约 0.3 米，有一层台阶。圆形灶设在正对门道处，直径 1.2 米，深约 1 米，朝着门道的一侧有一个直径为 0.2 米的圆形进风口。房内的硬面厚 0.03 米，硬面下有一层 0.3 米左右的草拌泥。墙体部分残高 0.15 米，墙体厚度不均。基槽部分深 0.7 米，宽约 0.4 米（图二〇）。

另一种是先在房址的范围内向下挖坑，之后填土，待填土处理好后，在坑的周围挖出墙槽，竖起支柱，如 F8。F8 东西长约 9 米，南北宽 8.5 米，其门道也在南部。房址的硬面下有两层垫土，第一层为草拌泥，厚 0.2 米；第二层为红烧土，厚 0.2 米。从目前的清理结果看，F8 可能是四周带回廊式的建筑，因为它的内圈发现了排列整齐的柱础石，外圈还分布着同样整齐的柱洞。中心柱础石由于使用时间长，已磨出了光滑的圆窝。另外，门道的两侧还清理出对称排列的护墙石。这种带回廊的建筑形式是在庙底沟遗址首次发现，开了由浅地穴到地上建筑的先河（图二一）。

20 世纪 50 年代发掘的 301 号房址，是一处方形浅地穴式房址。古建专家通过对考古现场遗迹进行研究，将其复原为一座四面坡式的木架结构茅屋。其居住面和墙基经火烧处理后，起到了防潮的作用（图二二、图二三、图二四）。

到了庙底沟二期文化时期，房址多为圆形半地穴式，房内布置考究了许多。如 5 号房址，口径 4.5 米，底径 4.9 米。底部均匀地涂抹了一层白灰面，壁上施了三层厚薄一致的灰土面。设计精美的圆形灶置于房址中部，灶台直径 1.07 米，灶四周有一圈宽 0.03~0.05 米的凸棱，高出灶面 0.05~0.1 米。灶面内又有一个阴线刻的圆圈。门道在房址东部，长 1.2 米，宽 0.6 米（图二五）。

第一次发掘出来的编号为 551 的房址，形状和结构基本与 F5 一样，由居住面中央的粗木柱支撑着屋顶的中心，周围的木柱除了支撑屋顶以外，还起着墙壁骨架的作用。古建专家将其复原成一座尖锥顶状的房屋（图二六）。

3. 窖穴

庙底沟遗址出土的窖穴多为圆形袋状，部分面积较大，坑壁及坑底明显经过加工。

窖穴内时常有完好的动物骨架。在第一次发掘时，有 3 座灰坑出土了狗骨架，2 座灰坑出土了猪骨架。个别灰坑内还有随意弃置的尸体。在第一次发掘时，有 4 座灰坑出土了人骨架（图二七）；第二次发掘时，615 号灰坑也出土了人骨架（图二八）。从骨架保存的情况判断，他们都是非正常死亡。

有的窖穴出土了大量陶器，如第二次发掘时的 9 号灰坑，仅复原的陶器就多达 100 余件，其中不乏精美的彩陶（图二九）。这种窖穴的功能很耐人寻味，需要我们做进一步的研究。

我们对一些窖穴和灰坑出土的炭化物遗存进行了环境考古分析，结果表明，庙底沟先民当时种植的农作物主要有粟、黍、大豆和稻，同时，他们也采集一些野生植物，如猪毛菜、紫苏、草木樨等，作为时令蔬菜、家畜饲料或油料来源。当然，他们也有可能利用这些植物作为薪柴。野生植物茎叶和果类也是庙底沟先民食物资源的重要补充。

窖穴遗存中有粮食种子（图三〇），说明庙底沟文化时期已经有了剩余粮食，这就为酿酒技术的出现提供了基础条件。最新考古成果表明，这个时期，人们确实已经开始酿酒。学者们仔细研究了一些陶器的残留物，在其中发现了酒的痕迹。这些陶器中就有小口尖底瓶（图三一）。以往的研究普遍认为尖底瓶是汲水器，现在我们可以推测，小口尖底瓶搭配遗址出土的陶漏斗，很有可能是这一时期典型的酿酒配套器物。

到了西王村类型时期，在袋状窖穴的底部一般还会向下掘出口径较小的袋状小窖穴，最多可达三四个。由此我们推测，这些小窖穴有可能是为了放置不同种类的储存物而挖的（图三二）。

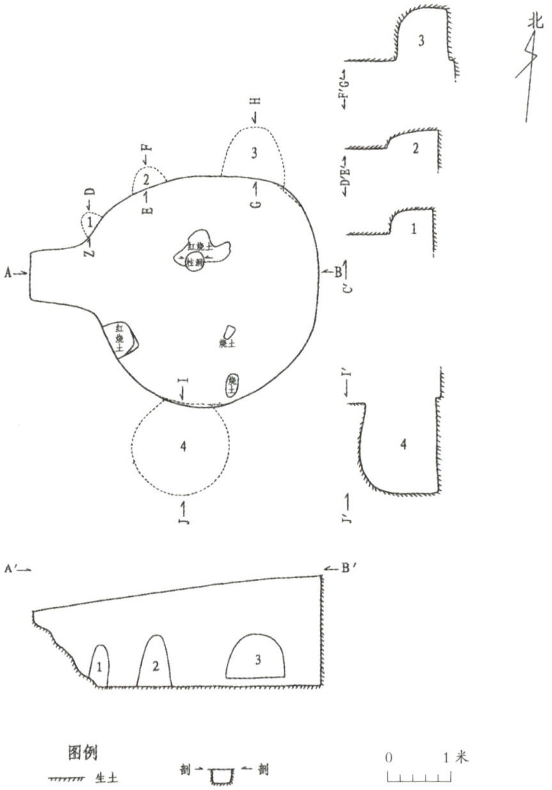

图一九
庙底沟文化圆形房基 T69F6

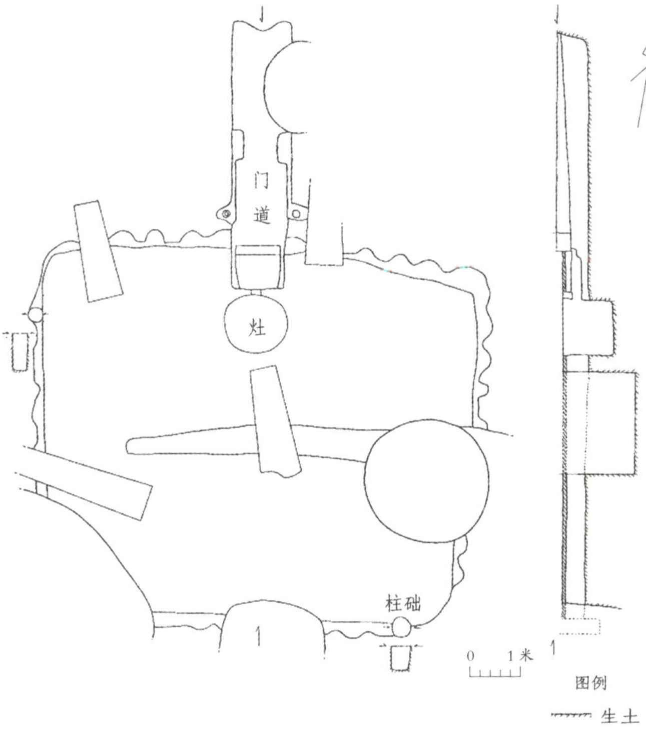

图二〇 庙底沟文化方形房基 T64F3

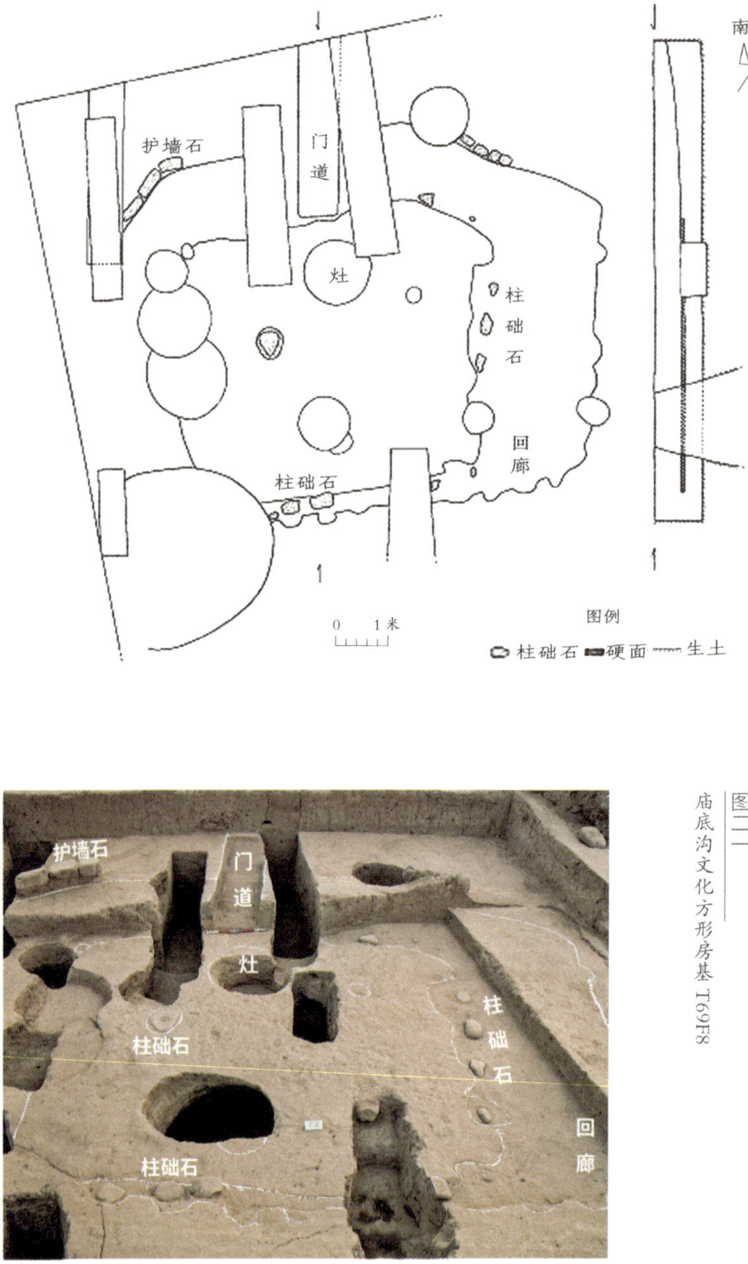

图二一 庙底沟文化方形房基 T69F8

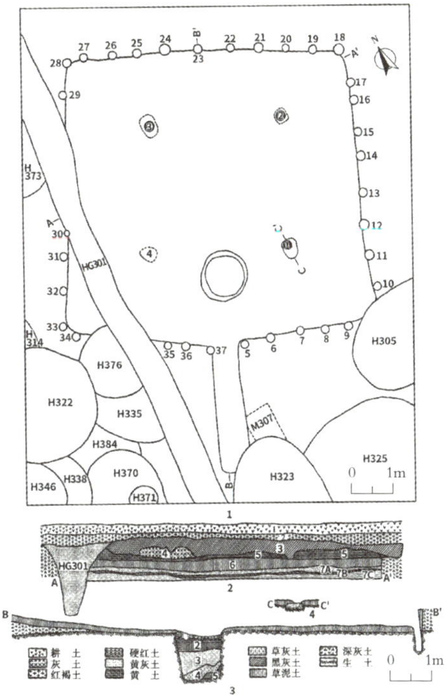

图二二 1956年庙底沟文化房址F301复原图

图二三 庙底沟文化F301房子复原半剖图

图二四 庙底沟文化301号房子平、剖面图

图二五 庙底沟二期文化房基T92F5

图二二 图二四
图二三 图二五

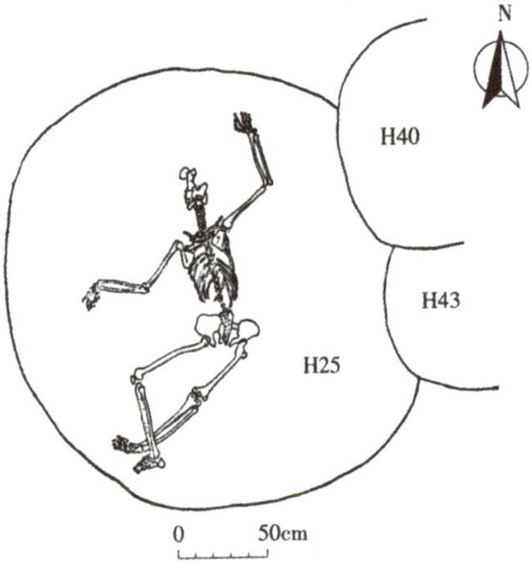

图二六
图二七
图二八

图二六 庙底沟二期文化551号房子复原图

图二七 庙底沟文化H25平面图

图二八 庙底沟文化T66H615

图二九
庙底沟遗址T1H9出土的彩陶

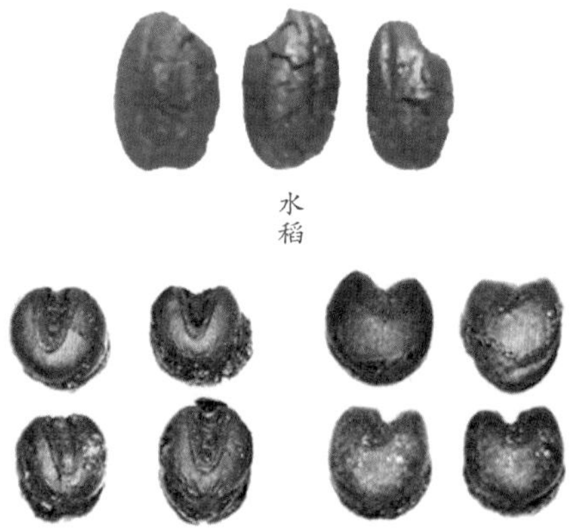

图三〇 庙底沟遗址出土的农作物种子

4. 陶窑

庙底沟遗址的西部集中分布着陶窑，T72 内就发现了 3 座，说明这里应该是制陶作业区。庙底沟文化时期，陶窑的窑体一般较小，长 2 米左右，宽不到 1.5 米。陶窑由窑室、火口、火塘、火道及窑箅等构成。此时的陶窑均为环形火道（图三三）。

到了庙底沟二期文化时期，陶窑较庙底沟文化时期有了很大的进步，窑体仍然很小，但有了半球状的窑顶，火道也由原来的环形改进为“北”字形和“非”字形。窑底设有窑箅，箅上有 25 个火眼与火道相通，从而使窑室内火的燃烧更加充分和均匀，大大提高了陶器的硬度。如 T47Y6，残长 2.3 米，宽 1.28 米，残深 0.7 米（图三四）。

图三二 庙底沟遗址出土的尖底瓶

庙底沟二期文化时期，陶窑虽然在数量上没有显著增加，面积上也扩容不大，但是在烧造工艺上却有了很大的变化。窑室密封程度的加强和火道的改进，不仅提高了陶器的硬度，而且缩短了烧制的时间，这样无疑加快了陶器的制作速度，从侧面反映了庙底沟二期文化时期的制陶业向专业化、精细化的方向发展。

5. 墓葬

庙底沟遗址出土的墓葬基本都是庙底沟二期文化时期的，共 145 座，均坐落在庙底沟遗址的东部（图三五）。属于庙底沟文化时期的只有 1 座。

墓葬多为长方形竖穴墓，墓圹比较清楚，一般长 1.8~1.9 米，宽 0.41~0.51 米，距地表 1~2 米。人骨大部分保存较好，均为单人葬。葬式基本为直肢葬（屈肢葬只有 2 座），南北向，头南脚北，方向在 175°~190° 之间，可见这是当时比较固定的墓葬形式。这里没有仰韶文化时期的多人合葬墓。一般认为合葬墓是以氏族为中心时期的特殊葬俗，单人葬的盛行表明合葬制渐被淘汰，说明当时的社会组织正在发生着微妙的变化。

这一时期的墓葬几乎没有随葬品，仅在 M72、M99 两座墓葬中各出土了 1 件小陶杯（图三六）。这一现象确实让人费解，有待于进一步探讨。

四、花开中国传四方

庙底沟文化是中国分布范围最广、文化相似度最高、对后来文化影响最深的史前考古学文化。以庙底沟文化为核心的地区，也成为后来中国历史演进的核心区域，所以庙底沟文化在早期中国文化圈中的地位举足轻重。

庙底沟彩陶上的花卉纹是绽放在以黄河中游地区为中心的中原地区的中华文明之花，随后向周边扩散，北到塞外，东到大海，南到南岭，西到甘青，在中华大地上次第出现。这是一个文化符号第一次传播到如此广阔的地区，说明在中国文明形成的过程中，第一次有了一个大范围的文化认同。从某种意义上讲，庙底沟文化完成了我国史前时期的第一次文化整合，是早期中国文明在中原地区出现的第一缕曙光，对后来的中国文明具有非常重要的意义。

苏秉琦先生认为，庙底沟彩陶上的花卉纹主要是以实际生活中菊科和蔷薇科的花瓣为母体，这种母体图案可能与“华”“华山”和“华夏族”的得名有关。“花”“华”“华山”“华夏”在远古时代具有密切的关系。

著名美籍华裔考古学家张光直先生认为，庙底沟文化所在的时代，是“中国早期文化圈开始形成的时代……它们便是最初的中国”。

图三二
西王村类型文化窖穴 T60H678

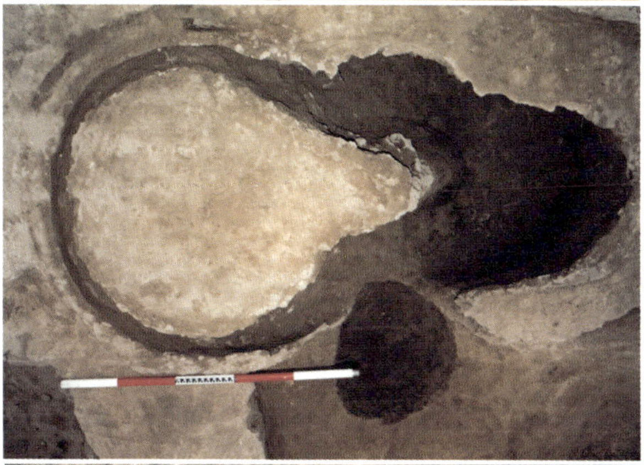

图三三
庙底沟文化陶窑 T9Y2

图三四
庙底沟二期文化陶窑 T47Y6

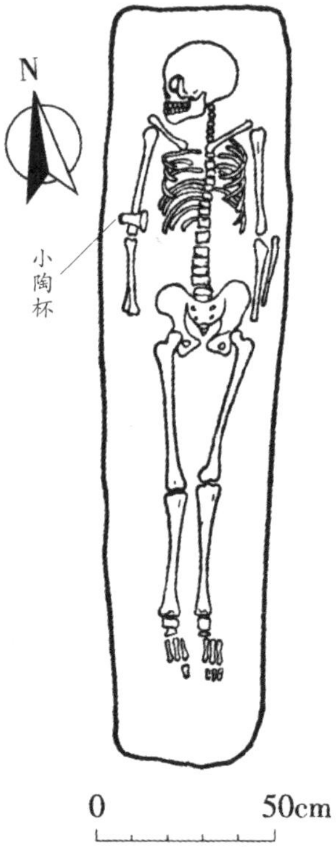

图三五　图三六

图三五
1956年，庙底沟遗址T1区庙底沟二期文化墓葬分布情况

图三六
1956年，庙底沟遗址庙底沟二期文化M99

国家夏商周断代工程首席专家、北京大学教授李伯谦先生也曾说过，“庙底沟是仰韶文化的一个重要阶段，表现在它对外扩张和影响方面，可以说是东方文明研究中古国阶段的典型代表”。

中国社会科学院考古研究所王仁湘研究员多次讲到，“庙底沟文化对周围文化产生过明显的影响，其文化张力非常强劲，而集中体现这种张力的就是庙底沟文化彩陶……庙底沟文化彩陶所奠定的艺术传统，还影响到后来古代中国艺术与文化的开拓发展。从这样的意义可以说，庙底沟文化彩陶掀起了中国史前时代的第一次艺术浪潮”。

庙底沟文化正如它的文化符号一样，以陕、晋、豫交界地带为花心，如同花朵绽放一般，盛开在华夏大地上，并促使其他地区的考古学文化互相联系、交融。中原地区从此吸纳各地区的文化成果，逐步崛起为光彩夺目的文明中心，成为中国之前的“中国”。

未解之谜

1. 创造了如此辉煌的彩陶文化的庙底沟遗址，虽然后面还有西王村文化和庙底沟二期文化时期的人们在这里生活和居住，但是明显走向衰退，这里到底发生了什么变故，是什么原因造成的呢？

2. 庙底沟遗址的很多窖穴出土了数量众多的彩陶，那么遗址本身到底是一处制作彩陶的作坊中心，还是一处大型的部落祭祀场所，或是其他什么性质的遗址呢？

3. 经过大规模的发掘和大面积的钻探，截至现在，也没发现更多庙底沟文化时期的墓葬，那些聪明的彩陶制作者在完成他们的作品后究竟去哪儿了？

4. 庙底沟遗址的先人们如此喜欢各种各样的花卉，他们那么执着地在陶器上描绘出心仪的花卉图案，这是为什么呢？是原始的图腾崇拜？还是他们对花卉有一种特殊的情结呢？

5. 庙底沟文化的遗存中出土了大量制作简单的盘状石器，其中很多只是对鹅卵石的边缘部分稍加修整，曾经有学者认为是尖底瓶的盖子，也有人推断是一种狩猎工具，您认为它是什么工具呢？

6. 庙底沟文化的部分灰坑中出土了人骨架，有的还不止一具，从骨架保存的情况判断，显系非正常死亡。那么这些死者的身份如何？他们死亡的真相又是什么呢？

7. 庙底沟二期文化发现了 145 座墓葬，均为单人葬，而且墓葬形制普遍偏小，仅有两座墓葬随葬小陶杯，其余均无随葬品。这个现象实在有点反常，是庙底沟遗址这一时期特有的葬俗，还是其他什么原因呢？

二里头遗址

赵海涛
中国社会科学院考古研究所

张飞
山东大学文化遗产研究院博士生

这里有着诸多“中国之最”——东亚地区最早的核心都邑聚落、最早的城市主干道网、最早的车辙、最早的“紫禁城”、最早的中轴线布局、最早的多进院落或四合院式宫殿建筑群、最早的青铜礼乐器群、最早的青铜器铸造作坊、最早的大型官营作坊……这里是距今3800—3500年前后东亚地区最早的核心文化、广域王权国家都城——大都二里头。

提到洛阳，人们也许会想到“洛阳地脉花最宜，牡丹尤为天下奇”，也许会想到“北邙山头少闲土，尽是洛阳人旧墓”，也许还会豪迈地吟一句“欲问古今兴废事，请君只看洛阳城”。洛阳作为十三朝古都，见证了中国文明的起承转合，同时也见证了众多王朝的兴衰更迭。

洛阳作为十三朝古都，一般认为起于夏商周三代，《史记·封禅书》即说“昔三代之居皆在河洛之间”。然而，由于文字材料的缺乏，目前我们只能确定晚商至周的都邑所在，再往前则争议纷纭，尤其是夏代，更是迷雾重重。为此，历代史学家对夏代都于何处执念颇深。20 世纪 20 年代，当考古学传入中国之后，一些学者看到了解决这一问题的曙光。二里头遗址的故事就起源于这样的情结，起源于一位老人对传说中“夏墟”的踏查。

一、念念不忘，必有回响——二里头遗址的发现

1959 年，已经 71 岁高龄的古史学家徐旭生先生，根据他对古代文献的梳理与理解，奔赴豫西地区，开始了“夏墟”的实地踏查。这并不是他一时兴起之为，其实早从 1939 年起，面对古史辨派对中国早期经典真实性的激烈批评，徐旭生先生就展开了对中国古史传说的研究，并于 1943 年出版了被誉为中国学术史上首部系统研究古史传说的重要著作——《中国古史的传说时代》。1957 年秋，徐旭生先生为调查“夏墟”，进行了文献资料的研究，系统分析了文献中夏人活动的地理范围，将豫西和晋

南作为调查的重点。他坚信，古代经典包含着上古中国的口述记忆，强调要到遗址中去做发掘工作，拿出真实的证据给世人瞧瞧。

由于徐老的热情与执着，二里头遗址在尘封几千年后重现于世。调查结束后，他写出了《1959年夏豫西调查“夏墟”的初步报告》一文，并根据遗址中发现的陶器与石器，推测二里头遗址的年代大约是商代早期。可以说，徐旭生先生的“夏墟”调查开启了以考古学探索夏文化的漫漫征途，也让二里头遗址从此步入公众的视野，因此他被誉为“夏史探索的总设计师”“考古寻夏第一人”（图一）。

二、鉴往知来，孜孜以求——二里头遗址的研究历程

自徐旭生先生发现二里头遗址以来，数代考古学家孜孜以求，艰辛探索，在遗物（包括文字与刻划符号）、建筑、墓葬、年代学、文明及国家演化进程、地理环境、聚落形态、考古学文化、夏文化探索和夏商王朝分界问题等方面取得了丰硕的研究成果。二里头遗址的发掘过程大体可以分为三个阶段。

第一阶段，1959—1979年，是二里头遗址考古从初创到迅猛勃发的时期，由赵芝荃任队长（图二）。他们划定了遗址的大致范围，明确了遗址的文化内涵，进行了文化分期，探明了遗址性质等。最主要的成果是将二里头文化分为一期、二期、三期、四期，其中，一、二期为早期，三、四期为晚期，确立了二里头文化在中国考古学文化、文明进程中的时间坐标。考古队员揭露了一号、二号宫殿基址，发现了青铜冶铸遗存，发现了等级不同的若干墓葬和铜、玉礼器，肯定了遗址的都邑性质，为探索夏文化和研究商文化提供了极佳的论据。自此，二里头遗址的都邑景象开始复现。

第二阶段，1980—1998年，在郑光先生的领导下，对二里头遗址进行了一系列的抢救性发掘，细化了二里头文化分期，重点发掘了以铸铜作坊为代表的遗址，证实了二里头文化已经进入青铜文明阶段（图三）。同时，发现多处祭祀性遗址和与制骨

图一
徐旭生与考古所同事（左起：苏秉琦、徐旭生、黄文弼、夏鼐、许道龄、陈梦家、饶惠元）

图二
偃师商城考古队早期成员（右二为赵芝荃）

图三
郑光

图四
许宏（左一）在考古现场

作坊有关的遗迹、遗物，发掘了数量可观的随葬铜器、玉器的高等级墓葬，为文化分期、年代以及遗址性质的研究提供了新的资料。这一阶段，围绕二里头文化的性质，考古学界展开了史无前例的大讨论，将二里头及夏商文化问题的研究推向了更深层次。

第三阶段，1999—2019 年，考古工作由许宏主导（图四）。在城市（都邑）考古学理念指导下，这一阶段着重探究遗址范围与城市布局，礼制建筑、中心遗址与周围其他聚落的关系等。团队廓清了遗址的实有范围；找到了遗址中部的“井”字形道路，勾勒出城市布局的基本骨架；发现了宫城城垣，证实了宫城的存在；揭露了部分二、三、四期的宫殿建筑基址，发现了中轴对称的宫室建筑群；发现了官营围垣作坊区和绿松石器加工作坊；出土了包括大型绿松石镶嵌龙形器在内的一批珍贵文物。随着科技考古的快速发展，这一阶段的二里头遗址考古迈向了多学科联合作战的新时期，大量自然科学技术介入，使得更立体、更鲜活的二里头时代社会生活的图景展示成为可能。

更重要的是，这 20 年间，二里头工作队发现了众多“中国之最”——东亚地区最早的核心都邑聚落、最早的城市主干道网、最早的车辙、最早的“紫禁城”、最早的中轴线布局、最早的多进院落或四合院式宫殿建筑群、最早的青铜礼乐器群、最早的青铜器铸造作坊、最早的大型官营作坊……这些“中国之最”，更充分地显示了二里头遗址丰富的文化内涵和重要的价值。

三代考古人像候鸟一样往返于北京与洛阳，他们站在前人的肩膀上，传承着二里头遗址的考古事业。他们把最美的年华奉献给了洛河岸边的这座小村庄，书写了一个充满泥土芬芳的故事，故事的名字叫“坚守”。如今，在二里头考古工作站的小院里，第四代考古人仍在努力寻找着二里头的辉煌，补充着这个未完待续的故事。

三、千呼万唤始出来——二里头遗址的前世

历经 60 余年的发掘与研究，这座尘封于黄土之下数千年的遗址，终于得以重现。

然而，在这片人口密集的土地上，面对着残缺不全的地下遗存，想要复原二里头遗址的完整面貌难如登天。尽管如此，考古人仍满怀期盼，倾尽全力去勾勒二里头时代的社会图景，复原那个曾经灿烂夺目的王朝国家。

1. 都城繁盛都作了土——二里头遗址发现的遗迹

二里头的“王朝气象”体现在遗址发现的大量遗迹中。如通过研究大型工程遗迹、手工业作坊、墓葬、祭祀遗迹、中小型房址、水井、灰坑等遗迹，我们可以了解到二里头以 300 万平方米的超大规模、严整有序的布局规划、大型夯土宫殿建筑为代表的宫室制度，贵族墓葬显示出的丧葬礼仪制度，以祭坛为代表的国家祭祀制度，铜、玉礼器群及绿松石龙形器等重器体现的器用制度等（图五）。

道路网

在二里头遗址中心区所发现的纵横交错的 4 条道路，形成了中国最早的“井”字形道路网络。4 条道路现存长度 200~700 米，路宽 10~20 米，呈规整的“井”字形排列，构成了中心区主干道路网络系统。

“井”字形道路把都城划分为“九宫格”，祭祀区、宫殿区和官营作坊区这三个最重要的区域恰好在“九宫格”的中路，宫殿区位居中心。

宫殿区南侧大路上发现了中国最早的双轮车车辙痕迹（图六）。

宫殿区外围、道路内侧是中国最早的“紫禁城”——宫城的城墙。

宫殿区的周边有祭祀区、贵族聚居区和墓葬区、制造贵族奢侈品的官营手工业作坊区，再外围则是一般性居住活动区域。

二里头遗址中心区以“九宫格”为框架，形成了“宫殿核心区—祭祀、官营作坊区、贵族聚居等中心区—一般居住活动区”这样层次清晰、等级有序的布局结构，完全符合“择天下之中而立国，择国之中而立宫，择宫之中而立庙”的都城规划特点，

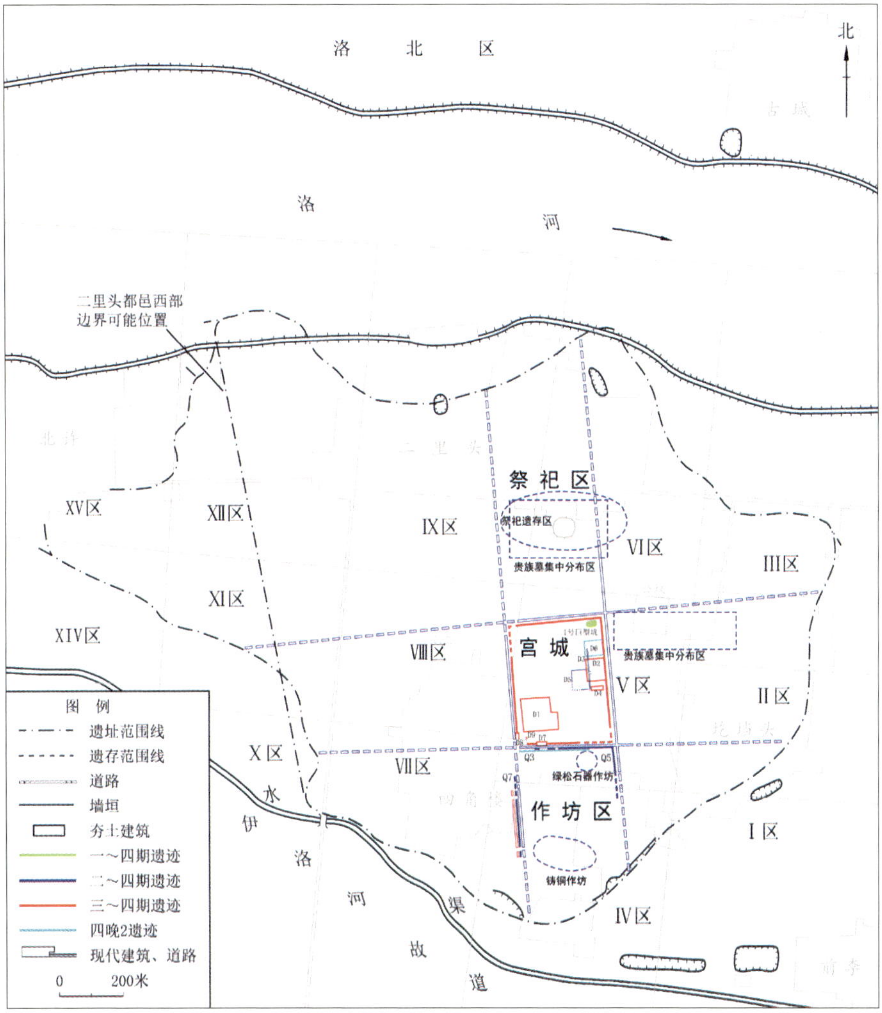

图五
二里头遗址平面布局示意图

充分体现出二里头国家都城等级分明、秩序井然、严格成熟的统治格局和礼仪、统治制度，是二里头进入王朝国家最重要的体现。

宫殿区

宫殿区方正规整，布局严谨，面积约为 10.8 万平方米，其内发现了数十处大型建筑基址，是二里头都城的核心区域（图七）。宫殿区内的中国最早的多进院落宫室建筑群建成于二里头文化早期。多进院落宫室建筑以 3 号、5 号夯土建筑为代表。二者东西并列，中间以通道和暗渠间隔。它们外围无围墙，多进院落，院内有贵族墓葬。这些特点与宫殿区外围无围墙的布局一起构成了二里头文化早期宫室建筑、宫殿区格局的独特特征。其中 5 号基址是目前所知年代最早、保存最好的多进院落大型夯土基址，是中国后世多院落宫室建筑的源头，将多进院落建筑模式的源头上溯到 3700 年前。

二里头文化二、三期之交，宫殿区外侧通过修建宫城城墙，形成王室禁地，使用于二里头文化晚期。宫城平面略呈长方形，近南北向，形状规整，东墙发现了三处门址，南墙西段和西墙南段各发现了一处门址。宫城内有中国最早的沿中轴线布局的大型四合院式宫室建筑群（图八）。

晚期的中轴线布局的大型四合院式宫室建筑群以 1 号、2 号夯土建筑群为代表，二者分居宫城的西南和东北，与中间地带一起构成了宫城内的东、中、西三路轴线。

1 号夯土建筑群包括 1 号、7 号、8 号、9 号基址的 4 座夯土建筑和 2 号墙，约占宫城总面积的 1/7，重要程度不言而喻。1 号基址总面积达 9585 平方米，是 1 号夯土建筑群的核心建筑，由四围廊庑和围墙、主体殿堂、宽阔的庭院和正门门塾等单元组成，规模宏大，结构复杂，布局严谨，主次分明（图九）。1 号基址应是统治者进行祭祀活动、发布政令的礼仪性建筑。7 号基址位于 1 号基址正南方向的宫城南墙上，二者有共同的中轴线。宫城南墙建于 7 号基址东、西两端，8 号基址跨建于宫城西墙南端，推测 7 号、8 号基址应该是宫城城墙西南部的门塾建筑。2 号夯土建筑群包括

2 号、4 号基址，二者有共同的建筑中轴线，应属于同一组建筑。2 号基址为庭院式长方形夯土台基，南北长 72.8 米，东西宽 57.5~58 米，总面积约 4200 平方米。整个台基包括四面的围墙和东、南、西三面的回廊以及主体殿堂、庭院、南面的门道。庭院内发现了两处地下排水设施。一处位于庭院东北部，由 11 节陶水管连接而成，安装在预先挖好的沟槽内。另一处位于庭院的东南部，是一条用石板砌成的地下排水沟（图一〇）。2 号基址或属宗庙建筑。4 号基址位于 2 号基址正前方，包括主殿、东西庑及庭院，东西宽逾 50 米，可能是专门举行某些特殊祭祖典礼的场所。

贵族墓葬

目前，二里头文化墓葬已经发现了 500 多座，其中 400 多座发现于二里头遗址。考古工作者结合墓圹面积、葬具和随葬品情况，将二里头文化墓葬划分为四个等级，墓葬等级越高，数量越少，形成了金字塔式的等级结构。

第一等级的 20 余座墓葬仅发现于二里头遗址，分布于宫殿区及其周边。从数量和内涵看，这些第一等级的墓葬很可能不是二里头文化中最高等级的墓葬，但也可窥见二里头文化墓葬等级制度之一斑。

第一等级墓葬的墓室长 2 米以上，宽 1 米左右，面积多在 2 平方米以上，一般有木质葬具，铺朱砂，随葬品有铜器、玉器、绿松石器、漆器、陶礼器、子安贝和其他奢侈品等。其中的铜爵、斝、盉、觚（？）、鼎、戚、戈、钺、刀等组成了中国最早的青铜礼容器、礼兵器群；象征军权或君权的玉璧戚、玉圭、玉牙璋、玉钺、玉戈、多孔玉刀等大型片状玉器，与可能用于祭祀的柄形器等，组成了二里头文化的玉礼器群（图一一）。

青铜器，尤其是青铜礼器，仅见于这一等级的墓葬中，表明青铜礼器是金字塔式等级社会中顶层统治阶级身份、地位的标志，说明二里头文化中已经形成依照等级的高低而等差有序地随葬不同材质的器物，尤其是礼器的制度。2002 年，在宫殿区 3 号

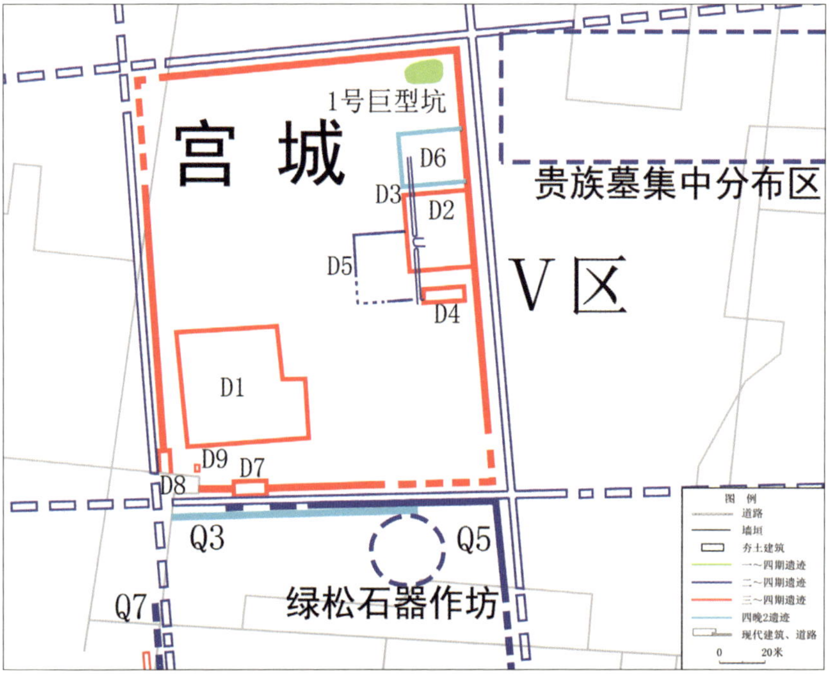

图六
二里头遗址中心区的双轮车辙痕迹（东—西）

图七
二里头遗址中心区道路网络、宫城城墙及相关遗迹分布图

图八
二里头遗址宫城城墙东北角（东—西）

图七
图六 图八

图九
图一〇

图九
二里头遗址一号宫殿基址复原图

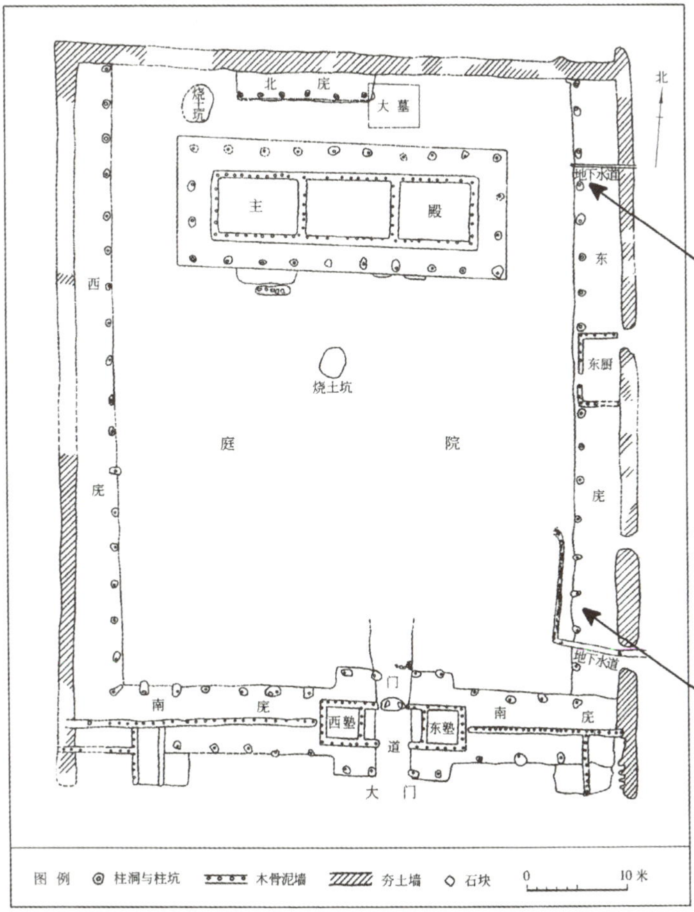

陶排水管道

石板砌排水沟

图一〇
二里头遗址二号宫殿基址平面图

基址院内3号墓中发现了一件绿松石龙形器，长约70厘米，用2000余片各种形状的绿松石嵌片拼接组合而成，体量之大、用工之巨、制作之精，为中国早期龙形象文物所罕见。3号墓在最接近3号基址中轴线的位置，墓中的随葬物还有鹰形玉柄形器、绿松石器、斗笠形白陶器、漆器、产自热带的子安贝等稀有、贵重物品，这些都显示了墓主特殊的地位。

从分布情况上看，二里头遗址虽然迄今未发现大型墓地，但多数墓葬仍呈现出相对集中、分区分片的布局特征，此类墓葬群暂且称之为墓区。同一墓区的墓葬一般集中分布，东西成列，排列有序，方向大体一致，墓葬之间基本未发现互相破坏的现象，因此推测同一个墓区的多数墓葬属于同一个亲属集团。同一个墓区内的墓葬往往呈现出等级差异，这说明在不同家族内部已经出现了等级划分。

二里头遗址中，墓葬区分布在同时期生活区的附近，也就是说，与墓葬同一区域的生活区可能就是死者生前的居址或其亲属居住的地方。

作坊区

作坊区位于“九宫格”中路宫殿区以南的道路内侧，北部及东部的城墙、南部的壕沟与中心区道路系统一起形成了一个封闭的空间，铸铜作坊和绿松石器制造作坊可能都在这一范围内。

在作坊区较中心的位置，发现了浇铸工场、陶范烘烤工房和陶窑等遗迹，以及陶（石）范、坩埚、铜渣、矿石、木炭和小件铜器等与青铜冶铸有关的遗物，说明这里是一个专门进行铸铜的作坊区域，面积约1.5万~2万平方米。对出土遗物的鉴定结果表明，铸铜作坊的主要使用时间为二里头文化二期早段至四期晚段（图一二）。

作坊区东北部发掘的一处绿松石料坑出土了数千枚绿松石块、粒，包括原料、毛坯、半成品、成品、破损品及废料等，相当一部分还带有切割、琢磨的加工痕迹。这里还发现了加工用的砺石。由于该作坊主要出土的是管、珠及嵌片之类的装饰品，因此被称作绿松石器作坊（图一三）。作坊面积不小于 1000 平方米，主要使用时间为二里头文化二期至四期晚段。

这是迄今发现的中国最早的青铜器和绿松石器制造作坊。它们所处的作坊区位于都城中路，外围有围墙，表明是被上层人士所控制、垄断，并为上层服务的。这里设施齐全，工序繁多，表明这一时期的青铜冶铸技术和绿松石器制造技术已经达到高超的水平，实现了专业化的生产。

祭祀遗存

“国之大事，在祀与戎”。二里头作为当时东亚大地上的超大型都邑，祭祀遗迹自然不会缺少，有圆形地面建筑、方形半地穴式建筑、人祭坑、人祭墓、动物祭祀坑等。祭祀地点出现在遗址北部的祭祀遗存区、大型宫殿基址、巨型坑、围垣作坊区等。从发现祭祀遗迹的地点可以大致推测，当时可能存在宫殿奠基祭祀、铸铜祭祀、祖先祭祀、社祭等多种祭祀活动。宫殿区祭祀遗迹中常发现人牲，且存在若干人牲骨骼不完整的情况，同时也存在使用动物祭祀的情况。二里头遗址目前发现的祭祀遗存虽不像商代那样动辄使用上百的人牲或动物牺牲，但祭祀种类已经比较完备，而且形成了一定的规制。

二里头都城发现多处祭祀遗存较集中的区域。一处分布于宫殿区以北，主要包括多处圆形的地面建筑、长方形的半地穴式建筑及附属于这些建筑的墓葬。这一范围东西绵延二三百米。圆形地面建筑被认为是“坛”，直径一般在 5 米以内，个别直径达 9 米。坛上分布着一圈至三圈大小相近的“土墩”，坑内填有与坛体不同的土（图一四）。

长方形半地穴式建筑被认为是“墠”，是在浅穴内铺垫层层净土，每层之上都有长期活动的地面，往往还有成片的烧土面，一般不见柱洞，可能是没有屋顶的场地。不同活动面上常排列有整齐的墓葬。

另一处分布于宫殿区东北部的 1 号巨型坑，巨型坑平面近似圆角长方形，面积约

2200 平方米，深度一般在 4 米左右，最深处近 7 米。坑中发现多处以猪为牺牲的祭祀遗存（图一五）。此外，宫殿区内 1 号、2 号和 3 号建筑基址近旁，作坊区铸铜遗址中，也发现多处祭祀遗存，尤其以 1 号宫殿基址最为集中。1 号宫殿基址主殿北侧发现的与祭祀相关的遗迹，绝大多数打破基址的上层夯土，应属于宫殿使用时期。三座小墓顺时针围绕着一座灰坑，三座墓葬中均无随葬品，人骨很可能是用于祭祀的人牲（图一六）。与祭祀相关的遗迹分布集中，活动面层层叠压，表明二里头都城中祭祀活动非常盛行。

二里头都城规模宏大，形制规整，排列有序，宫殿区南北一线分布着官营作坊区、祭祀区、贵族聚居区等，充分体现了“择天下之中而立国，择国之中而立宫，择宫之中而立庙”的都城规划思想，体现了二里头早期国家政治和宗教权力的高度集中以及等级分明、秩序井然的统治格局，表明二里头都城很可能是二里头国家政治、文化和精神统治的中心，独具中国古代政治文明特质的王朝礼制已经形成。很多学者认为其与夏王朝高度对应。

2. 器物万千今犹在——二里头遗址发现的遗物

二里头遗址出土的器物种类繁多，有陶器、石器、铜器、玉器、绿松石器、骨器、蚌器、角器、牙器、贝器、漆器、纺织品等，共 2 万余件。虽历经数千年沧桑，但都能在一定程度上反映二里头文化时期的生产与生活状况。其中，绿松石龙形器、乳钉纹铜爵、牙璋价值最大，有人称之为“超级国宝”。

绿松石龙形器

绿松石龙形器于 2002 年发现于二里头遗址 3 号基址院中的 3 号贵族墓葬内。3 号贵族墓葬最靠近 3 号基址中轴线，是目前发现的二里头文化早期墓葬中出土器物等级最高、最丰富的一座墓葬。出土遗物有铜器、玉器、绿松石器、漆器、陶器和热带

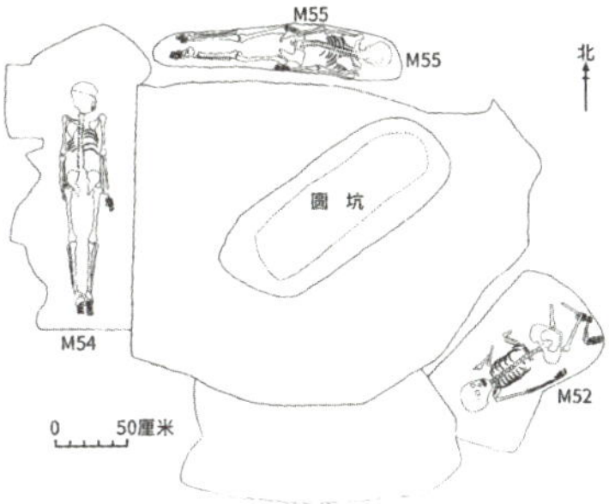

图一一
二里头遗址 1984 Ⅵ M11 发掘现场

图一二
二里头遗址出土的冶铸遗存(花纹陶范、铜渣)

图一三
二里头遗址绿松石作坊内出土的绿松石料

图一四
二里头遗址的坛类祭祀遗迹

图一五
二里头遗址宫殿区 1 号巨型坑中发现的用猪祭祀遗迹

图一六
一号宫殿基址主殿北侧的祭祀遗迹

图一一	图一二
图一三	图一四
图一五	图一六

海贝等，总数达上百件。

绿松石龙形器出土于墓主人的右肩和左大腿之间的骨架之上，头向西北，尾向东南，一件铜铃置于龙身中部，原可能放在墓主人手边或者系于腕上。绿松石龙形器由 2000 多片各种形状的绿松石片组合而成，每片绿松石的大小仅有 2~9 毫米，厚度仅 1 毫米左右。绿松石龙形器体长，巨头蜷尾，龙身曲伏有致。龙头隆起于托座上，托座近似梯形，由绿松石片粘嵌而成，呈浅浮雕状。龙头为扁圆形，吻部略微突出。额面中脊和鼻梁由三节实心半圆形的青、白玉柱组成，绿松石质地的蒜头鼻硕大而醒目。鼻子两侧弧切出对称的眼眶轮廓，形成梭形眼，龙睛为顶面弧凸的圆饼形白玉。龙身长约 65 厘米，略呈波状起伏，中部出脊。绿松石片组成的菱形主纹象征龙鳞，连续分布于全身。龙身近尾部渐变为圆弧隆起，尾尖内蜷，若游动状，跃然欲生（图一七）。

距绿松石龙尾端约 3 厘米处，有一件由几何形和连续的似勾云纹的图案组合而成的绿松石条形饰，几乎垂直于龙体。二者之间有红色漆痕相连。推测它原来应粘嵌在木、革之类的有机物上，其所依托的有机物已腐朽无存。由龙首至条形饰，总长超过了 70 厘米。

有学者认为这是早期的旌旗，其上装饰了升龙的形象。用死者生前所用的旌旗覆盖于尸体之上，应该是早期旌旗制度的反映。《诗经》中记述周王宗庙于祭祀，有“龙旗阳阳，和铃央央”的场景描写，其中“龙旗”与“铃”并列对举，与该墓中龙牌与铜铃共存的情况颇为契合。墓主人应是供职于王朝的巫师，其所用龙旌具有引领亡灵升天的宗教意义。这一绿松石龙形器体量之大、用工之巨、制作之精，为中国早期龙形象文物所罕见。二里头遗址地处有“最早的中国”之称的洛阳盆地，因此绿松石龙形器被称为“中国龙”。

图一七 二里头遗址发现的绿松石龙形器

乳钉纹铜爵

乳钉纹铜爵与七孔玉刀、龙形牙璋、玉钺等器物一同发现于 1975 年，很可能出自同一贵族墓葬中。乳钉纹铜爵修长、挺拔，厚薄均匀，腹部饰有 5 个乳钉纹，造型优美，制作精良。

铜爵是二里头文化，也是中国最早的青铜礼容器，是中国青铜铸造技术发展史上的一大飞跃。目前，铜爵主要发现于最高级别的贵族墓葬中，是二里头文化最核心的礼器。铸造铜爵等造型复杂的酒器，需要远距离开采铜矿，需要高技术

图一八
二里头遗址出土的青铜礼器

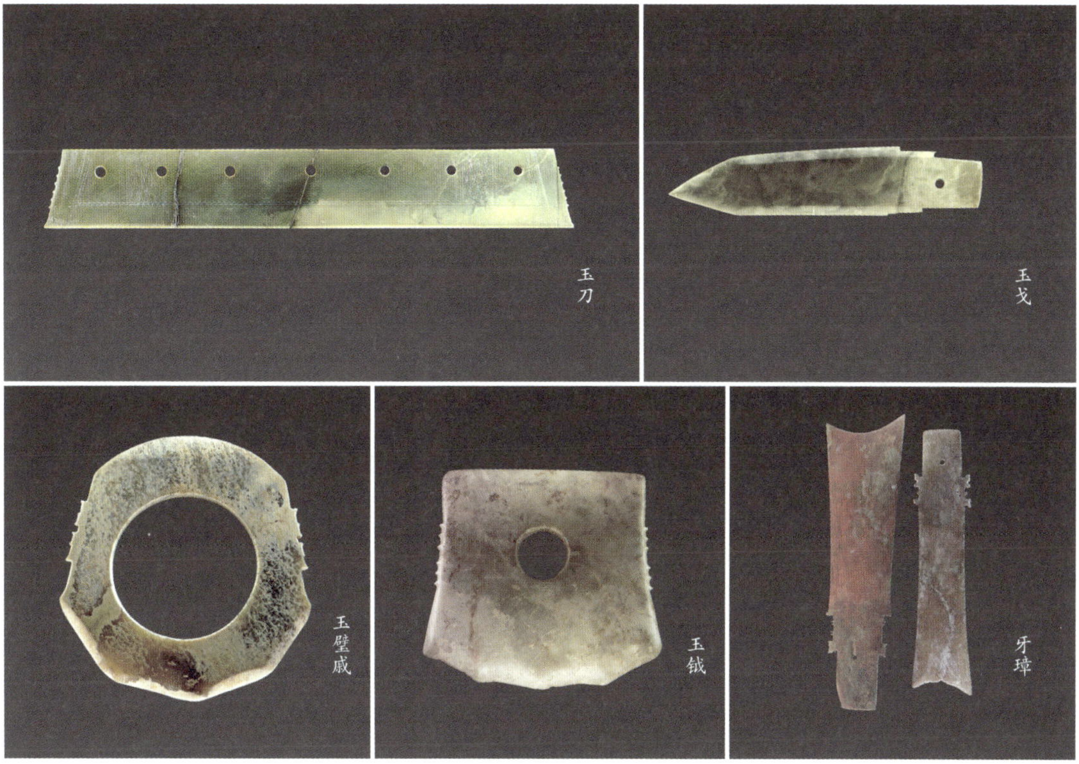

图一九 二里头遗址出土的玉器

冶炼、铸造。它是一种多工种合作的产物，所以，以铜爵为代表的青铜礼容器的出现，表明宫廷礼仪、王朝统治模式和社会结构在二里头文化时期发生了重大转型，是中国历史进入王朝时代的一个重要标志。鼎、爵、觚等青铜礼器的出现，更是拉开了商周时期青铜礼器制度的序幕，影响深远（图一八）。

玉器

二里头文化玉器以礼器仪仗和装饰类为主，其中的璧戚、牙璋、钺、刀、柄形器等尤为引人注目（图一九）。大型玉礼器往往出土于规格较高的墓葬之中，且通常与青铜礼器、陶礼器、漆器共存，组合成二里头文化礼器的核心，是国家礼仪制度的物质代表。

二里头文化玉器的工艺技术包括锯片切割、钻孔、减地、阴刻及打磨等，后世玉器加工的技术在这一时期已基本具备。这里需要提及一下钻孔技术。二里头遗址出土玉器的钻孔技术非常成熟、稳定。龙山时期，制陶业已相当先进，快速转动的轮盘装置是其关键之一，结合实验考古研究，推测二里头文化时期的玉器钻孔技术中应当使用了轮盘和辘轳轴承器装置。

二里头遗址出土的牙璋影响很大。牙璋最早出现于龙山时代的海岱地区，到了二里头文化时期，发生了重要变化。一是牙璋巨大化，牙璋长度由原先的 20~30 厘米增大到 50 厘米左右。二是扉牙龙形化，对比二里头遗址以往发现的龙纹形象，牙璋一端的扉牙似长方形张嘴龙头的侧面形象（图二〇）。三是牙璋礼器化，二里头遗址的牙璋都出自第一等级的贵族墓葬中，表明牙璋在当时已经是权力和身份、地位的象征，是二里头文化的核心礼器之一。

牙璋被视为东亚地区国家政治制度形成的一种物质标志。学者对牙璋器型、痕迹、施纹方式等进行了系统研究，发现二里头文化的牙璋影响遍及中国南部，如香港大湾，远至越南红河流域。如果把出土牙璋的地点联系起来看，可知二里头遗址恰好位于扩

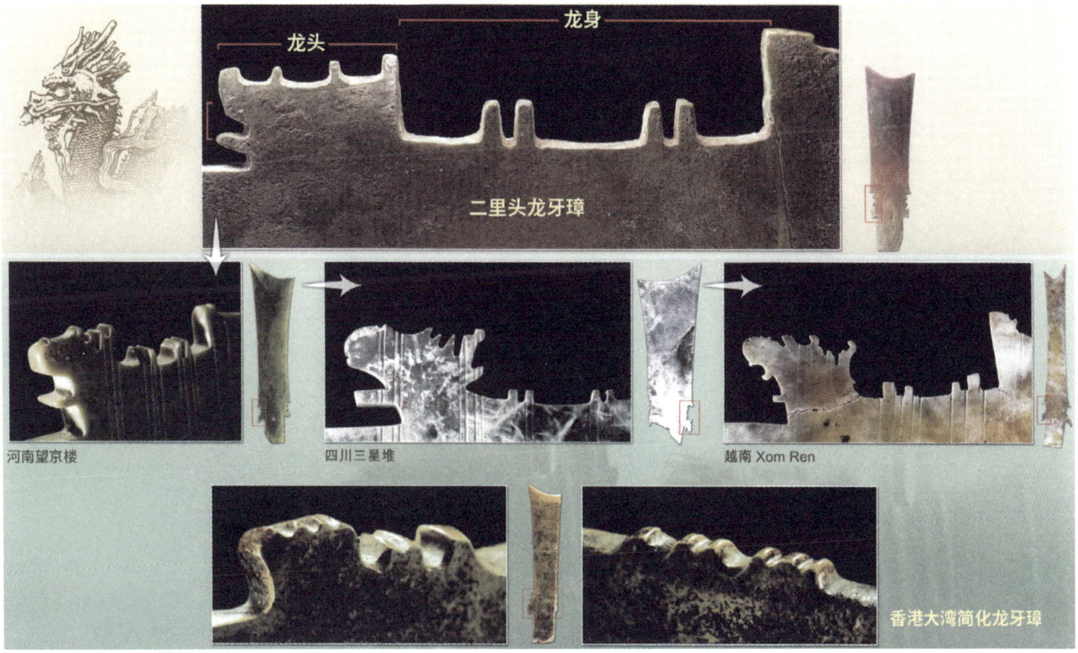

图二〇 龙牙璋扉牙演化（引自邓聪、顾万发：《东亚牙璋图展》，香港中文大学，2016年）

散的起点或中介点。二里头遗址的牙璋被认为是玉器中的核心礼器，其扩散与影响反映的是中国早期国家制度的起源与扩散。

3. 二里头文化的划时代意义

二里头文化的出现，使东亚文明的腹心地区——黄河和长江流域，开始由“多元化”的古国文明走向“一体化”的王朝文明，这是其最显著的意义。

这一划时代的变革对商周文明产生了深远影响。二里头文化是商王朝早期阶段——二里岗文化最直接的源头，对后者的礼制文化的内涵与王朝社会的政治结构，乃至控制区域，产生了直接和重大的影响。

二里岗期和殷墟期的商王朝继承和发展了二里头文化以来的社会统治方式，吸纳了更广大区域内的宗教祭祀形式，确立了华夏早期礼乐文明的基本特质。它包括城市规划方式和设计理念，建筑布局，宫室制度，墓葬制度和以青铜礼器为核心的器用制度的整合，因祭祀祖先而盛行的殉牲和人殉、人牲，王权在神的名义下实施的占卜行为，记录占卜结果的文字等。仅就青铜礼器的使用而言，器物组合所标示的等级制度进一步明确了，是否占有鼎、爵和其他青铜礼器以及占有数量的多寡，成为贵族身份、地位的重要表征。鉴于此，著名汉学家艾兰教授指出，从二里头到周代的整个中国青铜文明，由礼器、礼仪（祭祖）活动到礼书上的“礼”，无论器用层面，还是其中所显示的贵族文化底蕴，都是一以贯之的。

以商文明为主干，在黄河、长江流域形成更大的地域性青铜文化的交流网。这一文化交流网的扩展，使得以周王朝为代表的中国青铜文明进一步拓展，是秦汉王朝版图形成的前提。可以说，二里头时代以二里头文化为核心的社会整合与制度建设，通过商周王朝的扩展与分封逐渐实现制度化。

总之，二里头文化以其高度辉煌的王朝气象、高度发达的控制网络和统治文明，成为距今3800—3500年前后东亚地区最早的核心文化，进入广域王权国家阶段。其所在的中原腹心地区在与周边文化长期交流互动中相互促进，兼收并蓄，最终融汇、凝聚出成熟的文明形态，率先进入王朝文明阶段。与此同时，其他区域多进入文化和社会的衰落时期。二里头文化向四方强势扩张，辐射文化影响力，中国历史由“多元化”的邦国时代进入到“一体化”的王国时代。这一划时代的变革对商周文明产生了深远影响，奠定了古代“中国”的基础。二里头文化当之无愧地成为中华文明总进程的核心与引领者。

图二一
二里头夏都遗址博物馆

四、第一王都的今生

如何将二里头遗址这一华夏大地上最早的广域王权国家的考古发现更好地展示给公众，是考古学家一直思索的问题。如今，二里头夏都遗址博物馆、二里头考古遗址公园已经建成并开放，这对二里头遗址的内涵和价值传播起到了巨大的推动作用。

二里头夏都遗址博物馆依托二里头遗址而建，集中展示了夏代历史、二里头遗址发掘成果、夏文化探索历程、夏商周断代工程以及中华文明探源工程五方面的内容。二里头夏都遗址博物馆的建立，真正让第一王都的伟大成就“飞入寻常百姓家”，让历史与文明回归人民（图二一）。

二里头考古遗址公园位于二里头夏都遗址博物馆北侧的二里头遗址之上，园内对二里头文化时期的古伊洛河故道、道路网络系统、宫城城墙、宫殿建筑基址群、铸铜作坊遗址、绿松石作坊遗址、祭祀遗址等遗迹都进行了模拟复原展示。观众置身其中，可以亲身感受华夏第一王朝的宏大规模、严整规划和王朝气势。

二里头遗址发现 60 余年来，各级政府机构、国内外专家、民众的关注和支持，有力地促进了工作的开展。田野考古、研究、保护、展示、利用、价值传播和普及工作的成绩和缺点并存，动力和困难同在，希望和挑战相伴。任重道远，我们意识到了肩上担子的分量，也对后继有人的二里头田野考古、多学科研究、文化遗产保护、展示、利用、价值传播和普及工作的未来充满信心。在科学、协调、可持续发展的理念下，二里头遗址各项工作将谱写出新的篇章，为学界提供更丰富的研究素材、思路与镜鉴，保护文化遗产，传承民族文化，为公众提供更有历史文化魅力的精神食粮。

城子崖遗址

朱超
山东省文物考古研究院

孙波
山东省文物考古研究院

龙山，山东省济南市章丘区龙山村里一座普通的山。在一般人眼里，它只是一座山，一个再普通不过的地名罢了，称其低丘都有过之而无不及；在考古人眼里，龙山可是响当当的，是中国考古学史上提及率最高的名词之一，一直顶着“考古圣地”的光环。这里是中国人自己发现、自己主持发掘的第一座史前城址——城子崖遗址的所在地，是龙山文化的命名地。最为重要的是，这里发现的黑陶文化与先前所见的彩陶文化截然不同，有力地反驳了二十世纪早期盛极一时的中国文化“西来说”。

一、发现——偶然中的冥冥注定

1928 年 3 月 24 日上午 10 点，一辆从济南开往青岛的火车停在了章丘西部的龙山火车站。车上下来两位年轻人，一位叫吴金鼎（图一），一位叫崔鸿泽。吴金鼎此时是齐鲁大学助教，此行的目的是调查位于龙山的东平陵城遗址。当时，谁也没想到，这两个人的龙山之行，竟然触动了揭开龙山文化面纱的启动键。

吴金鼎和崔鸿泽从车站步行前往东平陵城遗址需要跨过武原河，河东岸有一条大沟，沟底的道路是通向东平陵城的必经之路。大沟两壁峭立，沟口有一块宽阔的台地，当地人俗称城子崖。走在沟底，吴金鼎不经意间抬头，忽然发现阳光照耀下的山崖两壁土层中隐约露出大片灰土和一些陶片，形成了一条延续数米的古文化地层带。这让吴金鼎兴奋不已。但调查东平陵城遗址的工作在等着他们，他们只得先匆匆离开。可是这个偶然的发现始终萦绕在吴金鼎的心中，挥之不去。所以，不久之后，吴金鼎再次来到龙山镇进行初步考察，初步确认有“一部古代史迹深藏黄土层中”。吴金鼎兴奋地向史语所作了详细汇报。

1929 年，吴金鼎获聘为史语所助理员。同年 7 月 31 日，吴金鼎奉导师李济（图二）之命再次来到龙山，专门就古文化地层带的发现进行考察。这次龙山之行，吴金鼎大致摸清了后来被称为城子崖遗址的范围和文化堆积状况，对遗址所蕴含的文化属性也作了初步但谨慎的判断，特别注意到了不同层位出土的遗物存在明显差异。他发现这里没有出现金属器遗物，而有磨光黑陶遗物，因此初步判断这里应该是一处新石器时代文化遗址，将出土遗物中的磨光黑陶定义为这一遗址的特征（图三）。

图一 吴金鼎

图二 李济

李济看了吴金鼎关于城子崖遗址的考察报告后非常兴奋。在那个年代，这可是中国人在自己的国土上发现的为数不多的史前文化遗址啊！

1928—1929 年，吴金鼎先后六次奔赴龙山，考察了城子崖周边的古遗址分布情况，并对一个叫作“鱼脊骨”的地方进行了小规模的试探性发掘，出土了骨镞、石刀等一批重要遗物。前期的细致调查为城子崖遗址的发掘奠定了良好的基础。

二、发掘——路漫漫其修远兮

吴金鼎关于城子崖遗址的调查结果得到史语所所长傅斯年先生的肯定。经过认真思考，史语所决定对城子崖遗址展开考古调查。

图三 城子崖地貌

经过短时间的筹备，山东古迹研究会成立，傅斯年当选委员长，李济为工作主任，王献唐为秘书，委员分别是傅斯年、李济、董作宾、郭宝钧、杨振声、王献唐、刘次萧、张敦讷（图四）。1930 年 11 月 7 日，由李济、董作宾、郭宝钧、吴金鼎、李光宇、王湘组成的考古队，正式开始了对城子崖遗址的发掘工作。

栉风沐雨 90 年，城子崖遗址从发现至今，共经历了三个阶段的考古工作，每次发掘间隔数十年，前后历时近一个世纪。

1. 第一阶段，1930—1931 年

第一阶段的考古工作由史语所负责，先后由李济和梁思永带队，分两次进行。1930 年 11 月 7 日—12 月 7 日是第一次发掘（图五）。发掘前期对遗址进行的实地测绘显示，城子崖遗址南北长 450 米，东西宽 390 米，总面积 17.55 万平方米。发掘共开挖 10 米 ×1 米规格的探沟 44 个，发掘面积 440 平方米。探沟深度最浅的 1.35 米，最深的 6.2 米。出土了 23878 件文物，其中陶器与陶片 20918 件，骨、角器 1864 件，蚌器 847 件，石器及其他 249 件，还有不少人、兽骨骼。第一次发掘结束后不久，

图四
图五

图四 山东古迹研究会成立会议合影

图五 城子崖遗址第一次发掘开工合影

举办了两次出土古物展览，作为这次重大考古成果的展示。

1931 年 10 月 9 日—31 日是第二次发掘，由梁思永主持。其时，梁思永刚从哈佛大学考古学系毕业回国。科班出身的他，对这次发掘进行了诸多改进，除了使用统筹人工安排、用布袋替代包装纸、变更记录方法等增进工作效率的办法之外，还改进了田野发掘方法，运用地层学的原理，按土质、土色清理和划分地层，测绘探沟剖面图。通过这些先进的方法，考古队员发现了整个遗址地层堆积可以划分为上层灰土层和下层黑土层两个明显的层次，并且在下层黑土层中发现了夯土城墙遗迹。这次发掘共开挖 45 个探沟，发掘面积 1520.8 平方米。除发现了大批遗物，大大丰富了对龙山文化内涵的认识之外，还将前次发掘发现的城址时代由灰陶期提前到黑陶期。

20 世纪 30 年代，中国考古学刚刚起步，毕竟缺乏经验，学科水平，尤其是对地层学的认识还非常有限，分析、解读地层现象的能力还很薄弱，因此不可避免地存在一些认识上的问题。比如，城子崖遗址的地层虽然清楚地分出了灰陶期与黑陶期两大层，然而黑陶期实际上包括龙山文化和岳石文化两个阶段，那个时候没有识别出岳石文化，导致考古学界长期认为在黑土层内发现的夯土城墙就是龙山文化城墙。直到 20 世纪 70 年代，岳石文化作为一个独立文化从龙山文化中区分出来后，黑土层内城墙的年代问题随之产生。而早年的发掘成果无法解决这个问题，致使它一度成为“悬案”。

2. 第二阶段，1989—1991 年

1989 年 6 至 7 月间，时任山东省文物考古研究所所长的张学海委派罗勋章率领一支钻探小分队，对城子崖遗址进行了网格式普探，探得城子崖遗址下层普遍存在龙山文化堆积，堆积的范围也比较明确。1990 年 3 月，张学海所长亲自挂帅，带了一支骨干队伍开赴龙山，着手解决城墙的年代悬案。为了确保万无一失，张所长决定发掘前进行一轮复探。3 月 16 日，复探工作开始，先从遗址的东沿与西沿下手。令人

兴奋的是，当天上午，就在残垣西坡根的黄土下发现夯土，距离地表 4 米深，夯土痕迹向南北延伸。考古队顺着其延伸方向追踪，终于发现夯土围绕遗址。它深 2.5~5 米，以夯土外沿计算，面积达 20 万平方米，龙山文化堆积全在其内部，外部却不见，显然这是城子崖遗址下层的城基。旗开得胜，张所长和队员们欣喜不已，但他们此时并不知道，试掘之后的更大发现将震惊考古界。

勘探结束后，他们并没有贸然开挖新的探方，而是选择复掘编号为 C1、C2、C3、C4 的老探沟，并与老探沟东侧 1 米处开挖的新探沟进行了对比（图六）。一对比才发现，原先所说的黑陶期城址其实是岳石文化城址，岳石文化城墙下也发现了龙山文化夯土城墙。这样一来，就修正了 20 世纪 30 年代黑陶期城址为龙山文化城址的判断，解决了黑陶期城址的年代问题。

之后，他们对城墙进行了贯穿式解剖。对岳石文化城墙解剖后发现了基槽和版筑痕迹，这使考古队员对岳石文化城墙建筑技术有了深刻认识。

同时，考古队员在西墙中部岳石文化城址城墙内侧又发现了春秋时期的城墙，遗址的多个方位都有龙山文化、岳石文化、周代城垣互相叠压的地层现象，说明复探探出的下层城垣遗迹并不是一座城，而是分属龙山文化、岳石文化的两座城。原来，城子崖遗址存在三个历史时期的城址，三者形制一致，互相叠压（图七）。

3. 第三阶段，2010—2019 年

之后的二十多年，城子崖遗址好像淡出了人们的视线，就那样静静地沉寂着，似乎等待着新的时机，继续向世人诉说不为人知的秘密。

随着中华文明探源工程的启动，为配合课题研究及城子崖国家考古遗址公园建设，山东省文物考古研究所联合北京大学考古文博学院对遗址进行了新一轮发掘。这次发掘分为两部分：一是对老探沟的复掘、连通及相关勘探，二是对岳石文化晚期城门进行系统发掘。

图六
城子崖遗址C1—C4探沟复掘（由北向南拍摄）

图七
城子崖遗址各期城墙叠压关系（B1—B5探沟）

图八
城子崖遗址纵中探沟复掘（由南向北拍摄）

图六 图八
图七

三、收获——“考古圣地”结新花

2013 年，对城子崖遗址新一轮的考古发掘开始了。摆在考古队员面前的首要问题是如何与前两次发掘进行有效连接，毕竟距上次城子崖发掘已经过去了整整 20 年。第二次发掘因为种种原因，发掘资料未能完全整理出版，可供参考的图文资料也非常有限，给这次工作带来了一定的影响。

领队孙波在对前两次发掘做了系统分析后认为，对分布于遗址各个区域的老探沟进行复掘，对地层剖面进行重新刮壁释读，是最有效的选择。于是，一条南北向的纵中探沟（图八）进入考古队员的视野。它是老探沟中最长的一条，几乎贯穿整个遗址，《城子崖》报告中绘制了完整的纵中探沟地层剖面图（图九），选择它可以让发掘者做到心中有数，新地层与旧图纸的对比也有助于地层堆积的重新辨识。

1. 震惊——同一处遗址，竟然有四个不同时期的城垣

复掘开始后，考古队员很快便于纵中探沟（编号 TG44-45）内发现夯土城墙遗迹（图一〇）。根据这段城墙层次清晰、夯筑水平高的特点，考古队员们判断它绝非山东地区龙山文化时期的城墙，那么它究竟是什么时期的呢?

为确定这段夯土城墙的具体年代，考古队员对老剖面壁上暴露的陶片进行了收集与辨识，未见东周时期的遗物，判断它最晚也属于岳石文化时期。再与 20 世纪 90 年代发掘的西城墙岳石文化城垣进行对比，发现两者差别不大，工艺水平较为接近，因此判断其时代应属于岳石文化。

老纵中探沟最北端仅到编号 TG45，北侧还有丰富的地层堆积，那里是否存在与城墙对应的壕沟呢？那里是否还能发现龙山文化城垣呢？孙波决定将纵中探沟继续向北延扩 20 米，延续老编号方法，将它们编为 TG46 与 TG47。

这 20 米不挖不要紧，一挖，很快又发现了城墙夯土遗迹，而且一发现就是两条，并且找到了各自对应的壕沟。这一发现让所有考古队员始料不及。

其中靠内侧的一条为从平地起建的城垣（图一一），夯筑工艺较为原始，残存高度仅 1.1 米，夯土层薄厚不一，土质纯净，包含物极少，与山东地区已发现的龙山文化城垣基本一致，可以确定无疑地说就是龙山文化城垣。

另一条城墙夯土遗迹位于龙山文化城垣北侧，基槽打破了龙山文化城垣北端。与原先所见的城垣不同的是，它拥有深而陡的基槽，夯土层水平，厚度较岳石文化城垣稍薄，土色整体呈花土状，明显经过了掺和。夯土中仅发现少量岳石文化陶片，绝大多数陶片均为龙山文化遗物（图一二）。很明显，从出土最晚的遗物判断，它的相对年代不会早于岳石文化。那它会不会是东周时期的呢？与城子崖已发现的东周时期城垣的夯土进行比较后，发现它们的差别也很明显。第一，它与已发现的依附于岳石文化城垣内侧的东周城垣位置不同，简单地说，就是城圈范围大小不相同（图一三）。第二，它拥有独立的基槽，基槽壁异常陡峭，夯土层较东周城垣厚。最为重要的是，夯土中没有发现一片属于周代或更晚时期的遗物。那它是什么时期建造的呢？城子崖并不存在商代城垣，现在只有一个可能，它还是岳石文化时期的城墙。“两条岳石文化时期的城垣”这个结果一出，考古队员的兴奋点被点燃了——两条城圈都属于岳石文化，那它们是同时期的呢，还是不同时期的呢？这一年代学问题需要更加有力的证据来说明。考古队员对这条城垣夯土中包含的有效样本进行了碳十四测年，结果显示，它的绝对年代晚于龙山文化城垣，但早于已发现的岳石文化城垣。至此，它的性质终于确定下来。这条城垣建造于岳石文化早期，范围比先前发现的岳石文化晚期城垣大，依附于城子崖台地边缘，外侧紧邻用于防御的壕沟。而那条最早发现的岳石文化城垣则是在早期城垣废弃后重新建造的，范围比早期的明显缩小了很多。

至此，20 世纪 90 年代得出的城子崖存在龙山、岳石、东周时期三重城垣的结论得到了更精准的判断，那就是城子崖存在龙山、岳石、东周三个时期的四重城垣，其

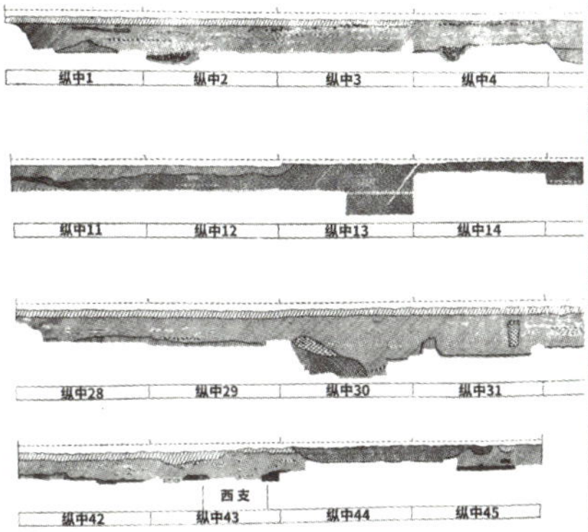

图九	图一〇
图一二	图一一

图九 《城子崖》报告纵中探沟剖面图（部分）

图一〇 城子崖遗址岳石文化晚期城垣剖面（自南向北拍摄）

图一一 城子崖遗址龙山文化城垣剖面（自南向北拍摄）

图一二 城子崖遗址岳石文化早期城垣剖面（自北向南拍摄）

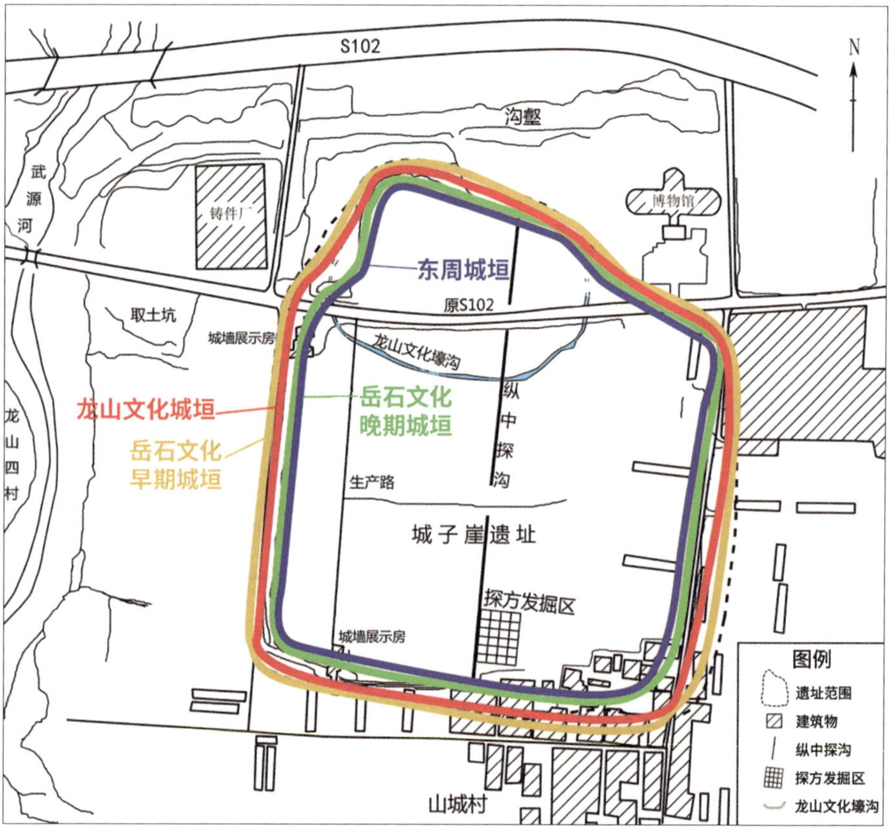

图一三 城子崖遗址各期城圈范围示意图

中岳石文化存在早、晚两期独立城垣。

2. 早期环壕聚落初现

城子崖除了龙山中、晚期的遗迹与遗物外，还存在一批早于龙山文化城垣建造年代的遗存，其中就有2013年于纵中探沟北半部发现的为数不多的几座龙山文化墓葬。从墓葬出土遗物判断，它们是遗址内年代最早的遗存。那么，在龙山文化城垣建造之前，城子崖又是一种什么样的形态呢？

无独有偶，2013年秋冬，在复掘纵中探沟时，在纵中探沟TG29中部发现了一条比较特殊的沟状遗迹。它挂在探沟东西两壁上，沟口略宽，约7.1米，斜壁，底部略呈圜底，深约2.6米，沟壁和沟底均很规整。很明显，这是一条人工挖掘而成的壕沟。从地层关系判断，其年代不晚于先前发现的龙山文化早期墓葬。当时的执行领队朱超很快将这个发现反映给领队孙波。孙波在观察了这条沟的形制特点后，提出能不能向东西两侧再勘探一下，看看它是否向外延伸。考古队员抱着试试的态度，沿着探沟两侧向外勘探，很快发现其一直向两侧延伸。他们感觉这条沟可能很不一般，于是立马调集勘探队，进行大范围追探。果然，功夫不负有心人，这条呈圆弧状的壕沟，从探沟TG29向东西两侧延伸150米后向北拐去，东北所达位置与西北所达位置将遗址北部与中南部划分开来，形成一个面积约4万平方米的近圆形区域（图一四）。这不就是一个完整的环壕聚落吗？再回过头来看看龙山文化早期遗存的分布，几乎全在这个环壕内部。所有的线索说明，在龙山文化早期，城子崖存在着一个面积约4万平方米的环壕聚落，这就是城子崖城址早期的雏形。

3. 筑城技术有序发展

城子崖先民从早期环壕聚落出发，经过龙山文化中期的筑城，岳石文化早、晚期两次重建，直至东周时期，其筑城技术从原始阶段逐渐走向成熟。分析各期城墙的形

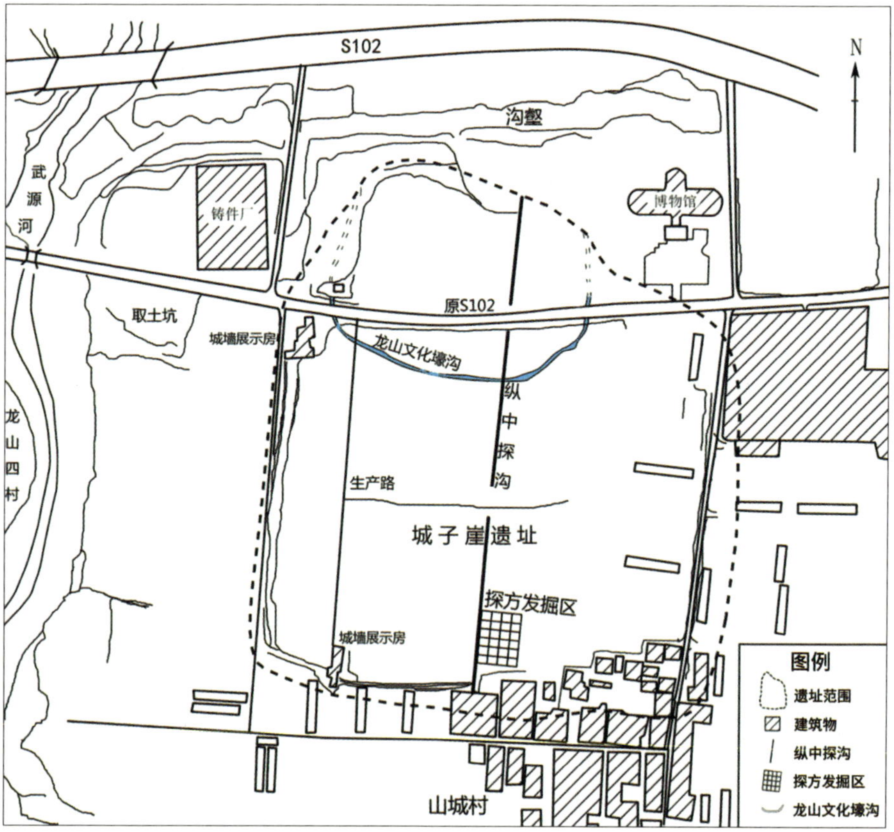

图一四 城子崖遗址龙山文化环壕位置图

态特征，可以很容易看出它们之间传承有序的发展。

史前城址源于环壕聚落，城子崖也不例外。壕沟是最为原始的防御性设施，它的出现是聚落建设的巨大进步。城子崖龙山文化时期的城垣非常低矮，往往仅有1米多高。这一时期，原始的夯筑方式没办法把城墙筑得太高，所以这种城墙的防御能力非常有限，人们只能通过在城墙外侧挖掘宽度达数十米的壕沟进行防御。

为了加强城址的防御效果，特别是防御弓弩一类远程投射武器的攻击，他们往往还会在城墙顶部再设一道栅栏或土墙，形成壕沟内侧的第二道保险。2017年，在发掘遗址北端一处龙山文化城墙时，在墙顶发现了三段基槽。三段基槽呈一线排列，基槽内有柱洞，可能就是栅栏或土墙一类辅助设施的遗留（图一五）。栅栏或土墙虽然起到了一定的保护作用，但壕沟仍然是最主要的防御设施。这时期的城址实际上与环壕聚落一样，仍未完全摆脱依靠壕沟进行防御的模式。

到了岳石文化早期，城址继续沿用龙山文化城垣与壕沟紧密相连的防御组合方式。不同于龙山文化城垣，岳石文化早期城垣开始出现基槽，基槽的出现为城垣的增高提供了必要条件。岳石文化早期城垣的基槽是借用龙山文化壕沟陡峭的内沟壁修整而成。修整这种基槽并夯筑起来的目的，一开始可能仅仅是对人们居住的高台边缘进行加固，这也使得高台内外地表存在一定高差，从壕沟外侧向城内观望，城内犹如“高台”，外貌上与龙山时期的“外观高墙耸立，内看如土岭围绕城周围”相近。这种高差便是城垣防御功能的体现。但此时墙垣是否高出城内地面很多，目前还没有直接的证据。

岳石文化早期的筑城方式与束棍夯具、版筑工艺的引入有直接的关系。这些先进技术使城垣筑造能力得到进一步提升，墙体工艺在先进技术的推动下有向高水平发展的可能。城垣与壕沟的防御角色随之发生了潜移默化的转变。此时，城址的防御不再主要依赖城外宽大的壕沟，城垣本体开始承担起更多的防御职能。所以，这个时候，岳石文化早期城址的壕沟与龙山时期的壕沟相比已大大变窄了，大约只有龙山时期壕沟宽度的1/4~1/3。

到了岳石文化晚期，随着商人的到来，这种利用高台进行防御的方式已经无法抵御外部强敌的入侵，这时就急需一种独立高耸的城垣进行有效防御。在继承和发展岳石文化早期筑城技术的基础上，一道高高耸立的城垣被筑起。这种城垣与历史时期的城墙已经非常接近了。为了避免城墙被雨水冲刷造成损坏，岳石文化晚期的人们发明了一种新的技术，那就是在城墙侧面用黏土再夯筑一个保护层，我们称之为“包夯”（图一六）。这可能是历史时期城墙外侧包砖的雏形。

城墙承担起了最主要的防御职能，壕沟的防御功能被大大弱化。如果壕沟仍然离城垣太近，壕沟内的积水就会成为城垣垮塌的隐患。为了防止这种情况，壕沟与城垣自然而然地分开了。此时的壕沟除了发挥次要的防御功能外，其主要作用可能就是为城内排水。

东周时期的城墙是在岳石文化时期城墙的基础上修建的，除了夯筑水平有所提高外，基本模式与岳石文化晚期城墙大体一致。

4. 岳石文化晚期城门惊现“一门三道”结构

经过数次大规模的勘探，可以确定城址存在南北两个门。南门因南部村庄的取土破坏，保存很差。2015 年的发掘，仅能大体确定南门的位置，但具体结构已无从知晓了。为了弄清岳石文化晚期的城门结构特征及平面布局，2017 年，考古队选择保存相对较好的岳石文化晚期城址北门进行了小面积试掘，很快找到北门址豁口的位置，并揭示出门道西侧部分城墙的主体。奇怪的是，对应的门道另一侧，即东侧的二三十米范围内，却没有发现丝毫夯土城墙的痕迹，再往东就是城外壕沟了，那一半城墙去了哪里呢（图一七）？

带着这个疑惑，2018—2019 年，考古人员在试掘基础上，试图通过向东南方向扩大发掘面积找到门址的一些线索。发掘前的勘探发现，与门道西侧城墙夯土类似的遗迹出现在东南方向 80 米的位置。可 80 米的宽度太宽了，不太符合正常规律，于是领队决定对这 80 米的区域再次进行集中勘探。结果发现，这 80 米区间里只有零星类似夯土的遗迹，但这种夯土与先前发现的夯土又存在着较大的差别。这 80 米到底是什么情况呢？带着这个疑问，发掘开始了。

经过数月的发掘、清理，这片区域的全貌终于呈现在了大家面前（图一八）。在西北—东南方向近 80 米的范围内，发现了一系列与门址相关的重要遗迹。其中，两段独立的夯土墩台体量较大，两个墩台将这 80 米分割成 3 个相毗邻的豁口。根据以往的考古经验，豁口处应该就是当时城门开设的位置，而三个豁口相隔如此之近，让人很难理解。但可以肯定的是，它们应该都是北门址的组成部分。根据豁口分布位置的不同，考古队员将它们分别称为北偏门、中门、南偏门。

北偏门豁口宽约 8 米，豁口两侧各有一个长条形夯土基槽，分布着规律的柱洞，其中一个较大的基槽柱洞下垫有柱础石。据此，考古队员推测，门道上部原先应该有附属建筑。

南偏门豁口宽约 5 米，内侧对称分布着 4 个大柱坑。柱坑大小、深度、填土完全一致。可能南偏门内侧原先也有其他附属建筑。

中门豁口宽约 25 米，豁口处发现两个 2 米多长的椭圆形夯土遗迹，它们又将中门等分为 3 个门道，即北门道、中门道、南门道，每个门道宽约 7.5 米。在北墩台西侧还发现了一座具有警卫性质的门塾建筑，与现在的门卫房的作用比较接近。

岳石文化晚期北门城址的形制轮廓基本清晰了。它布局较为规整，结构略显复杂，功能建筑较为齐全，特别是中门“一门三道”的结构，已经具有了某种特殊的政治礼仪功能，这也从侧面反映出此时城内居民构成可能已经出现了明确的等级化。

据考古研究，“一门三道”结构被最早用于城门的是楚国的纪南城，形成时间大约在春秋晚期至战国初期。城子崖岳石文化晚期城址中门“一门三道”结构足足比其早了 1000 年，称其为“岳石第一门”一点都不为过。

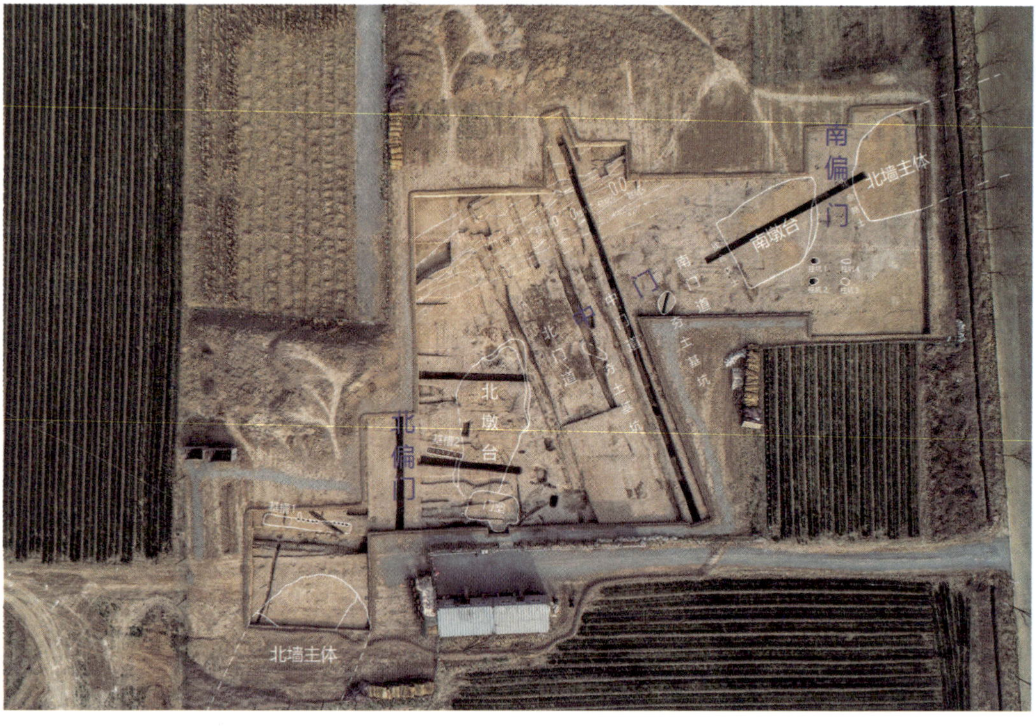

图一五 图一六
图一七
图一八

图一五 城子崖遗址龙山文化城垣顶部小基槽

图一六 城子崖遗址岳石文化晚期城垣顶部内侧『包夯』结构（自南向北拍摄）

图一七 2017年城子崖遗址北偏门发掘区全景（上为北）

图一八 城子崖遗址岳石文化晚期北门址全景（自西向东拍摄）

四、东方先民的遗物

城子崖遗址出土了大量珍贵的文物，其中以陶器最为典型。这些陶器造型独特，做工精良，其纹饰与造型反映了东夷部族不同于其他区域的原始信仰与图腾崇拜。

东夷部族以鸟为图腾。传说，东夷先祖少皞在最初立位时，恰好有神鸟凤凰飞来，凤凰是吉祥的征兆，因此拜鸟为师，并以鸟名来命名各种官职。城子崖遗址也出土了大量以鸟形为装饰的器物，它们都是东夷部族以鸟为图腾最直接的实物证据。

山东大汶口文化与龙山文化均盛产陶鬶，龙山文化的陶鬶造型尤为精美。陶鬶有三个袋足，分裆而立，前两后一，前面两足如同并齐的鸟腿，后面一个如同鸟尾，三个足点呈等腰三角形分布，形成鼎立之势，稳固不易倒。陶鬶的高颈长流，如同鸟的脖颈及尖喙。很多陶鬶的长流两侧贴饰小泥饼，恰似一对大眼睛。所以一些学者认为陶鬶的整体造型神似一只仰首直立的大鸟（图一九）。

龙山文化早、中期出现的鸟喙足陶鼎（图二〇）也是具有这类性质的代表性器物。鸟喙足陶鼎是龙山文化遗址中出土最多的炊器。这种陶鼎与其他区域文化的陶鼎最明显的区别在于它的鼎足被制作成鸟嘴的形态（图二一），无论从正面还是侧面观察，都非常形象。除此之外，在一些器盖上也可以看到更加形象、小巧的鸟首图案（图二二）。这些造型或装饰无论抽象还是写实，都指向鸟这种动物，可见鸟在龙山先民生活中占据着绝对重要的位置，人们在想方设法地通过他们的智慧表达对鸟几近痴狂的崇拜。

20 世纪 90 年代，城子崖遗址发掘出土了一件黑陶熏炉（图二三）。这件熏炉与盖罐非常类似，不同的是，它的口沿外侧等距离密布了一圈小孔，当熏香类物质点燃放入熏炉后，烟可以通过这圈小孔均匀地散布出来。熏炉同一般的生活用具不同，它反映了龙山先民对较高生活质量和审美情趣的追求。同时，香熏这种形式也反映出龙山文化时期的人们可能已经对中草药有了初步的认识。

礼器是社会文明化发展至一定阶段的产物，随着阶层分化而产生，一般用于祭祀、宴飨、征伐及丧葬等礼仪活动中，代表使用者拥有较高的社会地位与权力。这类器物的特点是要么工艺复杂、制作精美，要么器型比较巨大。

蛋壳黑陶高柄杯是这类陶器中的典型代表，“黑如漆，亮如镜，薄如纸，硬如瓷，掂之飘忽若无，敲之铮铮有声”。从山东地区的其他遗址看，蛋壳陶一般出土于高等级墓葬中。遗憾的是，城子崖遗址至今尚未发现龙山大墓，还没有出土过完整的蛋壳陶器，但通过对发掘出土的蛋壳陶碎片进行实测，最薄处仅有 0.3 毫米，这不由让人惊叹龙山先民制陶工艺之高超。正因为其制作工艺的特殊性，专家推断这类器物为日常生活用具的可能性很低，其礼制功能显著。

除此之外，城子崖遗址还出土了一批瓮、罍、尊、圈足盘等陶器，制作规整，体型巨大。例如，2017 年出土的一件圈足盘（图二四），泥质黑陶，通体磨光，盘身饰粗线弦纹，盘径近 60 厘米，重约 10 斤。20 世纪 90 年代还出土了一件泥质灰陶双系瓮（图二五），腹径 48.5 厘来，高 54 厘米，瓮身印满菱形乳钉纹。众所周知，山东龙山文化陶器以素面或弦纹为美，这种菱形乳钉纹的装饰是非常少见的。无论是蛋壳陶的轻薄精美，还是大型器物的厚重敦实，都代表着龙山文化制陶工艺的最高水平，显示出这些物品非同寻常的功用。

五、发掘城子崖的意义

1. 东夷文化，中华文化的重要源头之一

城子崖遗址地处黄河下游。黄河下游的山东及其邻近的豫东和苏皖北部地区，在考古学上称为海岱地区。海岱地区历史悠久，文化底蕴深厚，大约与《尚书·禹贡》

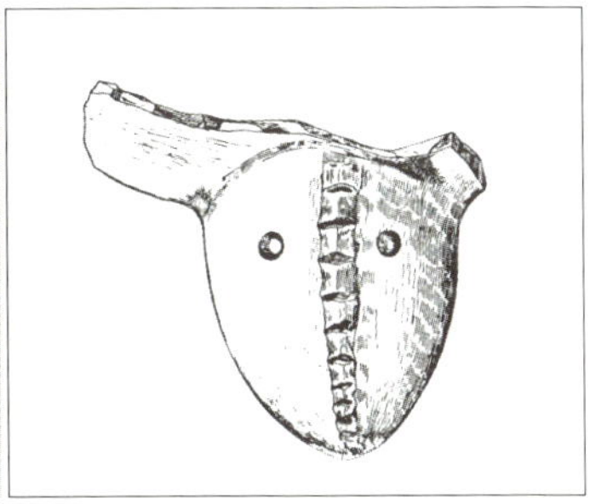

图一九 图二〇 图二一
图二二 图二四
图二三 图二五

图一九 城子崖遗址龙山文化白陶鬶

图二〇 城子崖遗址龙山文化鸟喙足陶鼎

图二一 城子崖遗址龙山文化鸟喙形鼎足素描

图二二 城子崖遗址龙山文化鸟首钮器盖

图二三 城子崖遗址龙山文化黑陶三足熏炉

图二四 城子崖遗址龙山文化黑陶圈足盘

图二五 城子崖遗址龙山文化陶瓮

所载九州中的青、徐、兖三州相当，史前时期属于太昊、少昊、伯益、后羿等部族的分布区。史前和商周时期，住在这个区域的部族被泛称为东夷。海岱地区从地理方位、王权统治、央地关系来讲属于东方，东方各部落产生的文化总称为东夷文化，是中华文明的重要源头之一。东夷文化在新石器时代国家出现以前直到历史时期相当长的一段时间内，在中华文明中具有不可替代的历史地位，尤其是在新石器时代晚期，直接参与到华夏文明的缔造过程中。后李文化、北辛文化、大汶口文化、龙山文化及岳石文化是东夷文化的重要承载者。

2. 观察龙山至岳石文化时期以城址为中心的区域社会变革的理想之地

城子崖遗址处于海岱地区早期国家形成的重点区域，这里同时拥有龙山文化与岳石文化三圈城垣（主体堆积年代为公元前 2300—公元前 1400 年），是海岱地区发现的唯一一处具有都城性质的岳石文化城址，是观察龙山至岳石文化时期以城址为中心的区域社会变革的理想之地。近些年来，新的考古发现为佐证海岱地区在以中原为基础的中华文明起源过程中的独特地位提供了新的视角和线索。

3. 城子崖："万国"之一

城子崖是山东地区最早确认的史前城址之一，同时期的城址在泰沂山脉周围自东往西有日照两城镇、五莲丹土、寿光边线王、临淄桐林等 10 余座，因此一般认为龙山文化时期已经进入了传说中城邦林立的古国阶段，已经进入了文明社会，城子崖就是"万国"中的一个。这个时期是海岱地区新石器时代末期社会大变革的时代，社会文化空前统一，生产高度发达，区域特点明显，与中原地区的互动也更为密切，是中华文明形成过程中的有机组成部分。

4. 利于观察区域文化与主导文化之间的关系

青铜时代早期的岳石文化与二里头文化、二里岗下层文化所代表的王朝文明，形成东西对峙的格局。这个阶段，随着中原成熟国家的出现，岳石文化也展示出了不同于龙山文化的社会变化，表明在面对中原王朝的压力时，海岱地区采取了有针对性的策略。城子崖遗址岳石文化早、晚两期城址的出现及防御模式上的差异是对外策略上的突出表现。岳石文化早期城址虽然已经使用版筑技术，但筑城方式仍然沿用龙山时期深壕、低垣两者紧贴的模式；到了晚期，筑城开始城、壕分离，出现浅壕高垣的模式。龙山到岳石城址渐变过程中传承与吸纳并存，也表明其变化的阶段性。时间上，岳石文化处于史前文化与商代文化的衔接阶段；地域上，城子崖处于区域文化与主导文化碰撞的前沿，文化面貌上呈现复杂性、过渡性和转折性。对城子崖岳石城址的发掘，有助于研究地域文化与当时主导文化之间的关系。

六、新时代之城子崖

章丘本地特别是龙山地区一直流传着许多关于古城址内不能住人的鬼狐故事，离城子崖仅 1.5 千米的东平陵城甚至流传着娶亲队伍不能经过的传说。虽然这些都只是传说，但千百年来，当地人们仍然对它心存畏惧，加之当地考古发掘工作开始较早，保护文物的观念深入人心，这些综合因素使城子崖遗址得以很好地保存下来。

现在，随着城子崖国家考古遗址公园的建设（图二六），遗址周围建有整齐、古朴的步道台阶，顺着步道，游客可以依次参观 20 世纪 90 年代以来考古发掘的一些重要遗迹。这些遗迹都以原址展厅的形式呈现在游客面前，让大家更好地去触摸 4000 多年来的历史沉淀与沧桑。20 世纪 90 年代建立的城子崖博物馆，整修后焕然一新，

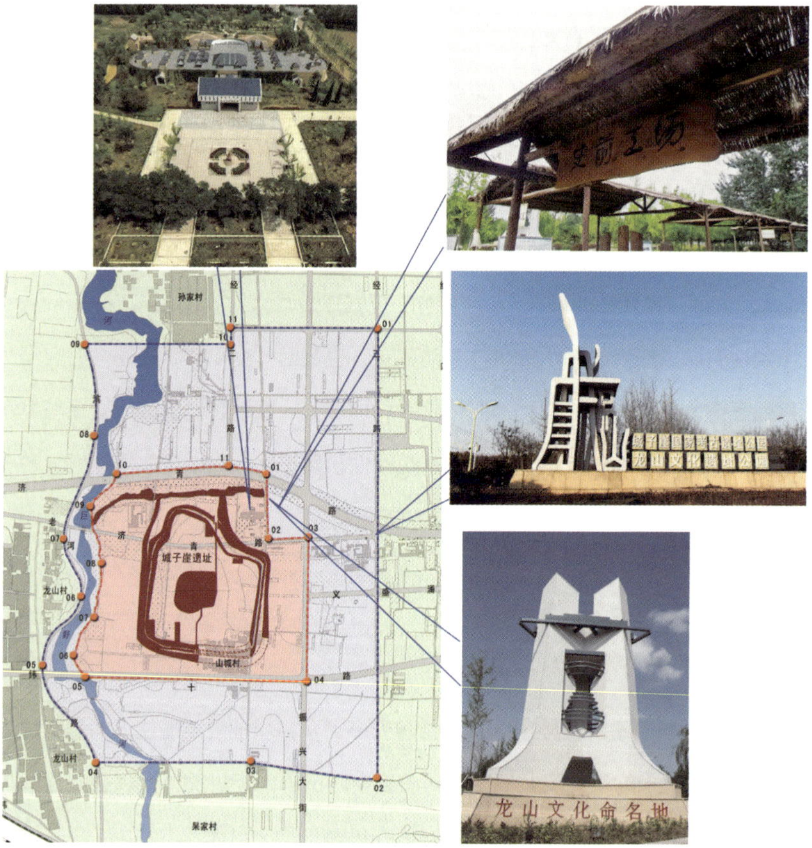

图二六
城子崖国家考古遗址公园

图二七 城子崖遗址中小学研学活动掠影

矗立在遗址东北角，展示着城子崖几十年来考古发掘的一系列重要成果。博物馆还专门建立起用于研学活动的史前考古作坊（图二七），在这里，人们可以在模拟探方中切身体会考古发掘的乐趣，也可以亲手制作石器和陶器，感受先民的艰辛与伟大。

未解之谜

1. 龙山、岳石文化时期城内居民的墓地在哪里？

2. 岳石文化城址内部的布局结构是怎样的？

3. 岳石文化早期城垣是否高出城内地面？

4. 岳石文化晚期城址北门为何要在那么小的范围内布置多个城门，它们有什么样的功能？又是如何使用的呢？

淮河流域

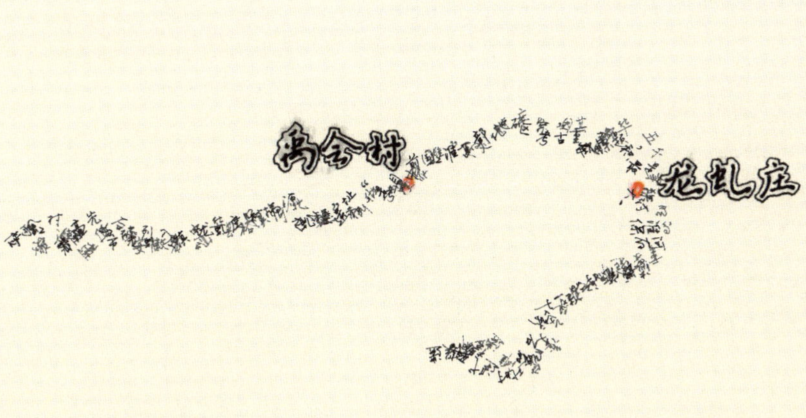

禹会村遗址

张东

中国社会科学院考古研究所

禹会村龙山文化遗址又名禹墟，位于安徽省蚌埠市涂山南麓、淮河东岸的禹会区禹会村。遗址面积达200万平方米。聚落结构复杂，是淮河中游地区的区域中心所在。禹会村遗址先后被列入“中华文明探源工程”和“考古中国·夏文化研究”重点课题，是探讨淮河流域和江淮地区文明化进程的关键例证。“禹会诸侯”和“禹娶涂山”等历史传说反映了中国王朝国家起源的政治智慧和政治实践，禹会村遗址的考古工作为古史传说时代和夏代早期历史研究提供了大量新资料。

极目远眺，荆、涂二山在远方巍然耸立，淮河漫流，洪水滔天。身畔，沿岸垒筑的高台上正燃烧着熊熊篝火，篝火旁，夏后氏和涂山氏的族众们已准备好猪、牛等牺牲，鼎、甑中散发着稻、粟的香味，鬶、壶中有酒浆溢出。一切都已就绪，万众瞩目中，远道而来的贵宾大禹现身了。他禹步阔行，沉稳地登上夯筑好的方台，盛大的会盟祭祀仪式正式开始。高台正中林立的诸侯旗帜迎风飘荡，旗杆两旁，前来会盟的诸侯手捧玉帛，随声应和着大禹发出的号召。仪式自旦及夕，昼夜不停，延绵数日。大禹与来自各方的诸侯筹划治水方略，一场旷世伟业即将拉开序幕。

中国古代有很强的修史传统，古史文献虽然浩繁，但记载阙如者不胜枚举。能够追寻文献记载中的片段，通过田野考古印证、补充，抑或修正那些模糊的记忆，触摸到历史的真相，是中国考古学真正吸引人的魅力所在。禹会村遗址就是这么一个典型案例，所有话题都是围绕着一个小村庄的大历史谈起的。

禹会村，一个涂山南麓、淮河岸边的小村庄，隶属于安徽省蚌埠市禹会区秦集镇（图一）。有籍可查，如今的村民大都为明代洪武年间的移民后代，然而，古老的村名却承载了更为悠长的历史印记。春秋末年，鲁国权臣季康子执政，欲攻伐邾国，宴请朝中大夫，有大夫回忆古时“禹合诸侯于涂山，执玉帛者万国”，相伐兼并至今“其存者无数十焉”（《左传·哀公七年》）。《今本竹书纪年》也记载了“（帝禹夏后氏）五年，巡狩，会诸侯于涂山”。

禹会得名于大禹涂山之会，古史传说与地貌景观天然契合。涂山（海拔 338 米）

和荆山（海拔 258 米）夹淮河而立，都是基性花岗岩山体，原为连在一起的同一座山（图二、图三）。淮河以北是一望无垠的淮北平原，向南则进入连绵的江淮丘陵地带。两山虽然海拔不高，但的确是广大地域内的重要地标。无独有偶，传说，另一位巡狩天下的帝王——穆天子（周穆王）也曾在涂山大会诸侯，似为追慕大禹的丰功伟绩。

“当禹之时，天下万国”。禹会涂山是一次里程碑式的政治实践。大禹治水需要生活在涂山周边的“地主”涂山氏的支持。大禹娶了涂山氏的女儿，因此，在治水的过程中，涂山氏发挥了重要作用。今天，禹会村中仍有禹陈岗、 禹会古台、禹帝行祠和禹帝庙等古地名，这些地名反映了一些源远流长的历史记忆。如今，每年农历三月二十八日，涂山之巅的禹王宫都会举办大型庙会，相传是民间纪念大禹治水之功而自发形成的（图四）。

一、铲释天书——禹会村遗址考古历程

从 20 世纪 80 年代末开始，淮河中游史前遗址的田野考古工作在不断推进中取得了丰硕的成果。蒙城尉迟寺遗址的考古发掘是聚落考古方法在该区域的首次实践。历任领队继往开来，已逐渐梳理出淮河中游地区史前聚落演变的很多规律。距今 8000 年左右的新石器时代早、中期，淮北平原临近低山丘陵的地带已有定居人群，形成了具有地域特色的小山口文化（也有学者称石山孜文化）。距今 7000 年左右，双墩文化广泛分布于淮河两岸，是淮夷众族群中的代表，文化影响力向四周辐射，系统的刻划符号反映了这一族群精神文明发展的高度。距今 6000 年左右，这里逐渐融入东方大汶口文化圈，大汶口文化晚期迎来农业和人口发展的双高峰，社会日趋复杂，固镇垓下和蒙城尉迟寺等遗址已经折射出文明的曙光。龙山时代是中华文明起源研究的关键阶段，淮河流域龙山文化的研究起步晚，大遗址的聚落考古研究急需寻找突破口，禹会村考古恰逢其时。

图一 禹会村遗址远眺

图二 禹会村遗址、荆山、涂山

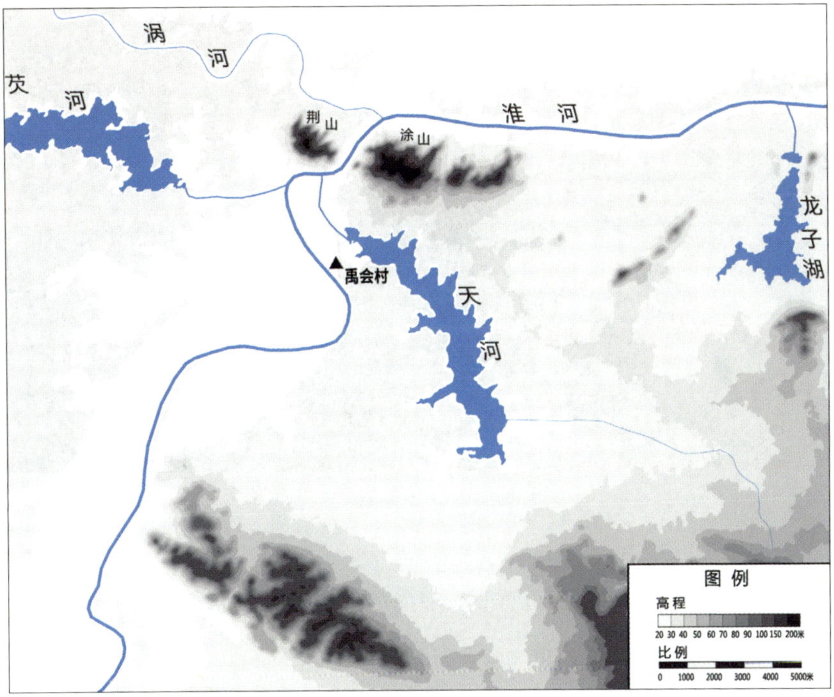

图三 禹会村遗址地理位置图

禹会村遗址本体的保存状况并不理想，历史上，淮河不断地向东岸冲蚀，在遗址所在区域形成明显的弯折。经勘探，大面积的遗址分布区已被淮河侵蚀、破坏。20 世纪 50 年代，因修筑淮河东岸大堤和公路，从遗址上大量取土，破坏程度更为严重。随着禹会村后郢和前郢人口的剧增，新建房屋和农田水利都在不断地蚕食着遗址。1985 年的全国文物普查确认遗址属于龙山文化时期。2001 年，遗址被蚌埠市人民政府公布为市级文物保护单位。

2005 年，禹会村的科学考古工作在机缘巧合之下发端。在中国社会科学院考古研究所王巍先生的倡议下，禹会村遗址考古工作被纳入“中华文明探源工程”。2006 年春季，中国社会科学院考古研究所安徽队组织了遗址的实地勘测与钻探工作，领队王吉怀先生提出这处龙山文化遗址和文献记载中的重大历史事件具有密切关系。

图四 涂山禹王宫庙会场景鸟瞰

2007—2011 年，中国社会科学院考古研究所安徽队组织了五次规模较大的考古发掘（图五），发现了一处面积近 2000 平方米的大型礼仪式建筑（祭祀台基）。该建筑依托人工堆筑的大型基址，台基表面存在烧祭面、方土台和成排分布的柱洞等一系列特殊遗迹。大型礼仪建筑西侧发现一条祭祀沟，沟内填埋大量陶器。有一条铺垫白土的道路通向西南区域，该区域发现很多填埋大量陶器的祭祀坑以及功能不明的圆圈遗迹，临时性的“工棚建筑”（浅基槽）间杂其中。

这些遗存明显与日常的居住遗存有差异。因其遗迹和遗物所表现出的特殊性，考古工作者确定禹会村遗址是一处以祭祀为主的遗址。这一结论与传说中的“禹会诸侯”事件完美契合。这一阶段的考古工作极大地推动了江淮地区早期文明化进程的研究，历史学界也依据新获得的考古材料，重新审视夏代早期历史，尤其是大禹时代的历史事件。2013 年，禹会村遗址被国务院公布为第七批全国重点文物保护单位。

2015年，中国社会科学院考古研究所安徽队又组织了规模更大的考古勘探，发现禹会村龙山文化聚落形态比以往的认知更为复杂，大型礼仪建筑所在的南部区域仅仅是龙山文化核心分布区的一部分。

2017年，中国社会科学院考古研究所安徽队为配合206国道拓宽改造工程，进行了有针对性的考古发掘。这次发掘，确定禹会村遗址的年代可以上溯至距今7000年左右的双墩文化时期。该时期的文化遗存面积近5万平方米，主要分布于遗址北部区域。龙山文化时期，遗址规模剧增，总面积达200万平方米。遗址核心区以龙山文化城址为代表。该城址西半部被淮河冲毁，复原面积至少有18万平方米。之前发现的“祭祀台基”为龙山文化城址东城墙的一部分。北城墙的中段和东城墙南段的发掘，进一步确认了龙山文化城垣的存在。龙山文化城址外围还断续分布着龙山文化时期的文化层和遗迹。随着龙山文化聚落考古的推进，传说中的涂山氏国正逐步显露出古老而神秘的真容……

二、禹会诸侯——大型礼仪性建筑遗迹场景复原

龙山文化核心分布区被分为三个发掘区。龙山文化大型礼仪性建筑基址发现于I区（图六），西侧为II区，淮河大堤以西为III区，II区和III区发现的遗迹主要是祭祀坑、工棚式建筑以及功能不明的圆圈遗迹。考古揭示的现象非常复杂，发掘者认为这是一处临时性的大型祭祀遗址。

1. 人工堆筑台基

大型礼仪性建筑建造于人工堆筑的台基上。考古发掘表明，台基经过人工开挖基槽、堆筑、铺垫和覆盖等一系列程序建造起来。禹会先民按照设计的形状，先从地表开挖，然后自下而上分三层逐层加工，最下层用灰土进行堆筑，中间层用黄土铺垫，

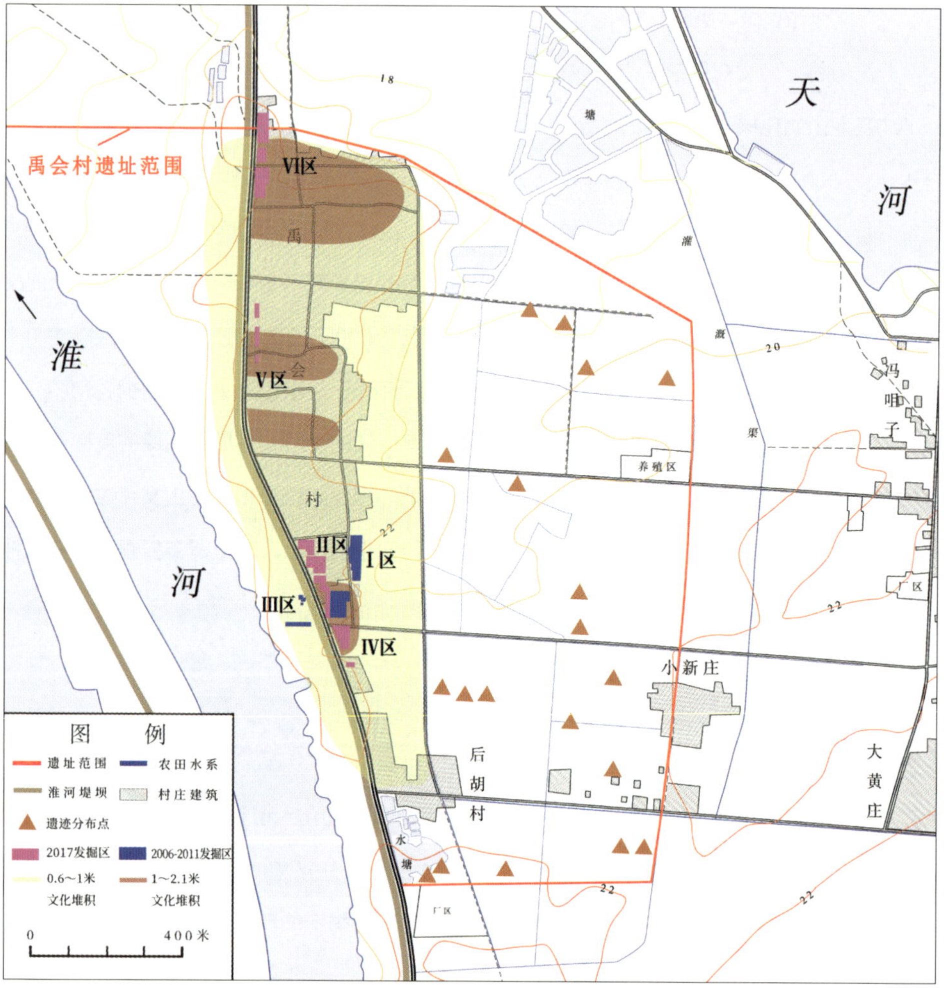

图五 禹会村遗址历年发掘区位置图

图六 禹会村遗址Ⅰ区台基表面清理工作照

最上层用白土进行覆盖。

从局部剖面看，灰土堆筑层厚度为 80 厘米，黄土铺垫层平均厚 15~20 厘米，白土覆盖层厚度差别较大，为 3~30 厘米。台基整体上呈北宽南窄的形状，南北总长 108 米，北部东西宽 23.5 米，南部东西宽 13 米，总面积近 2000 平方米。台基规模宏大，堆筑过程必然投入大量人工。整体上看，台基中北部铺垫的黄土和覆盖的白土较为考究，土质纯度和厚度均严格把控，南部略显简单。这很可能是当时白土资源紧缺导致的。

2. 台基表面设施

开阔的台基白土面上分布着多种设施。它们大体沿中轴线展开，从北往南依次有柱洞、凸岭、凹槽、烧祭面、方土台和长排柱坑（图七）。发掘者认为这些遗迹和常见的聚落生活关系不大，但和白土面共存，因此是复杂的祭祀活动场所的组成元素。

柱洞

台基北端的白土面上共发现 5 个柱洞，其中有 4 个距离较近，平面分布呈曲尺形。考古工作者推测了当时的施工步骤：第一步，在白土面上挖出长方形、半圆形、圆形和不规则形的土坑，土坑形制不一，说明挖坑时是非常随意的。第二步，在土坑的中间或略偏的位置栽入木柱。土坑内留下了柱洞的残痕，规格一致，均直径约 15 厘米、深度约 70 厘米。土坑直接打破白土覆盖层、黄土铺垫层和灰土堆筑层。

凸岭

凸岭位于柱洞之南，呈不规则交叉形分布，东—西向凸岭（长 22.4 米、宽 2.4~2.6 米）和东北—西南向凸岭（长 23.7 米、宽 1.6~2.1 米）相互交叉，整体呈现不规则的“X”状。凸岭顶部平整，是类似道路般的平面。

凹槽

凹槽位于凸岭之南，平面为不规则的喇叭形，略呈东北—西南的弧向，东部较宽，约 8.35 米，西南渐窄，约 1.7 米（图八）。凹槽北部与凸岭紧紧相连，南部与烧祭面衔接。凹槽构成了凸岭与烧祭面之间的低洼地带，底部有一定的落差。凹槽贯通台基东西，考古工作者推测其可能是一条不规则的河流。

烧祭面

烧祭面位于凹槽之南，呈不规则的圆角长方形，东西长 12.6 米，南北宽 7.1 米，总面积近 90 平方米。烧祭面直接在白土层上铺垫灰土，加工整平，烧面光滑、坚硬，应当是经过长期烧燎形成的。

西半部的烧祭面上布设五条南北向的沟槽，通过观察沟槽内的印痕，发现其是嵌入木棍后经火烧形成的（图九）。

方土台

方土台位于烧祭面南部，土台顶部略呈正方形，现存底部东西长 1.85 米，南北宽 1.4 米，顶部长、宽均为 1.1 米。方土台原始高度不明，现存高度 1.25 米。土台由较纯净的黄褐色土堆筑或夯筑而成，致密度较高，不见其他包含物（图一〇）。

土台明显是打破台基上层的白土覆盖面后堆筑或夯筑成形，目前的地层证据尚不能判断该遗迹是否晚于整个台基表面的其他遗迹。

长排柱坑

在方土台以南，南北向线性排列了 35 个长方形土坑，总长达 45.3 米。土坑长短参差不齐，宽窄大体相近，间距均在 1 米左右。土坑内均有柱洞，柱洞直径约 20 厘米。柱洞内土质纯净，未见残留物，底部也没有任何铺垫物（图一一）。考古工作者根据现场发掘情况判断，长排柱坑是独立存在的，与建筑联系不到一起，因此判断柱坑里埋的有可能是图腾柱或旗杆之类的标志物。

圆形圜底坑

凹槽到长排柱坑区域间发现八个零散分布、大小不等的圆形圜底坑。圆形坑平面形状实际并不规则，坑内填土与表面白土覆盖层区别较小。由于其分布的不规律性，此类遗迹的性质尚不明确。

3. 台基西侧的祭祀沟

大型台基西侧发现了一条南北向沟状遗迹。由于该沟状遗迹大部分区域叠压在村庄水泥路之下，发掘受到很大限制，因此沟状遗迹西侧局部区域的边缘并不十分清晰。沟内发现大量陶器残片和草木灰堆积，所以考古工作者认为它与祭祀台基的整体布局关系密切，与祭祀活动有关。

祭祀沟已暴露部分长 35.7 米，宽 5.4~7.3 米，深 0.8 米（图一二）。沟内堆积观察不到明显的分层状况，沟内处于不同深度的陶片可以相互拼合，因此发掘者判断沟内堆积应是在很短的时间内形成的。

图七 禹会村遗址I区台基表面遗迹分布状况

图八
图九

图八 禹会村遗址台基表面的凹槽遗迹
图九 禹会村遗址台基表面的烧燎遗迹

沟内出土了大量陶器残片，这些残片的磨圆度很差，拼对成型率很高，因此判断许多器物都是原位废弃。已修复的器型有鼎、甑、器盖、盘、盆、钵、假腹簋、长颈壶、圈足壶和簋等，涵盖了大多数日常器物（图一三）。因为陶器腹片很多，所以准确判断每类器型的难度很大，但从出土的数量巨大的鼎足判断，陶鼎的数量占有相当大的比重。另外，还发现了大量磨石和烧过的兽骨，所以，发掘者认为这里可能是杀牲祭祀活动的场所。

经研究，陶器烧成温度为550℃~900℃，多数陶胎壁厚、胎质疏松。兽骨保存状况极差，从仅存的个别牙齿可以鉴定出猪和牛等种类。灰烬中浮选出大量炭化木屑和莎草科的炭化种子，另外还有水稻和粟等炭化农作物种子。由此，发掘者判断，祭祀沟中出土的遗物大都和祭祀台的祭祀活动有关，具有祭器和祭品性质。

4. 器物“祭祀坑”

第Ⅱ、Ⅲ发掘区位于大型祭祀台的西南部，共发现了8座祭祀坑。这类遗迹坑壁规则，规律地分层埋藏器物，反映了人类有意识的行为（图一四、图一五）。根据坑的整体形状和坑内器物的埋藏状况，考古工作者将其分为五大类：一是竖穴深坑上下叠压埋藏器物；二是圜底深坑分层埋藏器物；三是平底浅坑单层埋藏器物；四是平底深坑单层埋藏完整器物；五是圜底深坑单层抛弃式埋藏器物。不同祭祀坑中的器物可以拼合成一件，反映了器物埋藏过程中的时空间隔较小。

5. 简易式建筑

此类浅基槽建筑分布于第Ⅱ、Ⅲ发掘区，面积从几十平方米到几百平方米不等，由柱坑槽（顶部有墙相连）和柱洞构成，难以分辨门道（图一六），不见墙体、居住面、灶址和配套的生活用具，因此，考古工作者判断此类建筑具有随意性和临时性，与整个遗址的祭祀性质有关。

图一〇 图一一
图一二

图一〇 禹会村遗址台基表面的方土台

图一一 禹会村遗址台基表面的长排柱坑

图一二 禹会村遗址台基西侧的祭祀沟遗迹

6. 圆圈遗迹

圆圈遗迹是发现于第Ⅱ发掘区的特殊现象，共发现了四处（图一七）。从发掘现场看，圆圈遗迹的大小、形状、堆积结构完全一样，开口层位也一致。禹会先民应该是先在地表开挖圆坑，然后在坑边缘堆筑黄土，最后向坑内填入白土（图一八）。目前，尚不能分辨出这类圆圈遗迹的排列规律，但它的周边分布着多种类型的祭祀坑，那么它也应当与祭祀活动有关（图一九）。

历史的真相远比我们对考古现场的解读更为复杂。物质遗存经过漫长的历史层累过程呈现在我们面前，我们想要触及那个逝去的古代社会不是一蹴而就的。但是，层出不穷的考古发现，让我们将那个逝去的古代社会勾勒得更立体、更饱满。聚落考古中田野方法的使用，为我们揭示出了物质文化形成的时空背景，那么，以上这些龙山时代的遗迹难道仅仅是一次短暂的历史事件留下的吗？整个遗址难道仅仅是一次会盟仪式形成的丘墟吗？带着这些疑问，我们开始了禹会村遗址第二阶段的考古工作。

图一三 禹会村遗址台基西侧祭祀沟内出土的器物

三、涂山氏国——淮滨古国的前世今生

禹会村遗址第二阶段的考古工作以 2015 年的大面积考古勘探为先导。2017 年的考古发掘相当于沿遗址南北向进行了一次很好的解剖，有许多令人耳目一新的收获。整个遗址南北跨度约 2.5 千米，南部龙山文化核心区（含Ⅰ、Ⅱ、Ⅲ、Ⅳ四个发掘区）新发现了龙山文化大型城址，北部双墩文化分布区（Ⅵ区）新发现了双墩文化定居聚落，中部龙山文化分布区（Ⅴ区）发现少量龙山文化遗迹。整个遗址沿淮河东岸的二级阶地展开，原始地表上散布着晚更新世以来形成的剥蚀残丘和洼地。新石器时代晚期，人类开始在此定居。龙山时代，遗址规模剧增到 200 万平方米，龙山文化城址成为整个遗址的核心。

龙山时代之后，禹会村大型聚落废弃了很长一段时间。汉代早期，大量墓葬、窑址开始出现在遗址上。汉代当涂县故城应该就设在遗址南部临近区域。据文献记载，汉代当涂县即上古涂山氏国。

1. 双墩文化定居聚落

新石器时代晚期，淮河中游沿线出现了大量双墩文化定居聚落，其中的代表性遗址有蚌埠双墩、怀远双堌堆、凤台峡山口和淮南小孙岗。先民们在渔猎、采集的同时，逐渐学会了种植农作物。淮河中游地理位置优越，不仅能够种植粟、黍这样的旱地作物，还可以种植水稻。

距今 7300 年前后，一个新的双墩文化聚落出现在禹会村遗址的北端。这里周边有丰富的水生、陆生动植物，环境非常适宜生存。双墩文化时期的禹会先民正在从猎人（渔民）向农人过渡，他们掌握了农业生产技术，生存有了保障。同时，他们拥有比农人更为丰富的大自然知识。双墩文化遗存中庞大的刻画符号体系展现了他们丰富的知识储备。这些符号被认为是汉字的远古先声。

图一五 图一四
图一六

图一四 禹会村遗址II区JSK2（祭祀坑）表面

图一五 禹会村遗址II区JSK2（祭祀坑）底部器物

图一六 禹会村遗址II区浅基槽房址

图一七
图一八

图一七 禹会村遗址II区圆圈遗迹

图一八 禹会村遗址II区圆圈遗迹解剖图

双墩文化房址集中分布，临近的区域有大量储藏食物的窖穴，窖穴一般为圆形平底。遗址中没有发现地表的居住面，根据残存的柱洞推测，双墩先民居住的房屋为低矮的干栏式建筑。房址建造考究，建造程序应该是首先平整地表，然后挖坑埋柱。房址中柱洞分布密集，一般呈圆形（图二〇）。建筑本身有红烧土墙体，墙体倒塌后，红烧土被集中堆放在房址附近，主要用于铺垫周边地表（图二一、图二二）。

2. 龙山文化大型城址

距今 4400 年前后，淮河流域的气候温暖湿润，松属、落叶栎属和榆属的大型乔木虽仍然丰富，但相比之前已大大减少，因为人们开始大量砍伐栎树筑房建屋。龙山时代，禹会村稻作农业获得了巨大发展，人口剧增。遗址内发现了大量莎草科杂草的炭化种子。莎草科植物是常见的水稻田杂草类型，说明遗址周边应该有大面积的水稻田。

龙山文化城址横跨禹会遗址南部龙山文化核心分布区的Ⅰ、Ⅱ、Ⅲ、Ⅳ四个发掘区，目前已经揭露了两段人工堆筑的台基（图二三）。台基的堆积结构与遗址Ⅰ区发现的祭祀台基（即东城墙的北端）相近（图二四、图二五）。经过局部解剖和详细勘探，我们已经能够确认龙山文化城址的北城墙和东城墙。北城墙现存长度约 300 米，东城墙现存长度约 600 米，城址原面积至少达 18 万平方米。大型祭祀台基是城墙的东北角区域，大型礼仪性建筑实际上构筑在东城墙之上。

城内还发现了丰富的龙山文化生活遗存，包括浅槽式建筑、器物坑、灰坑和灰沟等。城墙内外皆有经过数次人工堆筑形成的壕沟。北城墙中段的顶部宽度约 23 米，墙体内侧坡度较缓，有一条平行于城墙的壕沟，宽度近 9 米。壕沟底部平缓，宽约 6.5 米，深约 0.7 米。沟内灰黑色淤土堆积中发现大量陶器残片（图二六）。墙体外侧被水泥路占压，很可能还存在外壕，需要进一步的考古工作证实。尤其值得注意的是，城墙和内壕向东延伸的部分，恰恰分别与祭祀台基和祭祀沟的北端相连接。

东城墙南段的顶部宽度约 20 米，内侧被 206 国道占压。墙体外侧较陡，有宽度约 8~9 米的外壕沟，呈倾斜状堆积。据村民回忆，中华人民共和国成立前，城墙东北角仍然耸立于地表，高达数米，俗称“禹陈岗”“禹会古台”或“跑马岭”。这说明，古城址的印迹在相当长的历史时期内仍在地表可见。

龙山时代，禹会村城址和大型礼仪建筑说明淮夷族群史前城市化水平已达到最高峰。“禹合诸侯于涂山，执玉帛者万国”，禹因娶涂山氏女，不以私害公，故能成水土功，所以“夏之兴以涂山”，淮夷族群已经深入参与到中华文明多元一体的进程中。古史传说有其本源，禹会村龙山文化城址应是文献记载的涂山氏国所在，涂山氏在早期夏代历史研究中具有重要的学术价值。

3. 汉代当涂县故城遗踪

许多关于上古历史的记载都集中发现于战国至汉代的史籍中，“禹会涂山”“禹娶涂山”及关于涂山、涂山氏、涂山氏国的历史记录均是如此，他们都和“当涂”这个地名紧紧地关联在一起。因此，寻找汉代当涂侯国和当涂县故城成为揭开众多历史谜团的锁钥。

西晋杜预在《春秋左传注疏》的注解中提到，涂山就在寿春东北。

《水经・淮水》记载，淮水出南阳平氏县胎簪山，东北过桐柏山……又东过当涂县北，濄水从西北来注之。

北魏郦道元注解：淮水自莫邪山，东北径马头城北，魏马头郡治也，故当涂县之故城也。

先秦至汉魏时期的诸多文献都有记载，当涂县（汉代之当涂故城，魏晋南北朝之马头郡马头城）即是“禹会诸侯”和“禹娶涂山”等历史事件发生的区域，上古时期，这里就是涂山氏国所在地。

经过多次考古调查，我们确认汉代当涂县故城位于距离禹会村遗址南不足 500 米

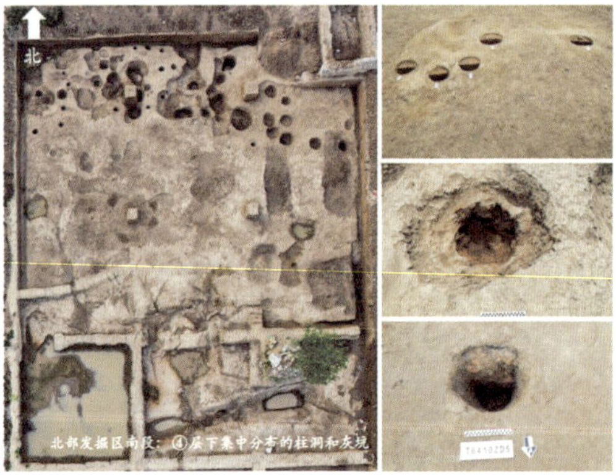

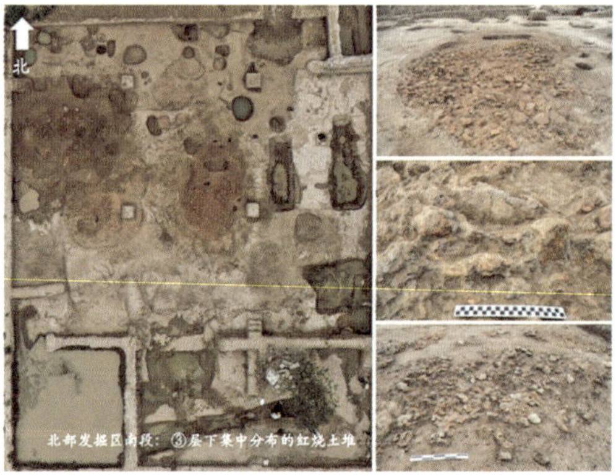

图一九 禹会村遗址Ⅰ区祭祀台基复原图

图二〇 禹会村遗址Ⅵ区双墩文化柱列式房址

图二一 禹会村遗址Ⅵ区双墩文化红烧土堆积

图一九

图二〇 图二一

图二二 禹会村遗址出土的双墩文化陶器

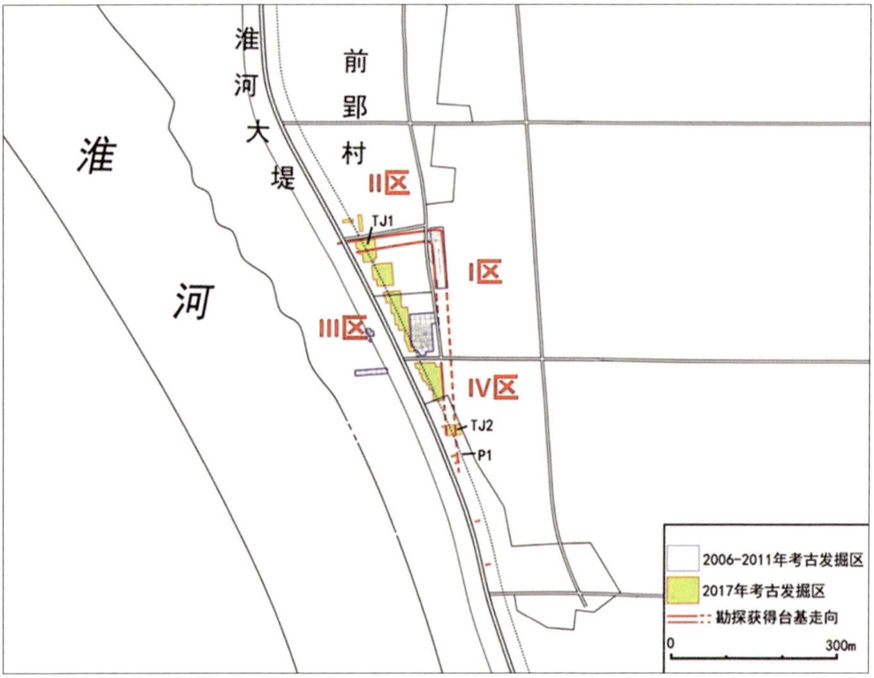

图二三 禹会村遗址龙山文化城址平面图

的马城镇北部。城址地处淮河东岸二级阶地，地表已看不见城墙踪迹，但可以采集到汉代到六朝时期的筒瓦、板瓦、云纹瓦当、井圈和陶器残片。许多剖面都可以发现厚达 1~2 米的汉代到六朝时期的文化层，砖瓦和井圈等建筑构件居多。禹会村遗址中也发现了大量汉、六朝时期的墓葬和烧砖作坊（图二七、图二八）。从窑址内出土的砖块花纹看，烧砖作坊应该是专门为砖室墓供应墓砖（图二九）。墓葬年代的上限可至战国末期或汉代早期，下限到东晋六朝时期，这与文献中记载的汉代当涂侯国、当涂县相当吻合。东汉以后，当涂县俗称马头城。晋室南迁之后，当涂县改设为马头郡，后改置荆山郡。东晋末年，当涂县侨置于今安徽南陵一带，曾经的

图二一四　图二一五

图二一四
禹会村遗址龙山文化城址北城垣局部（TJ1）

图二一五
禹会村遗址龙山文化城址东城垣局部（TJ2）

图二六 禹会村遗址出土的龙山文化陶器

图二七 图二八
图二九

图二七
禹会村遗址Ⅳ区汉、六朝时代作坊

图二八
禹会村遗址Ⅳ区汉、六朝时代砖窑结构图

图二九
禹会村遗址Ⅳ区汉、六朝时代砖窑产品

当涂远离故土，再也没有返回涂山脚下。

蚌埠是一座新兴城市，在城市兴起与发展过程中，它面临着迫切的文化和社会认同。“禹会诸侯”的历史记忆深刻影响着考古阐释和历史叙事，实践证明，聚落考古的研究方法是回溯历史真相的必由之路。在聚落考古方法的指导下，考古工作者已经证明禹会村遗址并非简单的临时性祭祀遗址，从最初的定居聚落发展到复杂的城市聚落，经历了数千年。在龙山时代，禹会村遗址发展至顶峰，规模约 200 万平方米，核心区为至少 18 万平方米的大型城址，是淮河中游地区规模最大的史前城址，已成为区域社会的中心。“禹会诸侯”和“禹娶涂山”等历史记忆就是在这样的社会背景下产生的，历史的细节是否像古史传说描绘的那样生动，仍需要审慎对待。禹会村遗址的考古工作不仅唤醒了蚌埠这座城市沉睡已久的历史，而且已成为淮河中游史前文明研究的典型案例。禹会村遗址双墩文化聚落与龙山文化城址交相辉映，串起了淮河流域早期文明璀璨的珍珠项链。可以说淮河流域的早期文明丝毫不逊色于黄河、长江流域的早期文明，是华夏文明多元一体格局中不可或缺的环节。

龙虬庄遗址

高倩
南京市考古研究院

林留根
江苏省考古研究所

就像不胫而走的高邮咸鸭蛋，必须等待时间的酝酿才能成就美味，神秘壮观的高邮龙虬庄遗址在地下静静等待了千年，直到那一天，一个偶然的机缘，重新与世人邂逅……

位于江苏省高邮市龙虬庄镇龙虬庄村的龙虬庄遗址，是目前江淮东部地区考古发现的面积最大、保存最完好的一处新石器时代聚落遗址。炭化稻米的发现，为我们讨论中国稻作农业的起源与发展，稻作经济区的划分，栽培水稻的籼、粳分化提供了重要的物质材料。

1993 年初次发掘，即被评为当年的“全国十大考古新发现”。

2001 年，被国务院批准公布为第五批全国重点文物保护单位。

据考古研究，新石器时代江苏境内淮河以北的海岱地区文化类型为北辛—大汶口—龙山文化，属于粟作经济区；长江以南太湖地区为马家浜—崧泽—良渚文化，属于稻作经济区；而介于两者之间的江淮地区史前文化类型，经济模式一直模糊不清。直到 20 世纪 90 年代，一个距今 7000 年左右的聚落遗址——龙虬庄，在考古学者的关注下重现世间，这一模糊概念才逐步清晰起来。

一、偶然中的必然性——遗址的发现

龙虬庄遗址位于江苏省高邮市龙虬庄镇龙虬庄村（图一、图二）。你可能不知道高邮在哪里，但是你也许在某个超市的货架上看到过正在售卖的高邮咸鸭蛋。高邮咸鸭蛋出名已久，早在清代袁枚的《随园食单》中就被称赞过“腌蛋以高邮为佳”。就如有些食物必须等待时间的酝酿才能成就美味，神秘而壮观的高邮龙虬庄遗址在地下静静地等待了千年，终于在那一天，因了那个机缘，重现于世。

二十世纪六七十年代，南京博物院考古学者张正祥先生被下放到高邮一沟乡（即龙虬镇，1995 年，因龙虬庄遗址而改名）。一天雨后，张正祥在去往公社的路上，发现一段水渠里和它两侧的岸边，暴露着大量丽蚌壳和陶片。职业的敏感性和丰富的考古经验让张正祥马上意识到，这里至少在 6000 年前就有人类居住过。于是，他马上把这一非常有价值的发现汇报给了有关部门。后来，张正祥先生被调回南京博物院，在院刊上发表了他根据龙虬庄遗址发现的彩陶片推测出的江苏地区古代的水文变迁研究成果。

20 世纪 80 年代，南京博物院纪仲庆、邹厚本等先生先后对龙虬庄遗址进行了考古调查，确认此地为一处新石器时代遗址，但当时对它的规模、结构、文化性质等都一无所知，那时的龙虬庄遗址尚是“犹抱琵琶半遮面”。直到 20 世纪 90 年代，对龙虬庄遗址的调查和发掘工作才系统地开展起来。

彼时，随着全国考古工作的大规模开展，考古学界基本上厘清了黄淮地区、长江下游太湖地区的史前文化类型，也确认了江淮地区西南部是薛家岗文化，中部是侯家寨文化。但是，江淮东部地区的考古学文化面貌和文化序列一直比较模糊，这是当时考古学界急需解决的一个问题。

基于此，1991 年始，南京博物院的考古工作者在对江淮东部地区进行了多次详细的考古调查后，将发掘重点选在龙虬庄遗址。所以说龙虬庄遗址的发掘是历史的选择，它从最初就肩负着完成重要学术课题的任务。

经考古调查和勘探，龙虬庄遗址平面近似长椭圆形，东西长约 345 米，南北宽约 285 米，总面积约为 6.5 万平方米，相当于 9 个足球场的大小。遗址地势平坦，四面环水，自然景观很好，是目前江淮东部地区考古发现的保存完好、面积最大的一处新石器时代聚落遗址。

1993—1996 年，南京博物院考古研究所、扬州市博物馆、盐城市博物馆和高邮市文物管理委员会对这里进行了四次联合考古发掘，取得了丰硕的考古成果（图三）。龙虬庄遗址自发掘以来就受到学术界广泛关注，荣获了众多荣誉，仿佛“出生即巅峰”，1993 年初次发掘就荣获了当年考古界的“奥斯卡奖”——全国十大考古新发现，2001 年被国务院批准为第五批全国重点文物保护单位，2011 年入选江苏省首批大遗址名录。

2016 年 9 月，为配合龙虬庄考古遗址公园的建设，这里再次进行了全面的考古勘探和局部发掘。此次发掘，发现了龙虬庄二期文化、良渚文化、广富林文化、唐宋、明清等不同时期的文化遗存，进一步丰富了龙虬庄遗址的文化内涵。

图一 龙虬庄遗址地理位置及同时期遗址分布图

二、数千年前的龙虬庄

千年遗址经过岁月淘洗，已成一片废墟。它带着累累伤痕，沉默不语。考古学者就是那遗址的“解语花”。他们或用手铲，或在实验室，借用多种学科的研究方法去一点点解读废墟留下的种种线索，努力复原曾经生活在这片土地上的那些鲜活的生命及其五彩斑斓的生活。

1. 龙虬庄遗址现场

经过五次考古发掘，龙虬庄遗址共发掘 2500 平方米，发现房址 4 处、墓葬 400 余座、灰坑 30 多个、广场 1 处，出土了陶器、骨角器、玉器等各类遗物 2000 多件，采集了大量人骨、动植物标本和土壤标本。前四次考古发掘显示，龙虬庄是一处以新石器时代文化为核心的聚落遗址，包括生活区、墓葬区和生产加工区。遗址可分三期，第一期距今 6600—6300 年，第二期距今 6300—5500 年，第三期距今 5500—5000 年，其中第二期文化内涵最为丰富。第五次考古发掘发现龙虬庄遗址不仅包含龙虬庄文化遗

图二
龙虬庄遗址航拍图（由南向北）

图三
20世纪90年代，考古队员浮选动植物标本

存，还包括崧泽文化、良渚文化、广富林文化遗存，延续时间较长，具有十分顽强的生命力（图四）。

2. 龙虬庄人吃什么？

我们常说“民以食为天”，吃什么不仅仅是满足口腹之欲，实际上还可以反映出当时社会的生产模式、经济活动、文明化程度等。

那么，龙虬庄先民当时吃什么呢？ 水稻是其中非常重要的食物。

在发掘过程中，考古工作者对各文化层的土壤全部过筛、淘选，获得了大量植物、动物标本。植物标本主要有水稻、芡、菱，动物标本主要有陆生和水生动物。其中最为重要的是 5000 多颗炭化稻粒和水稻植硅体的发现。它们为我们探讨中国农业起源问题提供了更多的实物资料（图五）。

研究发现，农业是人类社会发展的转折点，农业的出现开辟了人类控制生物资源的新时代，从此，人类可以在有限的空间内获取稳定、充足的食物，定居生活开始出现，人口迅速增长，为文明的起源奠定了必要的物质基础。所以，农业起源问题一直是考古学者孜孜不倦追问的话题。从以往的考古发现来看，早在万年前，中国已经开始了稻作农业，然而，水稻起源于中国哪里？它是否具有区域特征？人类何时完成对野生水稻的驯化？诸如此类的问题，考古学界一直没有定论。所以，龙虬庄遗址水稻的发现令考古工作者兴奋不已。

考古工作者在龙虬庄遗址 T3830 的第 4、6、7、8 文化层中共发现了 5038 颗炭化稻米。虽然它们如炭一般黑黢黢，但在考古工作者的眼里，每一颗都闪烁着明珠般耀眼的光芒。为弄清水稻遗存情况，考古工作者将炭化稻粒和 T1526 第 4—9 地层采集的土壤样品送到江苏省农业科学院和中国农业大学进行科学分析，发现龙虬庄遗址的炭化稻均为人工种植的粳稻。

根据对各文化层出土炭化稻米以及土壤中所含水稻植硅体的检测与分析，龙虬庄

图四 龙虬庄遗址周边地形及布方图

在遗址形成之初已有水稻的栽培，第 8 层至第 6 层为野生稻向栽培稻的过渡。第一期水稻栽培经历了缓慢的发展过程。第一期向第二期过渡的时候，水稻种植量实现了质的飞越。第二期水稻产量依然呈上涨趋势，第 4 层出土的炭化稻，从籽粒的大小和重量上看，已经非常接近现在的水稻品种。龙虬庄遗址不同时期的地层出土的炭化稻，反映出人类逐渐有意识地加强人工育种，选择颗粒较大的稻米进行育秧，实现了对水稻的驯化。

与此呼应，遗址第二期墓葬中出土的石斧、石锄、石刀、角镐和鹿角靴形器应该和水稻种植有关。

龙虬庄遗址炭化稻米的发现，为我们讨论中国稻作农业的起源与发展，稻作经济区的划分，栽培水稻的籼、粳分化提供了重要的物质材料。

除了水稻之外，史前龙虬庄人的主食还包括“芡”和“菱”。芡，其种子称“芡实”，又俗称“鸡头米”，主要生长在湖荡或淡水池塘中，成熟于夏季，营养价值较高。菱，就是我们常说的“菱角”，主要生长在小河或淡水池塘中。芡和菱都属于草本水生植物，均富含淀粉，可以用来充饥。有意思的是，我们发现最早的地层（第7层）出土的水稻数量仅为菱和芡实数量总和的五分之一，最晚的地层（第4层）出土的水稻数量已经是菱和芡实数量总和的46倍。这说明，随着聚落的发展，水稻在龙虬庄先民食物谱系中所占的比重越来越高，也就意味着水稻的种植能力越来越强，龙虬庄的农业经济水平越来越高。

除了食用富含淀粉的植物外，史前龙虬庄人还食用多种动物。这些动物包括陆生哺乳动物、水生脊椎动物和水生软体动物。陆生哺乳动物以鹿类为大宗，其中麋鹿最多，另外还有梅花鹿、小麂、獐等，其次是猪。动物考古学家通过对遗址中出土的猪骨与现代家猪进行比较，发现它们的死亡年龄较为接近，一般都死于1~2岁。遗址出土的猪形陶器中，猪的吻部较短，四肢粗短，前后比例适中，体型丰腴，学者们据此推测，龙虬庄遗址中出土的大量猪骨骼应为家猪骨骼，这说明龙虬庄先民已经开始饲养家猪来充当食物了。除此之外，龙虬庄先民还大量食用淡水动物，包括龟、鳖、丽蚌、楔蚌、裂齿蚌、曲蚌、篮蚬、田螺、鲤鱼、青鱼等。毫无疑问，这些种类丰富的动物食物，为人类补充了大量优质蛋白。

3. 龙虬庄人住在哪？

史前时期，龙虬庄气候温暖湿润，周围水系发达，地下水位很高。在这样的环境下，龙虬庄人是如何盖房子的呢？

龙虬庄遗址共发现4处居住遗迹，主要分为两类，一种是干栏式木构建筑，一种是地面建筑。遗址中的房址均遭到了严重破坏，但还保存着柱洞、墙基、居住面、红烧土块等遗迹。

红烧土块是坍塌的烧土墙块。土块一面抹平，一面留有纵向成排的植物茎秆痕迹。很显然，龙虬庄先民有在房屋外墙焚烧茎秆的习惯。居住面铺垫着一层黄色粉砂土，上面有碎蚌壳铺成的蚌壳面。可以看出，不论是烘烤墙壁，还是在居住面铺设蚌壳，这些都是人们用来防潮的手段，是人类在适应自然环境方面的智慧发明。

即使这样，过高的地下水位依然很容易腐蚀地基，尤其是干栏式建筑的木头支柱。从相互打破的柱洞遗迹来看，在同一居住面上至少有过两次移位建房。

2 号房址居住面下发现了一个浅坑，坑里埋有一具完整的狗骨架（图六）。从考古发现来看，家犬是人类最早驯化的动物，普遍存在于史前遗址中，但在遗址出土的动物种类中所占比例较小。由此推测，人类最初对家犬的驯化并不是为了食用，而是用作狩猎、守卫、礼仪等。龙虬庄遗址在地层和墓葬中均出土了家犬遗骸，主要是家犬的头骨和肢骨，而且没有一例是被切割或敲打破的。因此，2 号房址下发现的较完整的家犬遗骸，应该与建造房子的祭奠仪式有关。也许正是因为这里的自然环境天然地加大了建房的难度，房屋建好后寿命也有限，所以，在修建房屋之前，龙虬庄人都要举办祭奠仪式，以祈求平安。

4. 龙虬庄先民用什么工具获取和加工食物呢？

“工欲善其事，必先利其器”，生产工具是生产资料的重要组成部分。龙虬庄先民用什么生产工具获取食物呢？我们知道，新石器时代以磨制石器、制陶等为标志。石头质硬，稍作加工就是优良的生产工具。但是龙虬庄遗址附近无山，石材稀缺，怎么解决这一难题呢？

上古时期，龙虬庄遗址周围的河湖沼泽地带栖居着大量麋鹿。麋鹿不但可以作为食物资源，为龙虬庄先民提供丰富的动物蛋白，它的角还可以加工成各类生产工具，弥补遗址周边石料不足的缺陷。此外，大量水生动物的骨骼也被龙虬庄先民制作成生产工具。所以说，一方水土养一方人，什么样的环境，造就什么样的生活方式。

龙虬庄先民已经有了比较先进的手工业制作技艺，切割、磨割、钻孔、打磨、刻画等工艺已经十分普遍地运用于手工业制作中。从目前的考古发现看，其手工业产品主要有生产工具、生活用具、装饰品三大类。生产工具主要有骨斧、骨镐、骨叉、骨矛、骨镞、骨镖、骨凿等。骨叉是龙虬庄遗址最具特色的狩猎工具。它用麋鹿角的分叉制成，呈丫字形。叉的上部打磨得特别锋利，下部刳空成刳銎，方便装柄，具有很强的杀伤力（图七—图九）。

生活用具有骨刀、骨勺、骨箸（骨筷）、骨柶（类似勺）、骨杯等。十分难得的是，墓葬中出土了42件骨箸，形状多为一端较平，一端圆尖，也有两端都为圆尖形的。它们为研究我国箸的起源提供了丰富的实物资料。

装饰品有笄、坠、管、环、指环、牙饰等。

食物获取回来之后，用什么进行加工、存储呢？陶器是加工、储存食物最主要的工具。龙虬庄遗址出土的陶器，根据胎质来看，主要是泥质陶，个别胎料中掺和着骨屑、蚌屑。炊器主要以釜为主，双耳罐形釜和盆形釜最多，这一点与相邻的海岱地区流行鼎，太湖、宁镇地区流行腰沿釜有很大不同。水器是龙虬庄陶器的特色器类，不仅数量多，而且器型复杂，有盉、匜、壶、盆、杯等。同一器型，因用途不同，形状又有细节上的差异。如盉分为烧水用的三足侧把盉、温水用的三足带鋬盉、喝水用的圜底盉；匜有钵形、盆形、筒形、壶形、罐形、鼎形（图一〇—图一三）。该遗址发达的水器与周边同时期文化流行的水器大相径庭，如海岱地区流行鬶，太湖地区流行澄滤器，而江淮中部地区没有水器。

龙虬庄遗址第二期第4—6层中发现了彩陶（图一四）。彩陶有红彩和黑彩，黑彩最多。彩绘主要流行内彩，就是在器物内壁进行彩绘。常见的纹饰是斜方格纹和变体鱼面纹，个别钵、碗的口沿外壁或圈足上饰有宽彩带。这种内彩装饰方式也流行于江淮地区的其他新石器时期遗址，如淮安青莲岗遗址、沭阳万北遗址等。江苏境内黄淮地区的刘林、大墩子遗址也出土了彩陶器，但主要流行外彩，且较江淮地区数量多、

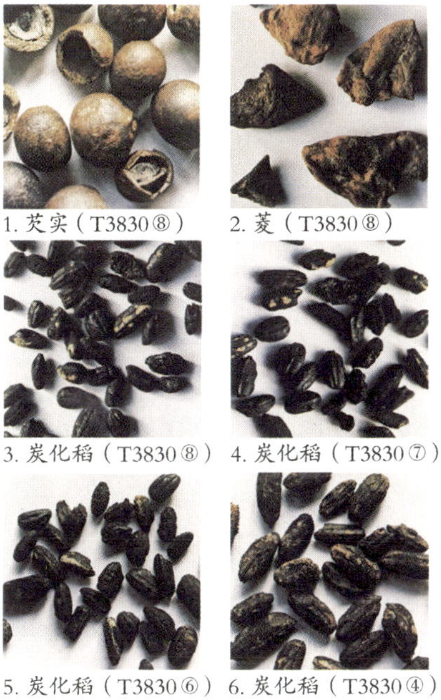

图五 龙虬庄遗址出土的植物

图六 龙虬庄遗址浅坑中的狗骨架

图六 图五

器类多，图案也丰富得多，有三角形纹、圆点纹、条纹、菱形纹、花瓣纹、回纹等。

此外，神态各异、栩栩如生的猪形壶也是龙虬庄陶器的亮点。壶身整体为猪形，身体浑圆，中空。猪背向上为壶口，直口或者直口微侈。面部塑有口、眼、鼻，表情生动，有双目细眯憨笑状，有双眉紧蹙愁苦状，还有双目圆瞪发怒状。多为四足，个别为三足和圈足（图一五）。学者李新伟提出，龙虬庄遗址出土的猪形器进一步佐证了先秦文献记载中的"天极"观念在史前淮河流域已广泛流行。作者考证了《楚辞·天问》《淮南子·天文训》《论衡·谈天》等文献后指出，在战国时期的观念中，寰天有多层，各层间用绳索相连，围绕天极旋转。天极以极星为标志。这种天极观念在史前遗址出土的器物中已有反映。凌家滩遗址出土的玉版，双翼为猪首的玉鹰，一面为八角星纹、一面为纽结纹的纺轮，都是天极观念在器物上极为形象、直观的图像表示。从这些出土遗物可见，天极是天体的中心，常用八角星纹、纽结纹表示，而神鸟和猪与天极运行有关。综上，龙虬庄遗址出土的陶纺轮、陶钵，陶碗底部装饰的纽结纹、八角星纹，流行的猪形器，都是天极观念在图像中的反映。

5. 龙虬庄先民的活动场所

2016—2018 年进行考古发掘时，在遗址南半部揭露了一处面积为 600 平方米的“广场”（图一六）。“广场”建造较为讲究，北高南低，北半部为蚌壳，南半部为陶片、红烧土块平铺而成（图一七）。“广场”可分为两层，上层铺筑相对松散，不甚规整；下层相对平整、紧密。龙虬庄遗址所在区域地下水位高，周边多沼泽地，所以土质较为松软、湿黏。此处的“广场”应为龙虬庄先民为了防潮，便于活动，有意铺筑而成，可能是当时的聚落公共活动区域。经勘探，“广场”面积较大，主要位于遗址南部中间，局部被破坏严重，残存面积约 2000 平方米。

6. 龙虬庄先民的墓葬

墓葬是龙虬庄遗址发现最多的遗迹现象。龙虬庄墓地位于遗址中部偏西，居住区的西侧（图一八）。通过测量，我们发现，墓葬区原始地貌要高于居住区 0.4 米。对这一区域进行考古发掘时，遇到了重重考验。一是墓葬区北部是水沟和现代居民区，整个墓葬区已无法进行全面揭露。二是墓葬找不出规整的墓坑。遗址四面环水，陆地面积有限，地下水位又高，遗址持续时间较长，随着死亡人数的增加，墓地空间越来越紧张，就出现了墓葬层层叠压、人骨叠压人骨的现象，厚约 0.3 米的地层竟叠压 4 层人骨。这种现象与海安青墩遗址墓地极为相似，当时对这种墓葬的解释为“不挖墓坑，平地掩埋”。事实真是如此吗？

考古工作者在相对孤立的墓地边缘细致清理了几座墓葬，发现龙虬庄墓葬不是没有墓坑，而是都为浅墓坑。这应该是龙虬庄先民在陆地面积紧张、地下水位较高等条

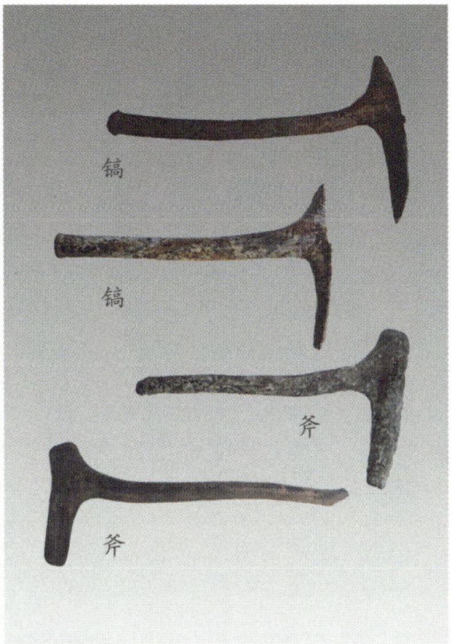

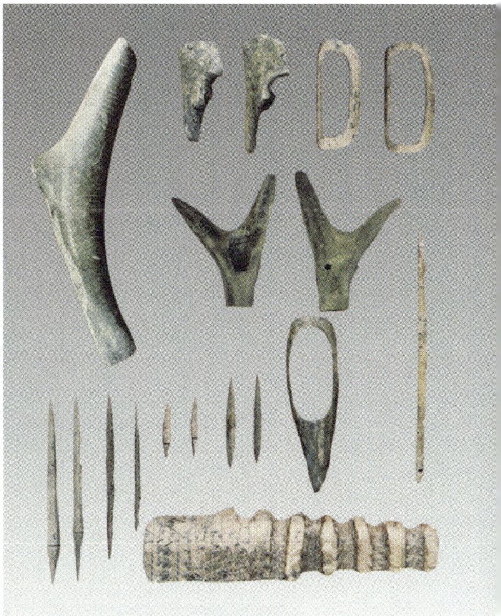

图七 龙虬庄遗址出土的骨质鱼钩

图八 龙虬庄遗址出土的角器

图九 龙虬庄遗址出土的骨角器

图一〇 龙虬庄遗址出土的陶壶

图一一 龙虬庄遗址出土的陶盉

图一二 龙虬庄遗址出土的陶壶

图一三 龙虬庄遗址出土的陶杯

图七	图八	图九
	图一〇	图一一
	图一二	图一三

图一四
龙虬庄遗址出土的彩陶钵

图一五
龙虬庄遗址出土的猪形壶

件限制下作出的妥协。

此地区湖泊相沉积土壤呈弱碱性，再加上地下水位较高，墓葬一直处于饱水缺氧状态，所以大部分人骨保存完好。考古学者通过人骨鉴定，对墓葬主人的性别、死亡年龄以及背后反映的聚落人口数量、人口结构、人口寿命有了一定的认识。一个完整的史前聚落的埋葬人数往往可以反映聚落的总人口数。考古学者对 402 座墓葬出土的 497 具人骨进行了性别鉴定，发现男女比例为 1.48∶1。这种性别之间的比例失调，在距离龙虬庄遗址不远处的海安青墩遗址表现得尤为明显，那里的男女比例高达 2.2∶1。由于人类自然的生理机制，正常的社会组织中，男女比例应该是均衡的。龙虬庄遗址出现男性人口约是女性人口 1.5 倍的局面，有可能和当时有意控制女性人口有关。换句话说，当时可能存在溺死女婴现象。溺死女婴被普遍认为是史前人类社会控制人口过快增长的常用手段。

统计发现，狩猎工具多存在于男性墓葬中，女性墓葬中相对较少；而生活工具多存在于女性墓葬中，男性墓葬中较少。从中国古人“事死如生”的丧葬观念来看，男性主要从事狩猎等生产活动，女性主要从事纺织活动，这是男女之间因为生理差异自然形成的不同分工。男性先天的身体优势更适宜从事强体力的狩猎活动。有趣的是，稀有的石器和骨质装饰品却多出现于男性墓葬中，壮年男性墓葬中尤为丰富。

个别墓葬中有一种现象特别奇特，墓主人的面部用红陶钵扣住，这样的墓葬有 7 座。例如，M262 为单人仰身直肢葬，面部朝上，墓主为一青年男性。墓中随葬陶鼎、陶钵各 1 件，其中陶钵覆于墓主人面部。M375 为单人仰身直肢葬，面部朝上，墓主为一壮年女性。墓中随葬 1 件陶钵，覆于墓主人面部。M60 为单人仰身直肢葬，面部朝上，墓主为一老年女性。墓中随葬 7 件陶器，其中 2 件陶钵中的 1 件覆于墓主人面部，1 件放于墓主人大腿左侧。除了用陶钵覆面，有 2 座墓葬还利用形制相近、口沿较大的陶碗、陶器盖扣住墓主人面部。

这种陶钵覆面的现象不仅出现在龙虬庄遗址中，在江苏境内黄淮平原的连云港二

图一六

图一七 图一八

图一六 龙虬庄遗址发现的广场

图一七 龙虬庄遗址广场地面铺设蚌壳图（局部）

图一八 龙虬庄遗址M404

涧村、大村、大伊山遗址，沭阳万北遗址，太湖平原的草鞋山、圩墩、祁头山遗址都有发现。那么，这种特殊葬俗有什么含义呢？学术界大概有三种看法。一是为了保护头骨，同时钵的形状象征着天，陶钵覆面意味着魂气归天。二是对亡灵的恐惧。用陶钵覆面是为了镇住死者魂气，防止伤人。三是为了使灵魂留在体内，让尸体不朽，和后代的玉覆面有异曲同工之效。

学者高江涛通过对包括龙虬庄遗址在内的江苏境内史前红陶钵覆面墓葬的统计发现，陶钵覆面为墓葬中的少数案例，墓主多仰身直肢，性别有男有女，随葬品数量和等级在同一遗址内无明显差异。若说特别的地方，可能就是墓主人多为青壮年，也许是墓主亲人对“正值当年”的墓主恋恋不舍，希望陶钵覆面可以暂时留住亡灵。陶钵底部故意钻出的小孔则体现了生者希望过早离世的墓主灵魂可以出离，却又不希望太快的矛盾心情。

三、龙虬庄遗址的特殊地位

龙虬庄遗址的聚落选址、生业方式、器物类型、墓葬特点等都体现出其自身的独特性。聚落位于里下河平原碟形洼地的西部边缘较高处，气候温暖湿润，水系发达，自然资源丰富，天然河流起到防御作用，内部已经有功能分区，居住区和墓葬分开布局。生产工具以渔猎工具最为丰富，结合出土的动植物标本，龙虬庄遗址为采集、狩猎、捕捞、家畜饲养、稻作种植等多种生产经济并存的综合经济体。出土的炭化稻米证明早在 7000 年前，龙虬庄先民已经开始了稻作生产。稻米粒型大小位于田螺庄长粒型和东山村小粒型之间，显示了长江下游地区稻米粒型的多样性，进而说明稻作农业是以聚落为单位生产和消费的，我国可能存在多个水稻起源地。

龙虬庄遗址显示了先民与自然和谐共生的状态，环境决定了生业类型，影响了聚落经济类型。它的发现，再次展示了中国史前社会多元一体的文明化进程。

未解之谜

龙虬庄遗址的发掘，丰富了我们对江淮流域史前考古学文化的认识，同时囿于考古工作的局限性和认识的滞后性，龙虬庄遗址目前尚有诸多未解之谜。

1. 经考古勘探，遗址核心区东西长约345米，南北宽约285米，面积约6.5万平方米，目前仅发掘2000多平方米，所以聚落的整体面貌尚不清楚。核心区围壕的形成过程、聚落的总体布局和功能分区等问题尚待进一步的考古工作来解决。

2. 新揭露的蚌壳、陶片铺设的“广场”的边界在哪里？它的外缘情况如何？到底有何用处？

3. 龙虬庄文化从哪里来？为什么会突然消失？究竟走向了何方？

4. 龙虬庄遗址位于里下河平原地区，四周环水，水系发达，周围水系在龙虬庄人的生活和聚落发展中承担了怎样的功能？又和稻作生产有何关联？

长江流域

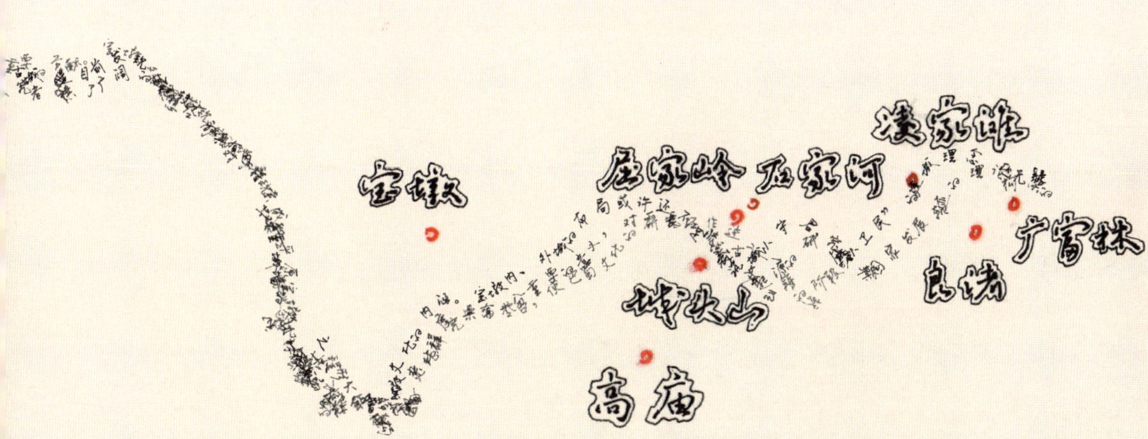

宝墩遗址

唐淼
成都文物考古研究院

何锟宇
成都文物考古研究院

宝墩遗址位于成都市新津区宝墩镇宝墩村（原新津县新平镇龙马乡），为距今4500—4000年的新石器时代晚期遗址。宝墩遗址城址面积约276万平方米，具有内、外双重城墙，是成都平原目前发现的年代最早、面积最大的史前城址，亦为中国四大史前古城之一。它的发现和确认，对探索古蜀文明起源具有极其重要的学术价值，证明了成都平原是长江文明和中华文明的起源中心之一，为中华文明起源的多元一体学说提供了关键证据。

1995年，成都考古人确认了宝墩遗址的城墙为新石器时代修筑，并以此为契机，掀起了成都平原史前城址发现与确认的高潮。次年，宝墩古城初露真容，成都平原史前城址群的发现被评为“全国十大考古新发现”之一。2001年，宝墩遗址被国务院公布为第五批全国重点文物保护单位。

2009年，成都文物考古研究所组织考古队再次进驻新津宝墩村，经过一年多的考古发掘，终于让这座沉寂了太久的古城全貌重见天日。

经过几代考古人接续不断的考察、探索，一座由内、外两重城墙合围，城墙四个方向均布有壕沟的戒备森严的恢弘古城，逐步呈现在世人眼前。

一、故事，没有停留在七擒孟获

宝墩遗址所在的宝墩村东头一片绿油油的稻田地里，横亘着两段“土埂子”（图一）。这是宝墩村村民张老汉家的地，在老汉看来，这片土地就是他赖以生存的“口粮”，土地上的两段土埂子，常年躺在那里，无非就是大自然的残留物，伴随他日出而作，日落而息。

自20世纪30年代以来，不断有文物爱好者来此地淘宝，捡到零零星星的汉砖、石斧、陶片等遗物。但那又怎么样，也许在当地人的心中，这块土地的久远历史，就是那神奇的七擒孟获吧。

宝墩古城是成都平原龙山时代八座古城中面积最大的一座（图二），俗称“龙马古城”，相传是三国时期诸葛亮七擒孟获的“孟获城”。古城中心的鼓墩子是诸葛亮操练兵马的点将台，内城西南的铁溪河则因诸葛亮进军云南前，在河边锻造兵器，丢弃大量铁屑而得名。

“七擒孟获”的故事一直以耀眼的曝光率存在于历史中，但文学的魔力无法阻挡考古学者敏锐的目光。

20世纪50年代，四川省文物部门的徐鹏章等人多次在该遗址进行地面调查，他们通过研究采集文物，认为这里是战国至汉代的城址遗存。

1995年9月，成都市文物考古工作队的王毅、江章华、李明斌和四川联合大学考古教研室的马继贤、卢丁、黄伟等再一次到来宝墩遗址进行地面调查，那两段突出

图一 宝墩遗址残留的外围城墙局部

的土埂子吸引了他们的注意力。经过探测，他们发现，这段出露的土垣是一段用斜坡堆筑法构筑的人工城墙。随着进一步试掘，卵石、房址、水沟等遗迹逐渐显露，出土了大量陶器和石器。这些器物与三星堆遗址一期、绵阳边堆山遗址的器物比较接近，考古专家们初步推测，脚下的这块土地，应当是早于三星堆文化的古文化遗址，距今约 4500 年。

石破天惊的发现让考古工作者既惊喜又忐忑。如果这一切得到证实，那么，世人对古蜀文明的认知将被刷新。从此，几代考古工作者孜孜不倦地耕耘于这方土地，开始了对宝墩遗址的系统发掘。

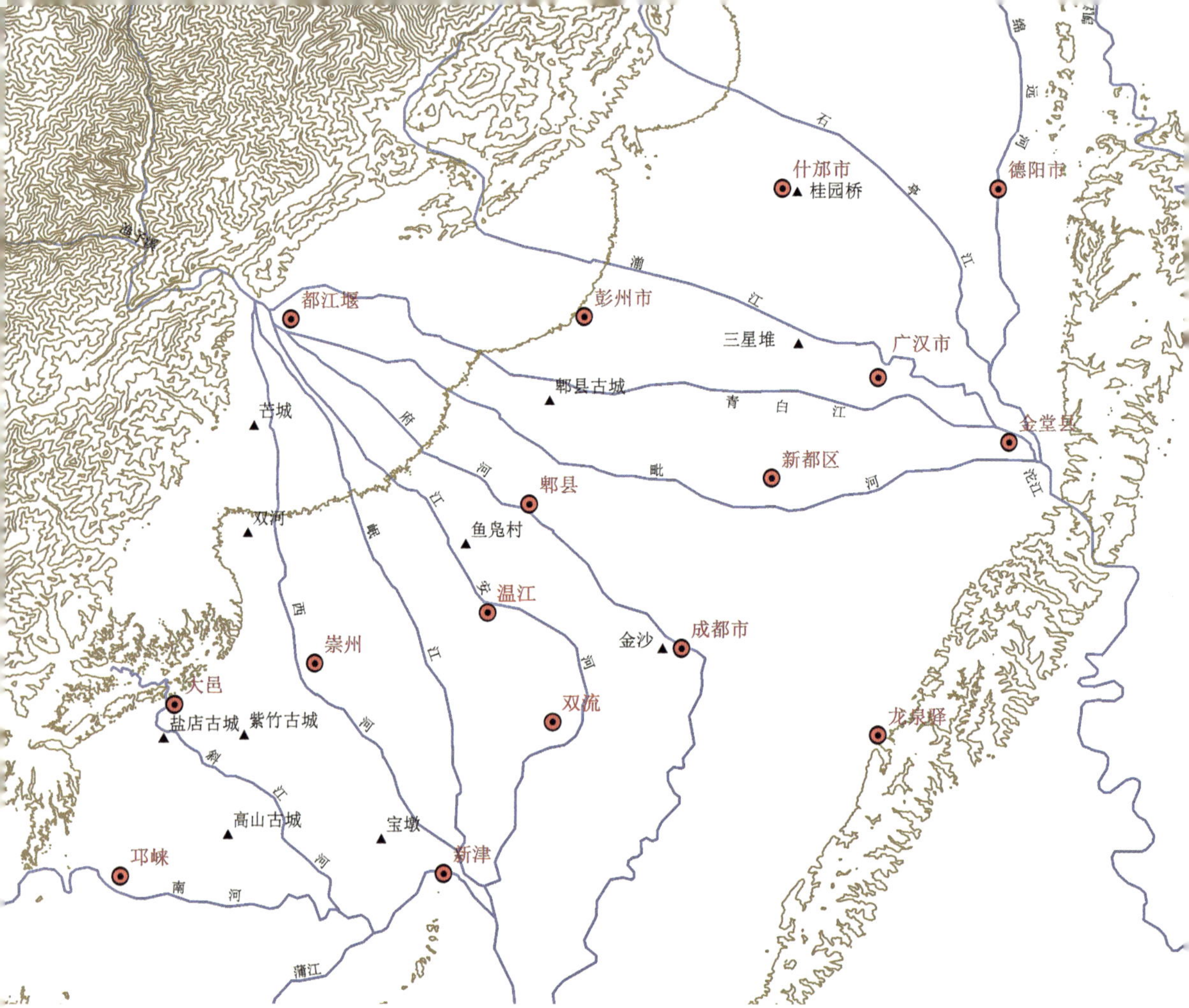

图二 成都平原重要先秦遗址分布图

二、宝墩古城初露真容

1996年9—12月，成都市文物考古工作队、四川联合大学考古教研室、新津县文物管理所组成联合调查队，对宝墩村附近的鼓墩子、蚂蟥墩、田角林等地点进行了试掘，确认了宝墩古城内城的完整走向。城址形状为长方形，面积约60万平方米。宝墩古城初露真容。

2009年，成都文物考古研究所进一步发现了游埂子、狗儿墩、碾墩子、石埂子、胡墩子、胡坟园、高地、大埂子等古城外城城墙，其中的北城墙部分与内城北城墙重合。

2010年以来，考古队集合了田野考古、环境考古、动物考古、植物考古、石器分析、体质人类学、测绘技术、文物保护等领域的研究人员，运用各类高科技手段，终于将一个完整的蜀地古城呈现在世人眼前。宝墩古城外城为不规则圆角长方形，长约2000米，宽约1500米，周长近6200米，实际面积惊人，达到了276万平方米。

古城外城的发现，不仅使宝墩古城遗址一跃成为成都平原乃至中国西南地区最大的史前古城遗址，与陕西神木石峁古城遗址（约425万平方米）、浙江余杭良渚古城遗址（约290万平方米）、山西襄汾陶寺古城遗址（约280万平方米）一起成为中国四大史前古城，而且将成都平原的文化起点向前推进至距今4500多年的新石器时代晚期，证明了成都平原是长江文明的起源中心之一，也是中华文明的起源地之一。

三、古城纵览

走进遗址现场，我们能看到，宝墩古城是一座由内、外两重城墙合围，且内、外城墙四个方向均布有壕沟的恢宏古城（图三）。古城的修筑并非一次性完成，外城修筑时间晚于内城。宝墩遗址外城分布着板凳桥、干林盘、罗林盘、刘林盘、小余林、姜河湾、沈林、罗林、刘林等若干个聚落，这些聚落呈向心式分布于以鼓墩子、田角林为中心聚落的内城外围。从聚落的面积来看，这些聚落与田角林中心聚落应当有等级的差异，由于目前没有发现集中的大型墓地和高等级墓葬，尚不能准确推测当时社会的复杂化程度。但可以肯定的是，这些分布在外城的次级聚落拱卫着中心聚落，是由于人口的增长而逐步扩建形成的，属于宝墩文化二期。宝墩遗址的主体年代跨宝墩文化一期和宝墩文化二期。宝墩文化二期之后，城墙因洪水而废弃。相当长一段时间后，大约在宝墩文化四期时，又有少量人群在此生活。

宝墩遗址考古发现的遗迹有城墙、壕沟、道路、房子、大型建筑基址、夯土台基、灰坑、灰沟、墓葬等，其中，城墙、道路、大型建筑基址、夯土台基、墓葬尤其有特色。

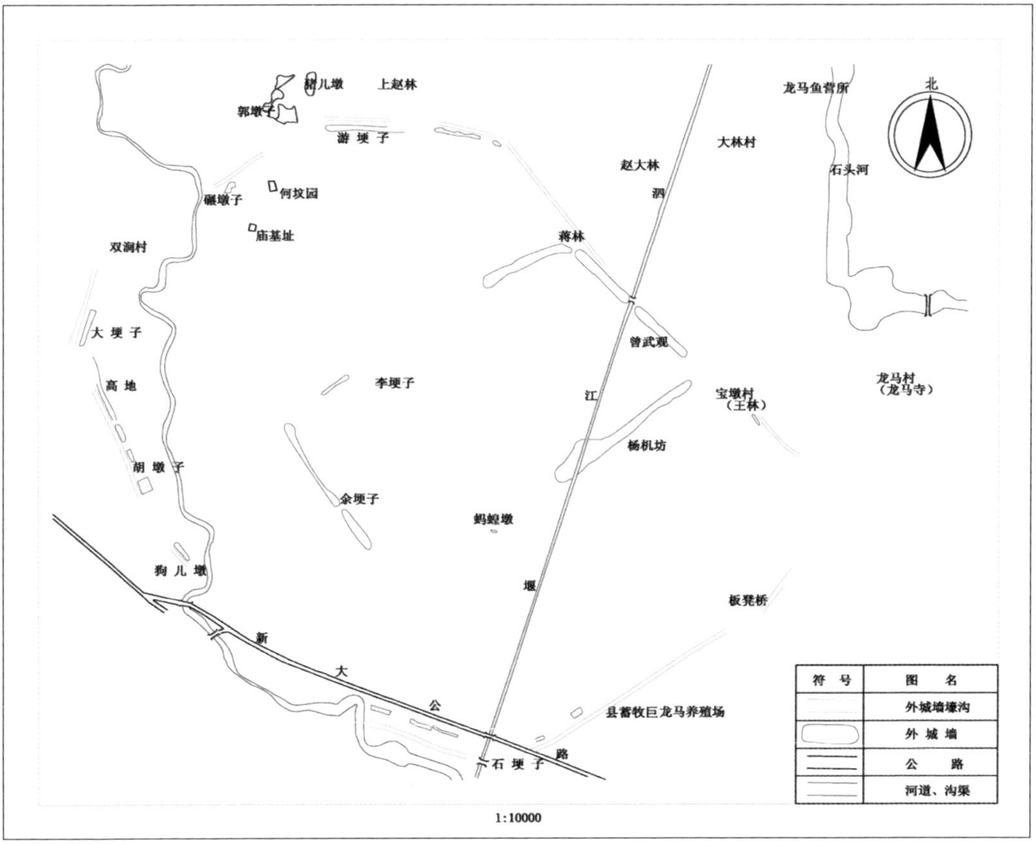

图三　宝墩古城平面图

1. 城墙—壕沟

宝墩古城有内城和外城。宝墩古城内城为比较规整的长方形，呈东北—西南走向，北偏东 45°，城址长约 1000 米，宽约 600 米。城墙宽窄不一，其中东城墙杨机坊段、北城墙真武观段保存最好，最宽处约 25 米，高出地表约 5 米，是用黏土斜坡堆筑而成。修筑年代在宝墩文化一期 I 段末或 II 段初，使用年代应该在宝墩文化一期和二期。

宝墩古城外城大致呈不规整的圆角长方形，方向与内城一致，约北偏东 45° 。城墙周长近 6200 米，城址面积约 276 万平方米。外城墙体宽度残存 15 米左右，似乎比内城城墙窄，残存高度 1.5~4 米。壕沟宽 10~15 米。修筑年代当为宝墩文化二期初，上限或可至一期 II 段末，使用年代为宝墩文化二期。

外城城墙与内城城墙的夯筑方式完全一致。外城城墙的修筑晚于内城城墙，但两者曾同时使用过。外城是因为农业生产、家畜饲养技术的发展带动了人口的增长而扩建形成的。

总之，宝墩古城是一座以城墙、壕沟为防御体系的城址。可以想象一下，在生产工具仅有石器、木器的时代，修筑如此恢宏的城墙，既需要大量人力、物力，更需要领袖式人物的规划与调度，其气度从做了解剖的外城城墙游埂子段就可见一斑（图四、图五、图六）。

2. 道路

宝墩遗址目前发现了两条保存相对较好的道路，一条位于内城东城墙蚂蝗墩段内侧，一条位于内城北城墙真武观段内侧。

蚂蝗墩段发现的道路随城墙走向延伸，方向约北偏东 45° ，发掘区西南部保存较好，揭露道路 70 余米，残存最宽处约 3 米（图七）。路土可分为三层，最上层的路土含较多鹅卵石，中间层为黄褐色粉砂土，下层为红褐色粉砂土。三层路土较纯净，几乎不见包含物，偶尔有零星的宝墩文化时期的细碎陶片。

内城北城墙真武观段与东城墙宝墩子段之间的缺口也发现了宝墩时期的道路。道路与真武观段的北城墙平行，方向约北偏西 45° 。在宝墩文化时期明显可以分为两个阶段，第一阶段为土路，第二阶段铺设料姜石子。道路一直延伸至城外的古河道（古石头河）。这一情况说明这个缺口在宝墩文化时期已经存在，可能是当时的一座城门，城门通向古石头河边，或有码头一类的遗存，古石头河汇入南河最后至岷江，不排除

图四
图五 图六

图四 宝墩遗址游埂子段城墙解剖沟（由城外向城内，低处为壕沟）

图五 宝墩古城外城城墙游埂子段解剖剖面

图六 宝墩古城外城城墙游埂子西段剖面

有通航的可能。

内城东城墙、北城墙内均发现了与城墙平行的道路，这是否意味着整个内城存在着犹如“内环路”的环城道路？这一点还需要更多的发掘工作予以确认。

3. 大型建筑基址

宝墩古城目前发现八组大型建筑基址，均位于内城，其中鼓墩子三组、田角林二组、蒋林（治龙桥）三组。

位于内城几何中心位置的鼓墩子三组大型建筑基址分布于一条线上，一字排开（图八）。

F1 仅保留局部垫土和柱坑，以长方形主体房屋为中心，南北两侧为附属建筑，整体布局主次分明，左右对称，方向基本呈正东西向。主体房屋地面垫有纯净黄土，南北长约 20 米，东西宽约 10.5 米，面积约 210 平方米。房屋遗址共保存了 28 个柱坑，其中东西侧各 8 个，南北侧各 5 个，房屋中部 2 个（图九）。

北侧的附属建筑南北长约 10.5 米，东西宽约 7.5 米，保存了 9 个柱坑，三纵三横。同排柱坑间距略有差异，南北两排间距大体为 2.5 米，东西两排间距大体为 2 米。南侧附属建筑南北长约 9 米，东西宽约 8 米，保存了 6 个柱坑。附属建筑四围柱坑排列有序，平行分布。柱坑长 0.6~1.4 米，宽 0.6~1.2 米，深 0.4~1 米。柱痕大多不明显，未见墙体部分。

F4 位于 F1 的北侧，二者相距约 13 米。F4 长约 9 米，宽约 8 米，方向朝南，面阔二间，进深二间，残存 17 个方形柱坑。柱坑排列有序，间距平行相等。

F3 位于 F1 的南侧，二者相距约 22 米。F3 南北长约 24 米，东西宽约 12 米，面积约 300 平方米，保留 28 个柱坑，其中东西侧各 8 个，南北侧各 5 个，房屋内部 2 个。柱坑的空间布局与 F1 基本一致，方向也为正东西向。柱坑平面形制绝大多数为方形，边长多在 0.8~1.1 米，有些柱坑边长达 1.5 米，只有少数柱坑为长方形。柱坑坑壁近直壁，

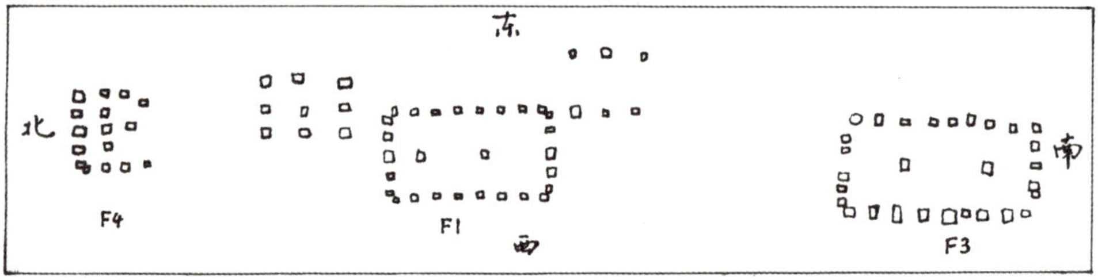

图七 宝墩遗址蚂蝗墩段城墙内侧发现的道路

图八 宝墩遗址鼓墩子F1、F3、F4空间分布图

图九
宝墩遗址F1主体建筑的柱坑分布图（由南向北）

图一〇
宝墩遗址大型建筑分布图

图一一 宝墩遗址沈林盘夯土台基

平底，坑内填土不见夯筑痕迹，但紧实、坚硬，少量柱坑底部铺有鹅卵石。

与鼓墩子地点大型建筑基址不同的是，田角林、蒋林（治龙桥）地点的五组建筑（图一〇）方向均与内城墙平行，即为北偏东 45° 或北偏西 45° ，说明这些聚落所代表的族群在方向观上与鼓墩子大型建筑基址存在很大的差异，或是鼓墩子大型建筑基址具有较为特殊的功能。这些建筑基址规模大，柱坑规整，柱网清晰，规格较高，单体面积均在 200 平方米以上，应当为宝墩文化时期的大型公共礼仪性建筑。

4. 夯土台基

夯土台基位于宝墩古城外城西南的沈林盘，残长 20 余米，宽约 6 米，高约 1 米，方向约为北偏西 21° 。台基东侧保留宽约 15 米、长约 40 米的活动面，形成以中部凸起的台基为中心，四围低平的“广场”（图一一）。夯土台基被宝墩文化二期偏晚的灰坑和墓葬打破。台基的土壤中含有少量红烧土。台基面可见 8 个规律排列的柱洞，应当为礼仪性建筑基址。若以对称结构来复原的话，其整体面积当超过 2000 平方米，但由于被现代铁溪河破坏，目前的考古发掘尚不能复原其完整形态和功能。

5. 墓葬

宝墩遗址发现的属于宝墩文化一期的墓葬主要位于房子周围，应该是该聚落的家族墓地。墓葬均为竖穴土坑墓，少量有疑似二层台。葬式多为仰身直肢葬，没有发现葬具，极少的墓葬有随葬品。墓葬方向一般与房子的走向平行或垂直，总体上以西北—东南向为主，西南—东北向次之，正南北向或正东西向较少，各个聚落点的墓葬方向占比略有不同。宝墩遗址目前发现的 100 余座墓葬中，有随葬品的仅 3 座。其中，近东西向的 M66 随葬 1 件盘口圈足尊，正东西向的 M128 在墓主右侧近髋处随葬 1 件玉锛（图一二）。

宝墩文化二期的墓葬除延续一期位于房子周围的空间布局外，也有一些新的变化，开始出现墓葬集中葬于房子一侧的现象，有墓地空间单独化的趋势，如宝墩外城的朱林盘墓地（图一三）。该墓地发现的墓葬均位于房子西南侧，所处地势略高于房子，共 17 座。墓葬方向以西北—东南向为主，有 12 座，近正东西向 5 座。墓葬均为竖穴土坑墓，不见葬具。从墓坑大小判断，成人墓仅有 9 座，未成年人墓葬占比近 50%。值得注意的是，正东西向的 M94 墓坑规模最大，是唯一一座有随葬品的墓葬，在墓主人脚部随葬一件口部略破损的陶壶，显示墓主的身份、地位高于其他人。

6. 遗物

宝墩遗址出土了大量陶器和石器。陶器制作方法以泥条盘筑加慢轮修整为主。陶器分泥质陶和夹砂陶两大类，泥质陶数量多于夹砂陶。泥质陶以泥质灰白陶和灰黄陶

图一二 宝墩遗址M128

为主，另有灰陶、黑皮陶和少量橙黄陶；夹砂陶以外褐内灰陶为主，另有褐陶和灰陶。陶器纹饰丰富，泥质陶以刻划纹（多水波纹和平行线纹）、戳印纹、附加堆纹为主，有少量细线纹、瓦棱纹、弦纹等；夹砂陶的器表多饰绳纹。器型均为平底器和圈足器，不见圜底器和三足器。主要器类有折沿罐、绳纹花边罐、敞口圈足尊、盘口圈足尊、漏形器、喇叭口高领罐、宽沿尊、宽沿盆、壶、筒形罐等，另有少量宽沿高领器、腰沿器、豆和敛口罐等（图一四）。

石器有打制和磨制两种。打制石器多石片和切割器。磨制石器多通体磨光，制作精致。磨制石器以斧、锛和凿等生产工具为主，也有少量矛、镞等兵器（图一五）。

不同器类选用不同的石料，且相对固定。石斧、石锛的原料主要是来自遗址附近河道的石英岩和砂岩，石凿的原料多为赭红色和灰白色变质岩，石矛的原料大部分为赭红色变质岩，石镞的原料多为灰绿色变质岩。变质岩有些可能是来自河床底部的鹅卵石，有些可能是通过贸易交换获得的。

植物考古的成果显示，宝墩先民的农业结构以稻谷为主，兼种粟和黍。稻谷占据绝对优势，是人们的主粮，粟次之，黍占比很小。宝墩遗址发现了少量动物骨骼，主要为家畜，种类有家猪、狗，野生动物可见鹿类、鸟类和鱼类，表明宝墩先民以饲养家猪作为获取肉食的主要途径，当时的家畜饲养技术已经比较成熟、稳定了。总的来看，宝墩遗址的经济结构具有鲜明的以稻、粟兼作和家畜饲养为主的农耕文明特质。

四、宝墩古城对人类文明的贡献

让人好奇的是，宝墩人群是从哪里来的呢？从目前的考古发现来看，宝墩文化主要受川西北地区以营盘山、姜维城为代表的马家窑类型和后续的下关子类型的影响。

图一三 宝墩遗址朱林盘墓地航拍图（图中最大墓葬为 M94）

图一四 宝墩遗址出土的陶器

图一五 宝墩遗址出土的石器

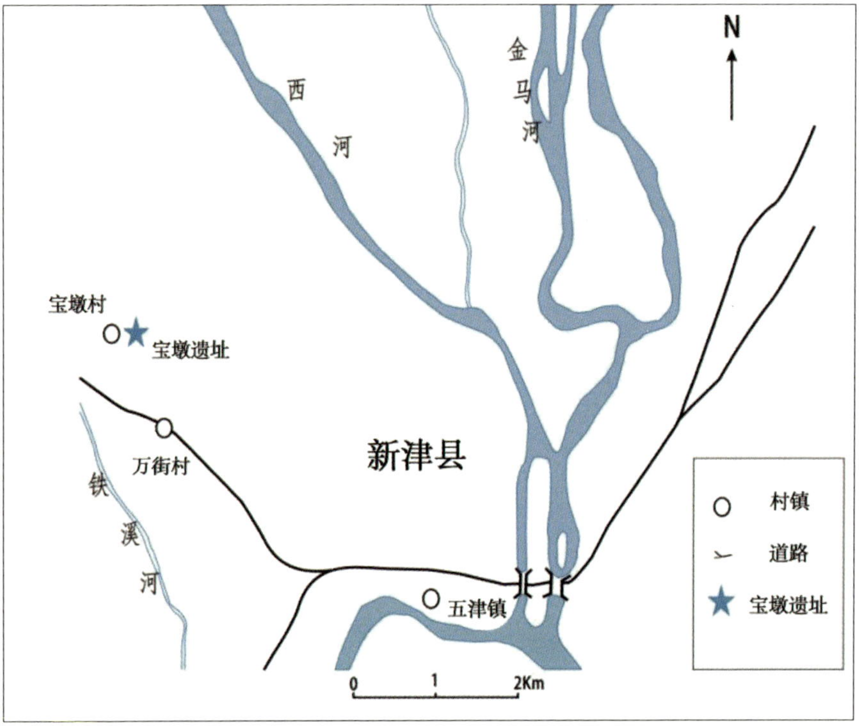

图一六 宝墩遗址位置示意图

宝墩文化较之川西北高原的史前文化，出现了大量新的文化因素，如挖壕筑城和水稻栽培技术，这无疑受到长江中游地区史前文化的影响。

1. 兴修水利

城阙辅三秦，风烟望五津。

与君离别意，同是宦游人。

……

天才少年王勃的一曲《送杜少府之任蜀州》成为中国人耳熟能详的诗篇。那么，“五津”究竟在今天的何处？答案是新津，也就是宝墩遗址所在地。

新津淡水资源十分丰富，享有“水城”之美誉。成都平原西侧为地表水系进口，发育岷江、沱江两大水系。岷江和沱江进入平原后，呈扇状分流，在平原东侧龙泉山山麓收束，于金堂、苏码头、新津三处流出平原。平原内河流众多，平均每隔 2.5 千米即有一条河流。

岷江于都江堰山口进入平原，现由举世闻名的水利工程分为内、外二江，内江灌溉成都平原，外江实为岷江正流，可分为金马河、羊马河、黑石总河等。龙门山山前地带发育的文锦江、斜江、南河、蒲江河等均纳入金马河正流，在新津县五津镇东南汇合。“风烟望五津”的“五津”正是指岷江的五个渡口。

人类文明的产生，大抵有一个共同的特点，那就是水。我们先祖生活的地方既离不开水，又不能离水太近。如果距离大河太近，因治理能力有限，必会遭遇水患，波及生存，但生活与生产又离不开水，因此，在早期人类文明历史中，大河支流不远处的台地，往往是文明滥觞之地。

岷江干流的水患，千百年来一直困扰着流域人民。宝墩遗址却清晰地彰显了这里的先民对水因势利导的伟大智慧。

宝墩古城选址远离岷江干流，以避水患。在遗址附近 1~3 千米处有中小型支流，可以解决用水问题。遗址位于岷江西河水系石头河的二级台地上，地势西北高、东南低，缓慢倾斜。城址外东北方向与西南方向的石头河、铁溪河均为西北—东南走向。从近年的钻探调查可知，宝墩古城分布在两条平行古河道之间，且离河道不远，所以城址的走向以两条古河道的走势作为参照系，城墙与河道平行，内、外城的南北城墙均为西北—东南向。不仅如此，考古发掘表明，宝墩古城外城壕沟与古河道是相通的，这说明壕沟或另有通航之功能（图一六）。

通过对宝墩遗址及周边同时期各个遗址的发掘，我们看到几千年前的宝墩先民相当重视水患治理工作，多条人工与自然交汇的河道蜿蜒流淌，这些远早于李冰治水的水利工程，让宝墩先民在此平安地生活了 200 年。

2. 挖壕筑城

宝墩先民在成都平原站稳脚跟后，第一件事就是修建城墙。当时，城墙的一个功能可能是挡水。宝墩先民不光修筑城墙，还修挖城壕。城墙挡水，城壕泄水，形成了防御水患的立体系统。从目前的考古发掘看，这一双层城墙逐级挡水的系统效果非常好，内城直到汉代才被冲破过。

宝墩古城从选址到城墙、壕沟的具体布局，都很好地利用了地貌特征。城址除了比较规整外，平面的对称性也是其鲜明的特征。城墙与壕沟的功能，除了治水与防御外，还有管理水资源，服务农耕。

随着大型公共事务的需求和英雄人物的出现，社会结构开始分化，社会复杂化程度也逐渐加深，文明的曙光终于闪现了！

3. 天府农业的开端

目前的考古材料初步显示，从岷江上游逐步迁徙到成都平原的人类先祖，最初只会种小米，而平原腹心地区多河流、沼泽，不适宜种植小米。到了宝墩文化之初，长江中游的水稻种植技术传入成都平原，他们便开始种植水稻。随着对成都平原多水环境的适应，人群逐步向平原腹心地区移动。到了宝墩文化的中、晚期，成都平原的腹地出现了大量密集的聚落。再加上水稻的种植，食物很大程度上得到保障，人口不断增长，聚落不断增多。平整田地、修建灌溉设施需要较高的组织能力，促使社会向更复杂化的方向演进。可以说，以宝墩遗址为代表的宝墩文化是成都平原成为“天府之国”的重要源头，也是天府农业的开端。

宝墩古城是目前发现的面积较大，具有内、外双重城墙的龙山时代城址之一，大大丰富了宝墩文化的内涵。宝墩内、外城的布局或许还不足以代表“筑城以守君，造郭以卫民”的建城理念，但无疑给研究者提供了广阔的遐想空间，对探索成都平原宝墩文化时期的聚落形态、社会结构与社会复杂化程度具有十分重要的意义。宝墩古城突出地表现了长江上游地区在早期社会进程中的各方面特征，它的发现与发掘，为长江流域古代文明起源的研究和早期国家发展轨迹理论构架的形成做出了重要的贡献。

未解之谜

1.依据宝墩古城已发现的大型建筑基址的空间布局，推测内城每个聚落可能至少有1座属于自己的大型公共建筑，它们是聚落首领组织祭祀、议事等公共活动的固定场所吗？

2.宝墩遗址内各聚落之间是一种什么关系？是一种平等的联盟，还是存在等级的差异？

3.宝墩古城与同时期的大邑高山古城、盐店古城，崇州紫竹古城、双河古城以及都江堰芒城之间是一种平行关系，还是其他古城作为“卫星城”，拱卫在宝墩古城的周围？

4.以沈林盘夯土台基——广场为代表，反映宝墩遗址社会发展最高水平和意识形态的遗存的具体功能，还有待做更多的田野考古工作。

5.宝墩遗址发现的墓葬，不论是从墓坑面积还是随葬品来看，均不存在太大的阶层分化，那么高等级的墓葬是否并没有埋葬在聚落周围，而是另辟他地呢？

高庙遗址

尹检顺

湖南省文物考古研究所

约7000年前，在偏僻的湘西山区生活着一群“高庙人”。他们聚族而居，过着原始又快乐的渔猎生活。他们崇尚太阳的神奇，他们感恩大自然的馈赐，他们用勤劳的双手和过人的智慧创造着物质生活。随着物质的不断丰富，步入了贫富分化的史前文明社会。他们面对无法控制的极端天气或自然灾害，修建了大型祭祀场所，创造了礼神祭器和完整神系，用神秘的祭祀仪式祈求上天的恩赐与庇佑，获取心灵的抚慰。他们用丰富的想象力，创作了太阳、八角星、凤鸟、兽面、天梯、神山等各种神灵图像，把自己美好的愿望镌刻在精美的陶器上，向通天达地的神灵祈福。他们不甘心偏居一隅，有着走出大山的果敢与豪情，不遗余力地与周邻人群交流、碰撞和融合，传播着自己的文化和信仰。他们在中华大地上凝聚出独特而又神秘的高庙文化，谱写了中华远古文明的绚丽华章。

在20世纪80年代初期，湖南史前考古工作的重心主要在环境优越的洞庭湖地区。这里率先揭示出大溪文化、屈家岭文化、石家河文化三个连续发展的文化遗存，为湖南新石器时代晚期文化序列的构建树立了标杆。后来又相继发现和分辨出皂市下层、彭头山、汤家岗、油子岭、肖家屋脊等考古学文化，并在湘江流域发现一系列文化遗存，进而构建起湖南新石器时代最完整的文化谱系（见下表）。

然而，要全面了解三湘大地的远古文化，绝不是一个洞庭湖区就能说清楚的。当考古工作者逐渐把目光移向沅湘流域时，“高庙”出现了！

湖南新石器时代文化谱系

<table>
<tr><th>地区时代</th><th>环洞庭湖</th><th>湘江流域</th><th>沅水中上游</th></tr>
<tr><td rowspan="2">距今5000—4000年</td><td>石家河文化</td><td>石家河文化岱子坪类型</td><td rowspan="2">屈家岭文化高坎垅类型</td></tr>
<tr><td>屈家岭文化</td><td>岱子坪一期遗存</td></tr>
<tr><td rowspan="2">距今6500—5000年</td><td>油子岭文化</td><td rowspan="2">堆子岭文化</td><td rowspan="2">大溪文化高庙上层类型</td></tr>
<tr><td>大溪文化</td></tr>
<tr><td rowspan="2">距今8000—6500年</td><td>汤家岗文化</td><td>大塘文化</td><td rowspan="2">高庙文化高庙类型</td></tr>
<tr><td>皂市下层文化</td><td>高庙文化千家坪类型</td></tr>
<tr><td>距今9000—8000年</td><td>彭头山文化</td><td>黄家园遗存</td><td></td></tr>
<tr><td>距今12000年左右</td><td></td><td>玉蟾岩遗存</td><td></td></tr>
</table>

高庙遗址位于湘西洪江市（原黔阳县）安江镇北部约 5 千米的岔头乡岩里村，处于沅水中游安江盆地北缘，在沅水左岸的一级台地上，沅水自西向东从其南部流过。遗址东、西两侧分别有一条自然冲沟（下垄溪）和一条小溪（下溪）由北往南注入沅水。

1985 年 9 月 20 日，怀化地区文物工作队来到洪江市开展文物普查工作。当他们来到沅水旁边这个叫“高庙”的台地时，在地表及周边断坎上发现了大量陶片、石器、动物骨骼、螺、蚌壳等。按照工作流程，他们采集了标本，进行了科学鉴定。没想到，一个常规的工作环节竟带来了始料未及的收获——标本鉴定后确定的遗址年代之早远远超出了大家的预期。于是，经过六年的充分准备，1991 年，湖南省文物考古研究所对这里进行了第一次正式发掘，2004 年、2005 年又进行了第二次和第三次发掘。

通过三次发掘，高庙遗址作为一处重要的史前文明遗址，立体地呈现在我们面前。遗址现存面积大约 3 万平方米。遗址中部较为平坦，地层堆积厚 0.8~1.5 米，没有成层的贝壳堆积，有 3~10 个文化层，分布着房屋、窖穴、灰坑、墓葬、祭祀场所等遗迹。遗址周围的斜坡地带分布着成层的贝壳堆积，厚 3.5~6.5 米，最多可分 27 层，但很少见到遗迹。考古发掘证实这是沅水流域一处新石器时代的贝丘遗址。该遗址大致可分为上、下两层。上层遗存的年代跨度在距今 6300—5300 年左右，与洞庭湖区的大溪文化比较接近；下层遗存年代范围在距今 7800—6800 年左右，与洞庭湖区的皂市下层文化接近。由于它的区域特征非常鲜明，与周邻地区同时期考古学文化差别较大，所以被单独命名为“高庙文化”。

高庙遗址第三次发掘被评为“2005 年度全国十大考古新发现”。2006 年 5 月，高庙遗址被国务院公布为全国重点文物保护单位。

一、走进高庙

1. 聚族而居，夜不闭户

高庙遗址中发现了 20 余处房屋，集中分布在遗址中北部，说明高庙先民已经有聚族而居的习俗。对遗址中留下的痕迹进行考古研究后，我们对高庙先民搭建房屋的流程有了大致推断：挖洞立柱—搭建木（竹）骨架—在房顶及四周铺满树皮、枝叶、杂草，用来遮风挡雨。

从遗址中柱洞的排列方式看，他们的房屋大多坐北朝南，或坐西朝东，二开间或三开间，平面呈长方形，面积 20~40 平方米不等。这些房屋周围很少有垃圾坑，但在周边的坡地上却有夹杂着螺蚌壳、动物骨骼、破损的陶器等近 7 米高的垃圾堆积（图一），说明高庙先民对自己的聚落已经按照功能进行了比较清晰的区域划分，生活垃圾集中堆放于生活区之外。房屋内部与周边也进行了功能分区。部分房屋里有厨房，屋子外面有储存螺类和鱼类的窖穴。这些创举，极大地提高了高庙人的生活质量。

房屋遗址周围并没有发现围沟之类的遗迹，可见，高庙先民的社会秩序非常好，人们过着夜不闭户的宁静生活。

2. 使用陶器，敲骨吸髓

陶器是高庙先民最主要的生活器皿。这些陶器虽然是手工制作，但规整程度已接近轮制陶器，所以当时很可能已经出现了慢轮修整工具。在工具的帮助下，陶器越做越规整。遗憾的是，他们在后期烧制陶器的过程中，由于火候掌握不均，除了少量白陶露出诱人的色泽外，大部分陶器未能烧制出理想的色泽，颜色显得杂乱斑驳。

高庙先民的陶器大多做成圜底或圈足样式。他们用圜底的釜、罐、钵来炊煮或盛储食物，用带有圈足的盘、簋、碗、杯当食具。工匠在陶器的表面刻上了各种精美的纹饰，给朴素的生活增添了不少情趣（图二、图三）。

图一 高庙遗址地层堆积（由东往西）

另外，通过对部分动物骨骼的烧烤痕迹和破碎程度进行分析，发现高庙先民大多采用煮制和烧烤的烹饪方式，而且敲骨吸髓是他们享受美味的方式之一。

3. 打制石器，采集渔猎

高庙遗址中出土了大量各种形制的打制石器、磨制石器和少量骨、蚌、牙制工具。高庙先民们从河床中采集合适的砾石，打造成适合砍伐和狩猎的各种工具。工具虽然粗糙，但他们依然熟练地用大型打制砾石石器砍伐树木，搭建简陋的房屋；用球形或尖状石器投掷猎物；用各类小型磨制石片切割肉食。他们经常上山采集食物，然后用条形石棒和扁平石块碾磨坚果或植物籽实。他们把石块加工成网坠，织网来捕捞各种水生动物。他们虽然已经开始驯养家猪，但下水摸螺拾蚌、捕捞鱼类依然是缓解食物严重不足的常态化劳动。

图二 高庙遗址出土的白陶罐

图三 高庙遗址出土的白陶簋外底

高庙遗址中出土的鱼类有十多种，出土的不同规格的石网坠有数百件。我们推测，高庙先民可能是最早使用渔网的族群，并且很可能根据鱼类洄游特性进行季节性捕捞。这些渔猎遗存告诉我们，采集、狩猎、捕捞、驯养等多元经济在当时并存。

4. 丧葬有别，贫富分化

通过对高庙遗址发现的 30 余座墓葬进行研究，我们发现，高庙已经有了比较明显的贫富分化现象和比较成熟的丧葬风俗。

高庙人有着不同的墓葬形式。成年人死后，采用竖穴土坑埋葬；儿童夭折后，会用瓮棺埋葬。成人土坑墓里，又分仰身直肢和侧身屈肢两种埋葬方式。仰身直肢者一般都有数量不等的随葬品，侧身屈肢者一般没有或者很少有随葬品（图四）。儿童的瓮棺墓中，保存在瓮（陶罐）内的人骨皆作屈肢状，无随葬品。有的瓮棺在盖的部位或者瓮底部位钻有小孔，显然是期盼着幼小的灵魂能从瓮里出来而获得重生。个别墓葬在人骨架下铺着竹席，这可能是一种“竹席裹尸”的特殊丧葬习俗。

在发现的成人墓中，随葬品的数量出现了多寡不等的现象，这是社会出现贫富分化的一个显性特征。遗址发现了一组高等级并穴合葬墓（M26 和 M27），墓中人头均朝向东面，骨头皆已腐朽。位于南侧的 M26，墓主人头部位置放置 1 件玉璜及 1 件断为两节的玉玦，腰部偏北的一侧摆放 1 件断为两节的玉璜；位于北侧的 M27，在墓主人头部偏南的位置有玉钺和石斧各 1 件。从这些随葬品的类别、质地和等级判断，M26 中的墓主人应是女性，M27 中的墓主人应是男性。二人能够享受合葬这样的待遇，并且墓中随葬品与别的墓比较，不论种类，还是数量，都明显高出一个级别，说明墓主人有着显赫的地位，应该是当时某一部落的首领（图五）。从墓内随葬的玉钺来看，墓主可能还具有祭司的身份。在史前社会，祭祀活动中有用斧或钺作法器的现象，如河南临汝阎村遗址出土陶缸上的“鹳鱼石斧图”以及湖北天门肖家屋脊遗址出土陶罐上的“祭司持钺图”，都清楚地表明斧或钺有当作祭器使用的现象（图六、图七）。随着祭司的地位和权力不断提高，他们掌控了部落内部最好和最多的资源，具有很大的权威性。因此，从某种意义上说，祭祀在早期社会分化和文明形成中起到了很好的催化作用。

二、品味高庙

1. 谜之祭祀

祭神遗存是高庙遗址中最重要的发现，也是高庙文化的精髓所在。在意识形态领域，高庙先民表现出来的虔诚和狂热程度甚至超过了物质需求。他们不但修建起规模宏大的祭祀场所，还在陶器表面刻画出大量表现神灵崇拜的各种神像。

高庙遗址中发现的大型祭祀场所位于遗址顶部，现已揭露出 700 多平方米。从祭

图四 高庙遗址发现的侧身屈肢墓

图五 高庙遗址并穴合葬墓（由西往东）

图六　图七

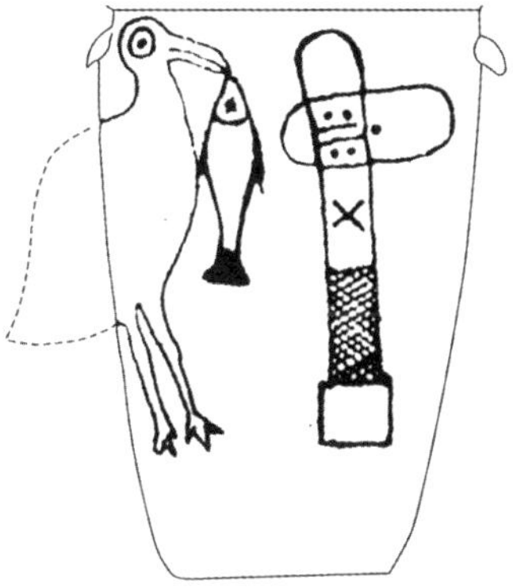

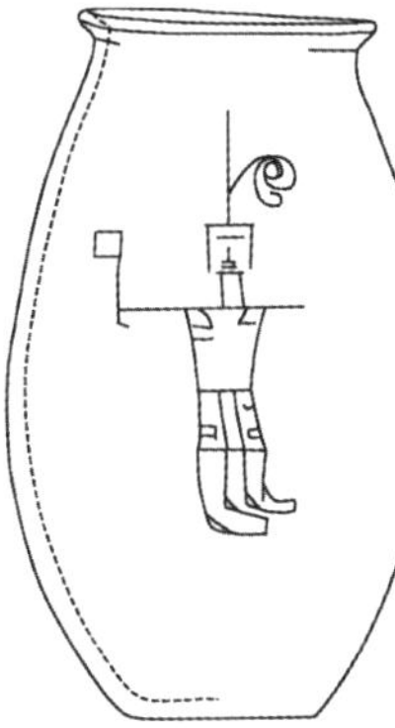

图六　河南临汝阎村陶缸上的「鹳鱼石斧」图

图七　湖北天门肖家屋脊陶罐上的「祭司持钺」图

祀坑分布情况估算，大型祭祀场所的面积应该在 1000 平方米左右，由主祭场所（司仪部位）、祭祀坑以及与祭祀有关的附属房屋和窖穴三部分组成（图八、图九）。

主祭场所位于祭祀坑北侧，坐北朝南，包括 4 个主柱洞、3 个侧柱洞和 1 个牲祭坑。主柱洞两两对称，略呈八字形，近似双阙式建筑。柱洞接近方形，洞内圆柱直径约 60 厘米。侧柱洞位于东、西两侧，东侧 1 个，西侧 2 个，圆柱直径约 50 厘米。柱洞前方 1.2 米处有 1 个圆形牲祭坑，里面瘗埋经火烧过的牛、羊、鹿、龟、鱼等动物的骨骼和大量螺壳。

已揭露的 39 个祭祀坑（包括一个人祭坑）有序排列于主祭场所南侧，大多呈圆角方形、长方形或圆形。坑壁长径或直径多在 1 米左右，深度约 0.8~1.2 米。坑内上部均夯筑一层较纯净的浅黄土，下部则瘗埋螺壳和鱼类残骸。绝大多数祭祀坑内均有一层因火烧而碎裂的骨渣和灰烬堆积层，表明在当时的祭祀活动中，确实有用柴火堆烧祭牲的做法，即上古祭祀仪式中常见的“燎祭”。

与祭祀有关的附属房屋位于主祭场所西侧，面积约 40 平方米。房屋为两室一厨，门朝东。窖穴位于厨房与主祭场所之间，里面贮存了大量淡水螺，可能为当时补充祭祀或食用之需，说明人们已经有意识地在做食物储备了。

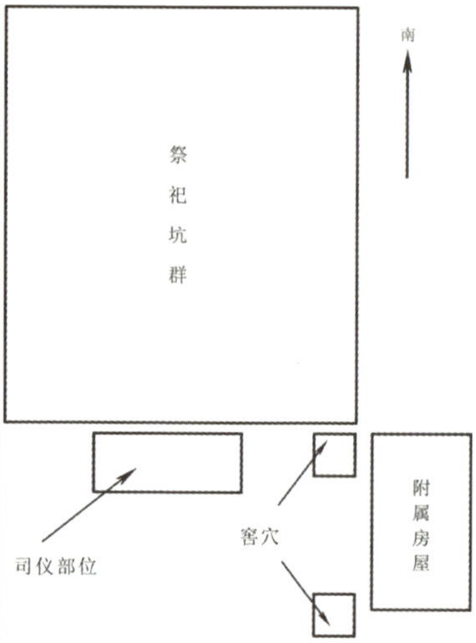

图八 高庙遗址祭祀场所（由北往东南）

图九 高庙遗址祭坛布局示意图（引自《湘西史前遗存与古史传说》图102）

在祭祀场地层堆积中，出土了大量以凤鸟、獠牙兽面、太阳、八角星等图像做装饰的陶器，其中有不少精美的白陶。从这些陶器的精美度看，它们显然不是一般的生活实用器物，而是用来与神灵对话的祭祀器物。这些器物与祭祀场中的其他遗物特征大致相近，年代约为距今7000年。

从不同区域的出土文物推测，北部主祭场所和附属房屋是这个祭祀场的中心，专供祭司和长者们举行祭典或日常议事。主祭场所前面的圆形牲祭坑是陈设祭品的地方，旁边可能还设有香案。主祭场所两侧的主柱洞用于矗立供神灵上下的天梯，天梯旁边的侧柱洞内应该是招引神灵的幡柱。南部祭祀坑是燎祭区域，靠近主祭场所附近可能还有供信众跪拜的空地。

面对如此功能齐全的祭祀遗址，我们忍不住想穿越时空，融入7000年前的高庙先民中间，和他们一起祭拜，祈求神灵的庇佑！

又一个朝圣的日子到了，邻近的族人们络绎不绝地聚集在祭坛北部。房间里，部落首领、长者和祭司们已经聚在一起，商量着这一次祭祀的具体事宜。祭典马上就要开始了，人们陆陆续续地把祭品井然有序地摆放在牲祭坑里。随着祭司那一声悠远而浑厚的呼喊，祭祀活动开始了。祭坛北部，祭司做法礼神；祭坛南部，其他人依次燔柴、瘗埋。杀牲血祭开始了，祭坛上空弥漫着浓浓烟雾，祭司一边向受祀神灵顶礼膜拜，嘴里念着抑扬顿挫的祝词，一边跳着独特的舞蹈，用巫术与神灵对话。现场的气氛瞬间凝重起来。虔诚的信众纷纷跪于地上，不由自主地跟着祭司念念有词，祈祷平安……

如此功能俱全的大型祭祀场所，在我国南方同类遗址中极为罕见。无独有偶，2017年，在距离高庙不远的泸溪县下湾遗址中发现了一座规模更大的高庙文化晚期的祭祀场所。它的特征与前者相若，说明沅水流域很可能是一个区域性的宗教祭祀中心。沅水流域以外，如湖南澧县城头山遗址，安徽含山凌家滩遗址，良渚文化的瑶山、汇观山、莫角山等遗址，也发现了类似遗存，年代相对都要晚些，但社会分化程度更高。这种情况表明，大约在距今6000年前，宗教祭祀活动在史前社会分化中有过重要而又特殊的作用。高庙祭祀场所的发现，不仅反映了高庙宗教祭祀活动的真实状况，而且对追溯我国宗教祭祀活动的起源以及社会分化的文明进程意义重大。

2. 谜之纹饰图像

高庙出土的陶器，多数表面饰有表示神灵崇拜的图像。这些图像多以戳印篦点连缀而成，习见减地剔刻手法。有的填彩，或直接绘彩，具有浓厚的渲染效果。图像题材主要有太阳、八角星、凤鸟、兽面以及天梯、神山等，构思诡谲，形态怪异。

太阳图像 太阳图像大都以写实方式表现。太阳本体多用圆圈或实心圆表示。部分太阳内部有“十”字形图案。太阳周围大多对称分布着单线或成组短线，表示向外辐射的光芒；也有用一圈小圆点或对称分布的“⊥”线条表示周围光芒。太阳有的被描绘在圜形天体中央，这是远古先民 “天圆”观念最直接的表达；有的被装饰在凤鸟双翼上，表达借助神鸟力量上达天庭的愿望（图一〇）。稍晚出现的彩绘太阳图像，形态更为逼真，以实心圆代表太阳本体，周围绘一圈小圆点，表示光芒（图一一）。

太阳图像应该是高庙先民对太阳神的一种具象崇拜。他们把太阳描绘在圜形天体中央，说明在他们心中，太阳神是天下的主宰，是至高无上的天神。从遗址发现多例太阳图像的迹象可以推测，太阳崇拜已经是高庙先民精神生活中不可或缺的部分。这种崇拜，一方面是出自对太阳在天空中朝升夕落的神奇幻想，另一方面则很可能与他们在生产活动中对太阳神的热烈企盼和敬畏相关联。

八角星图像 八角星与太阳在外形上有近似之处，外围同样装饰圜形天体，二者可能存在某种亲缘关系。不同的是，八角星周围有匀称等分的八个锐角。如一件陶釜肩部发现的八角星图像，就是由八条等长的凹弧线连接组成八个锐角，星内置圆，圆内再刻画四条凹弧线连成的四边形，在八角星外围装饰由多重弧线构成的圜形天体。这种八角星，外有圜形天体，内有近方形的四边形图案，表明高庙已有“八方”概念和“天圆地方”的宇宙观。

令人称奇的是，该八角星下方图像似乎为一个两手外张的人身模样。他的下肢没有被画出来，胸、腰部位分别用圆圈和双折线填充，双肩和手臂则用简化的连体双头鸟纹表示。如果把它与八角星合为一体来观察，八角星更似人头。那么，这幅构思诡谲的图像，就很可能是太阳神的真身（图一二）。类似图像在湖北秭归东门头遗址的城背溪文化遗存中也有发现，被刻在一件石碑上，从构图比例上分析，头顶齿轮形太阳的男人应该是一位巨人，至少是能上达天庭的神人或太阳神。

与太阳图像一样，八角星图像大多也装饰在神鸟双翼上（图一三），显然二者有着相似的意境，都是高庙奉祀的神灵及具象崇拜的结果。

凤鸟图像 鸟纹是高庙具有标识性的主题图像。最初始的鸟纹图案较为抽象，往

图一〇

图一一

图一〇 高庙遗址陶盘腹部凤鸟双翼上的太阳图像

图一一 高庙遗址白陶簋外底彩绘太阳图像

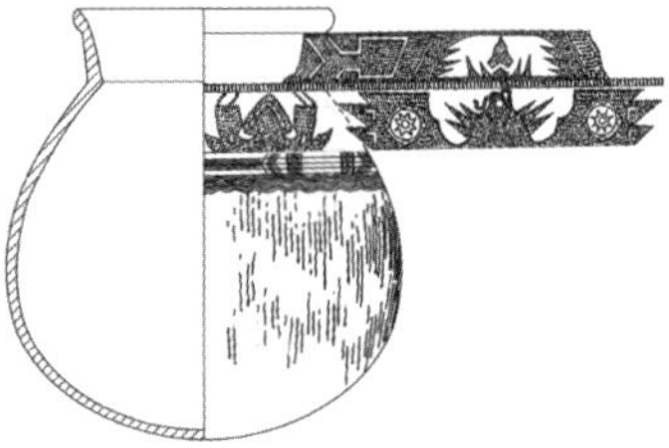

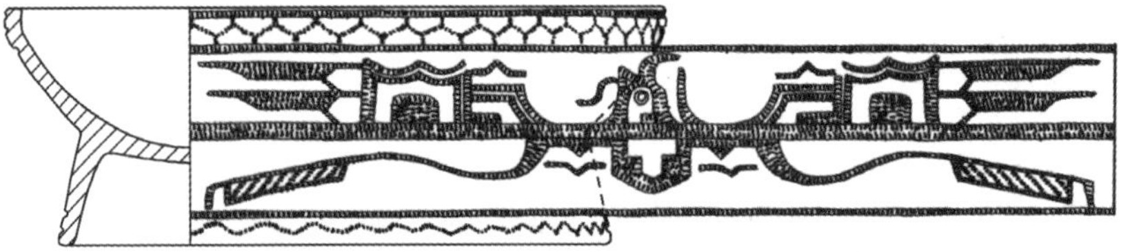

图一二 图一三
图一四
图一五

图一二 高庙遗址陶釜肩部八角星、太阳神及早期兽面图像

图一三 高庙遗址陶罐肩部凤鸟载八角星图像

图一四 高庙遗址陶盘腹部凤鸟图像

图一五 高庙遗址陶盘腹部凤鸟载日展开图

往只用鸟头或羽翅来表示鸟的整体。后来，鸟纹图案发生了显著变化，出现了完整的鸟纹。这类鸟纹大多呈正面展翅飞翔状，鸟头多用侧视方式表现，且有向后卷翘的羽冠。完整的鸟形图案一般昂首，嘴微张，勾喙，圆目，长颈，展翅，翼分尖，部分可见短尾及向两侧伸展的双爪（图一四）。

这类鸟形图像绝大多数不是单一的，而是复合的。有的双翼载着太阳（图一五），有的双翼载着八角星，有的双翼载着獠牙兽面（图一六），也有的鸟形图像呈倒置状态，并把完整的獠牙兽面图像分拆在双翼上（图一七）。

此外，还有少量呈匍匐状的侧视鸟形图像（图一八）。它们有的昂首回望，背驮半轮红日，尾羽后伸；有的目视前方，背载獠牙兽面，粗尾上翘。

这些复合鸟形图像说明，在高庙先民的潜意识里，它们并不是普通鸟类，而是一种能载物升天，具有超凡力量，可以往来于天地之间的神灵。多数学者将这种勾喙且有后卷羽冠的鸟称为“凤鸟”。高庙鸟纹清晰的演变规律，为史前凤鸟起源的研究提供了重要证据。

兽面图像 兽面纹是高庙文化遗址中又一标识性图像。早期兽面纹均为简单兽头，通常用两个戳印的单圆圈或双圆圈表示双眼，下方再用一个相同的图案表示兽嘴，在兽嘴上方刻画双弧线，线条向上延伸，再沿双眼上缘弯转，以表示鼻梁和眉弓，在眼、嘴外缘则用多重弧线围成一张桃形猴脸（见图一二）。这种构图方式与外围有圜形天体的太阳、八角星图像类似。

后来，兽面纹也发生了显著变化，出现了面目狰狞的獠牙兽面。这类兽面图像通常用一个圆角或尖角长方形的兽嘴来表示兽面的主体，嘴内两侧凸出四颗硕大的獠牙。其中，两颗上獠牙（也有无上獠牙的）牙尖朝下，位于外侧；两颗下獠牙牙尖朝上，位于内侧，且多数嘴下有倒三角形舌头（图一九）。兽面形态多样，有的戳印两个圆形小鼻孔（图二〇），有的上方有冠形装饰，有的用“（ ）”表示兽面轮廓，有的简化为只有四颗獠牙的形象。

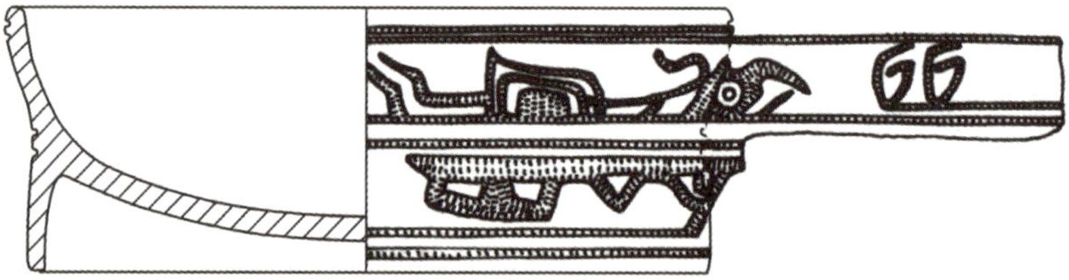

图一六
高庙遗址陶罐口、颈部凤鸟载兽图像

图一七
高庙遗址白陶簋腹部倒置凤鸟载兽图像

图一八
高庙遗址白陶盘腹部匍匐鸟纹图像

图一九
高庙遗址陶钵腹部兽面图像

图二〇
高庙遗址陶杯腹部兽面图像

图一六 图一七
图一八
图一九 图二〇

与凤鸟一样，绝大多数兽面也是复合式图像。如图一六、图一七中的“凤鸟载兽”，只是图像母题是凤鸟而已。更多的一类是被称为“翼兽”的复合兽面。这类兽面两侧直接装上翅膀，呈飞翔状，以表示这种怪兽可以在天空飞行（图二一、图二二）。不管是“凤鸟载兽”，还是翼兽，二者表达的都是神兽借助神鸟的力量而腾飞的意境。

此外，还有少数鸟、兽组合图像。比如一件白陶簋外底上的装饰图案，从正面观察，椭圆形阔嘴内有两颗硕大的下獠牙（无上獠牙），嘴下吐出饰有简化獠牙的长舌，像是一幅翼兽图像；但从反面观察，又像一幅背部驮着兽面、双翼短小、昂首张嘴的飞鸟图像（图二三、图二四）。这种巧妙地将鸟、兽融为一体的图像，开鸟、兽合崇之先河，这与后世中国尊崇龙、凤的习俗有异曲同工之妙。

天梯与神山图像 除了太阳、八角、凤鸟、兽面图像外，高庙遗址中还有天梯、神山等图像。如在一件白陶高领罐的领部（图二五、图二六），陶工们用极细密的篦点戳印出两组对称分布的翼兽图像，兽面两侧分别戳印着由两个高耸立柱构成的建筑。每组建筑均有呈折转状梯子环绕而上，达于柱顶的亭形屋顶。建筑下部为高出地面的三尖形山峰。显然，画面中间的翼兽，应是高庙奉祀的可以升天的神灵。其两侧建筑，主体是以两个立柱为主轴连构而成的，是供神灵上下天庭的天梯，也就是神话传说中的“建木”。天梯立于山峰之巅，那么，这类山峰也应是通灵的神山。

在另一件白陶罐领部也可见到类似的图像（图二七）。两组对称分布的翼兽（无上獠牙）与两组立于五尖形山巅的人形物（又似立鸟）间隔分布。前者与上文提及的白陶簋外底上的鸟、兽合崇复合图像意境相似。后者则与神山、天梯组合图像相似。不同的是，神山有五峰，天梯则用人形（立鸟）代替。此外，还有一类矗立云端的神山，山顶为三尖形山峰，其下似有一轮太阳映射在山腰（图二八）。

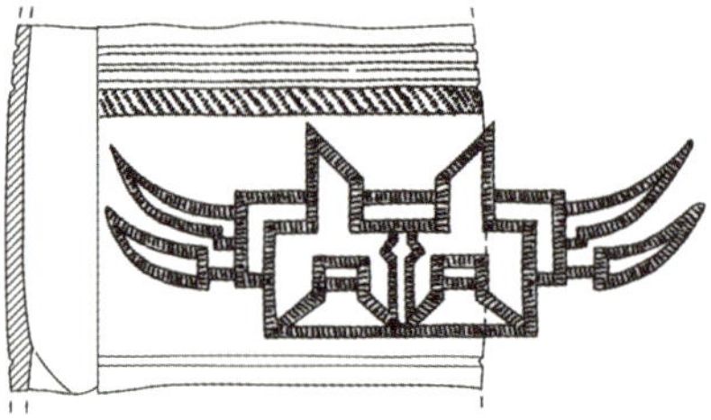

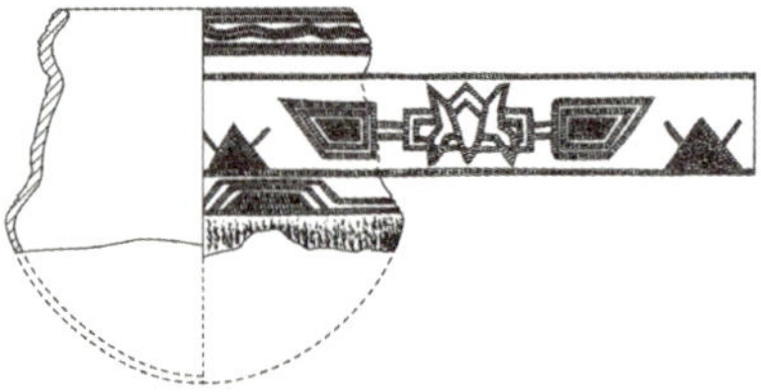

图二一 高庙遗址陶罐颈部翼兽图像

图二二 高庙遗址陶杯腹部翼兽图像

图二三 高庙遗址白陶簋外底翼兽图像

图二四 高庙遗址白陶簋腹部倒置凤鸟及外底翼兽图像

图二五 高庙遗址白陶罐领部翼兽及天梯与神山组合图像

图二一 图二四

图二二

图二三 图二五

3. 谜之白陶

高庙遗址中出土了一些制作精良、刻画着精美图案的白陶。有的甚至还涂上矿物颜料，产生了极强的渲染效果（图二九）。我们推断，这些器物是用于祭祀的祭器。除了器物表面装饰神灵信仰的题材外，还有一些现象值得注意。在这些神灵图像中，有部分图像（如太阳、凤鸟、兽面等）设置在圈足外底隐蔽部位，器腹上装饰倒置的凤鸟或翼兽图像（图三〇、图三一）。当这些器物正常摆放时，圈足外底上的图像是看不到的，器腹上的倒置图像也不易被识别，它们显然不具备实用的装饰效果。只有把器物倒置过来，这些图像才处于正常状态。但这种摆放显然与实用器具的放置方式相悖，器具也失去了实用功能。所以说，这种以倒置方式摆设的器具是有特殊用途的，它们很可能是祭司或巫师在做祭祀活动时的专用祭器。

另外，从高庙文化诸遗址目前发现的神灵图像看，最常见的是兽面和凤鸟两类图像，说明二者都是当时人们奉祀的重要神灵。纵观中国史前玉器及三代彝器（青铜祭器的统称）上的主题图像，龙、凤图像一直是这些礼器的传统物象。据此，可初步推测，高庙遗址中饰有兽面和凤鸟的祭器，与后世礼器中常见的龙、凤传统很可能存在某种传承关系。

这一系列的祭祀遗存，让我们品味到高庙先民丰富的祭祀文化。他们有了固定的规模宏大、功能俱全的祭神场所。他们用创造出来的具体形象表示神灵的可能形态。他们创作的神像既有单类神灵，也有两类神灵并存的形象，还有由两类神灵构成的复合神像，说明他们供奉的不是单个神灵，已经形成由各种各样的神灵共同组成的多神崇拜体系。目前可以确认的有太阳神、山神以及沟通天地的各种神鸟、神兽等。他们在创作神灵的同时，还创造了供神灵上下天庭的神山和天梯，进而构建起一个完整的祭神体系。

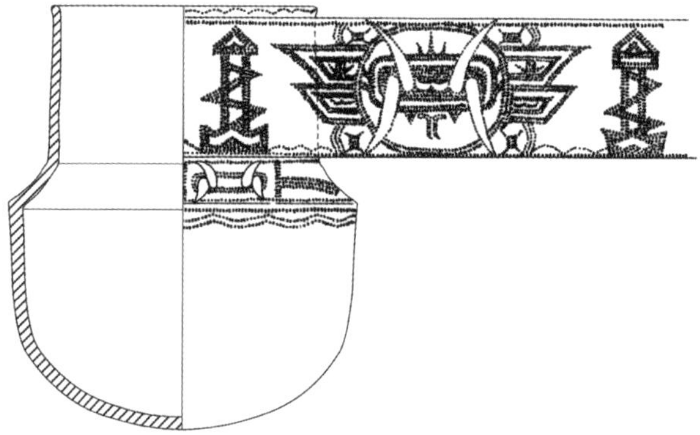

图二六 高庙遗址白陶罐领部翼兽及天梯与神山组合图像

图二七 高庙遗址白陶罐领部翼兽及神人（鸟）与神山组合图像

图二八 高庙遗址白陶罐领部神山图像

图二九

图三〇 图三一

图二九 高庙遗址陶簋外底涂色的獠牙兽面图像

图三〇 高庙遗址陶簋腹部倒置凤鸟载兽及外底有冠兽面图像

器物倒置后的展开图

图三一 高庙遗址陶簋腹部倒置翼兽及外底简化兽面图像

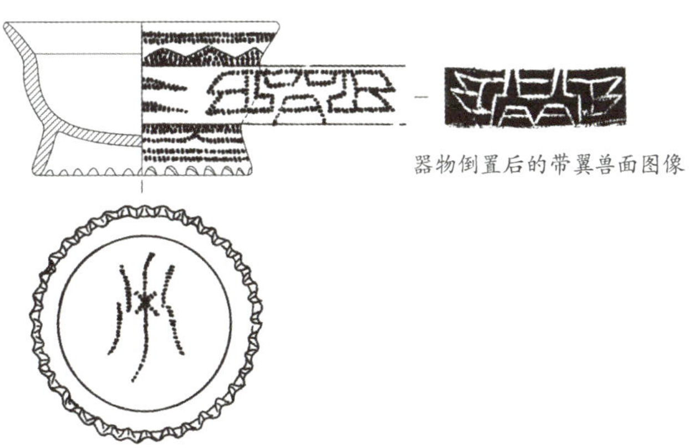

这个神系中的各类神像，与其他区域考古学文化中所见同类图像存在渊源关系，且与中国上古神话以及三代社会信仰体系中的诸神相关联，有着难以割断的历史传承脉络。

三、走出高庙

高庙文化源于本地区旧石器时代中晚期“潕水文化类群”，早期吸收了洞庭湖地区彭头山文化的部分因素，经过数百年的发展、演变，逐步形成自己独特的文化面貌，并与同时期的皂市下层、河姆渡、甑皮岩等文化有过密切交往。在距今 7000 年左右，突然崛起的高庙文化逐渐成为中国南方一支神秘而又强势的文化，并开始影响毗邻的长江中游的文化（包括汤家岗、大塘、柳林溪等文化），甚至远及长江下游、淮河下游 、汉水上游以及岭南诸文化。

很显然，神灵图像和精美白陶是高庙文化对外传播的标识性符号。目前的考古材料表明，高庙文化初创的神灵图像，在较晚时期逐步流行于长江中、下游地区以及淮河、黄河流域，甚至更远的地区。湖南岳阳坟山堡遗址、安乡汤家岗遗址以及安徽含山凌家滩遗址出土的陶器或玉器，均发现与高庙文化相似的八角星纹。在长沙大塘遗址、澧县孙家岗遗址以及良渚文化、河姆渡文化、仰韶文化等文化遗址出土的不同质地的器物上，也可见到与高庙文化相似的獠牙兽面、鸟与太阳或鸟与兽面的复合图像。据此推测，这些神灵图像的源头多数可追溯到高庙文化。因此，高庙文化的神灵信仰观念，对周邻地区甚至更大范围内的古代文化产生过深远影响。

高庙文化有不少遗址发现了精美白陶，这些白陶器表装饰各种神灵图像。大约在距今 7000 年或稍晚些时候，在长江下游、汉水中上游、淮河下游以及岭南环珠江口地区也发现了类似的白陶。从白陶发现的区域来看，它们有着清晰的传播轨迹，而且具有跨区域、跨文化的传播特点。这些白陶出现的年代要稍晚于高庙文化，表现出来的特征与洞庭湖地区受高庙文化影响较为明显的汤家岗文化发现的白陶更为接近。

高庙文化有如此强大的辐射力与穿透力，而且能被如此广大范围内不同文化背景的人群所接受，这是我们没有想到的。它不仅为我们提供了史前文化传播的广阔视野，同时也证实了史前宗教的神奇力量在远古文明形成过程中所发挥的重要作用。正如高庙遗址发掘者所言："高庙文化的对外传播，正是伴随着这一文化的主人所创造的宗教观念的对外传播而传播的。"或可理解为，高庙文化的崛起，打破了南方新石器时代文化独立发展的局面，形成了以宗教信仰为主线的文化交流、碰撞和融合的发展新格局，并使人们在精神追求上逐步获得认同。

高庙文化的确认，不仅为建立沅水流域新石器时代文化谱系奠定了坚实基础，而且还涉及史前人类宗教信仰以及中国文明起源等重大课题，在中国历史长河中有着举足轻重的地位。那么，它的重要意义在哪里？这是我们必须回答的问题。

通过深入研究，我们认识到高庙文化的重要意义主要体现在如下四方面：

1. 祭祀场所的发现，对追溯中国史前祭祀活动的起源具有重大意义。

2. 礼神祭器的出现，为探讨中国史前礼器的起源提供了重要线索。

3. 祭神体系的创建，开启了中国史前宗教起源及早期文明研究的新视野。

4. 高庙文化的传播，掀起了中国史前文化和宗教信仰传播的第一次浪潮。

未解之谜

高庙以偏处一隅的区位劣势，创造出颇具影响力的史前文化，历经7000多年的沧桑岁月，以保存尚好的状态，与今天的我们完成了“实物遗存认知”上的“沟通”。虽然还有太多文化层面的东西无法解读，但我们仍对未知充满了期待！

1. 高庙玉器年代如此之早，是远距离输入，还是本地制作？

2. 高庙文化是如何退出历史舞台的？其消亡原因与文明程度更高的红山文化、良渚文化一样吗？

3. 古史传说称伏羲氏“作结绳而为网罟，以佃以渔”。炎帝为火神，也称太阳神。难道伏羲、炎帝果真与高庙有关吗？

城头山遗址

赵亚锋

湖南省文物考古研究所

距今6000年左右，武陵山向东伸入平原的最后一块岗地的东南边缘，耸立着一座外带环壕的圆形土城，它刺破了远古东亚大陆的野蛮与洪荒，折射出中华大地上第一缕文明曙光。这座古城背依武陵余脉，向东俯瞰地势平坦、河网交错、湖泽遍布的八百里洞庭，见证了长江中游地区史前文明起源、发展、鼎盛与没落的整个历史过程。它经历了汤家岗文化时期、大溪文化时期、屈家岭文化时期、石家河文化时期，直到距今4000年前后，在中国即将进入国家文明的前夜，悄然隐没于历史的尘埃之中。20世纪90年代，中国的考古工作者用他们的手铲和毛刷，让这座史前文明的“见证者”重见天日，进入当代人的视野，它就是被冠以“中华城祖”名号的城头山遗址。随之，它被评为“中国20世纪100项考古大发现”之一，被镌刻在中华世纪坛的青铜甬道上，被设置为2010年上海世博会中国馆 “智慧城市”的首景，被扩展为考古遗址公园……

一、初相见，不相识——城头山遗址的发现

洞庭湖西北部，靠近武陵山余脉，有一个圆形土岗，当地人称其为“城头山”。曾经，这只是一座不起眼的小土岗，无人问津。20 世纪 90 年代，考古工作者用他们的手铲和毛刷，一点一点地揭示出这座土岗的真实身份——一座延续使用了 2000 余年的史前古城（图一、图二）。

1979 年之前，城头山只是湖南省常德市澧县境内的一座小土岗，突兀地耸立于水塘之中。20 世纪 70 年代后期，村办企业兴起，城头山所在的南岳村办起了砖厂。在取土烧砖的过程中，岗地西南部带状凸起的土丘（根据已有发掘成果可知其为屈家岭文化城址的西南城墙）里发现了东周时期的青铜剑。由此，城头山被当成一处东周墓群，进入澧县文物部门的视线。

1979 年夏天，时任澧县文化馆考古专干的曹传松和王本浩在进行文物调查时，发现这座土岗临水的外缘异常陡峭，使得耸起的岗地显得特别突兀。土岗基本呈圆形，形状规整，岗地周缘一圈隆起，外围有水塘和低洼地相环绕。曹传松从村民家里借了一把锄头，在岗地外围找了个断坎，挥起锄头挖了起来，这成为城头山考古的第一锄土！他们发现，挖到的土不像生土，更像墓葬的封土。由于城墙夯土和墓葬封土都是人工堆筑而成的，乍一看自然有点像。曹传松绕着岗地在不同的地方挖，发现情况都差不多。他就觉得这些土不是墓葬封土，而是城墙夯土。后来，他从南岳村村支书邹先民那儿了解到，岗地外围的水塘原来是绕岗地一周的，20 世纪 60 年代的时候，为了扩大种植面积，邹书记带领村民，用土岗上的土把南边和东边的水塘填平，改造成

图一
图二

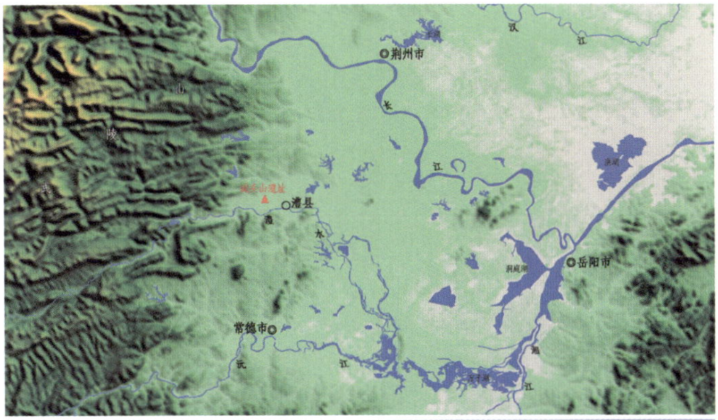

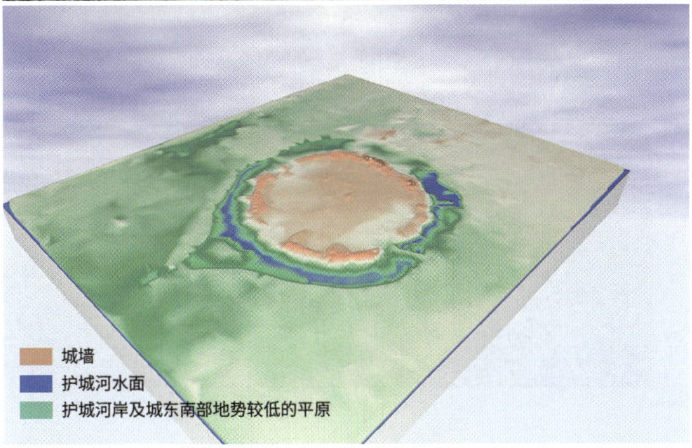

图一 城头山遗址位置示意图

图二 城头山遗址区域地形建模

了稻田。这样一来，曹传松对自己的判断更有信心了，他初步认定城头山是一座带护城河的古城（图三）。

曹传松马上把这一情况向当时的湖南省博物馆考古部作了汇报。考古部负责人何介钧是北京大学考古系毕业的，受过系统的专业考古训练。他调查后认为这座城肯定早于东周，因为东周的城都是方的，而这座城是圆的。当时，他怀疑这座城是商时期的，所有人都没敢往新石器时代想。

第一个认识到城头山是一座史前古城的，是考古学界泰斗俞伟超先生。俞先生曾

图三 城头山遗址20世纪90年代航拍图

任中国历史博物馆馆长，在中国考古学理论、方法和实践上都建树颇丰，也是我国航空考古与水下考古的开创者与奠基人。1981年，当时还在北京大学考古系任教的俞先生，因为楚文化研究会在长沙成立，他作为会长，到湖南参会，被邀请前往城头山查勘。那次查勘，在一处城墙断面上发现了几块泥质陶片，俞先生认出是屈家岭文化时期的陶片，进而认为城头山很可能是屈家岭文化时期的古城。屈家岭文化是一支新石器时代的考古学文化，距今5000年左右，也就是说，这座城的时代被提早到了新石器时代。

这个推断刚开始并不被学界所接受。城是文明的象征，在20世纪80年代初期，考古学界将中国文明的起源追溯到了商，对夏的认识还没有准确的论据，更何况新石器时代？而且当时学界盛行中原中心论，认为黄河流域才是中华文明的摇篮，在长江流域，洞庭湖区这个传统历史观念里的南蛮之地怎会有新石器时代的城址？

然而，科学的考古发掘将会用它的数据与报告呈现历史的真相！

十年之后的 1991 年，城头山考古发掘正式开始了。

二、层层揭剥现本原——城头山遗址的发掘

1991 年秋季，城头山附近一个叫孙家岗的地方，有村民挖池塘时挖出了玉器，湖南省文物考古研究所便组队对孙家岗进行了发掘。发掘完之后还有时间，他们就对城头山做了一次勘探性的试掘。这一挖，开启了城头山从 1991 年至 2002 年连续十多年的系统发掘。

城头山最初的发掘位置是土岗的西南部，由单先进带队，考古队员在土岗堆积上发现了一个打破城墙的灰坑。在这个坑里出土了一批具有屈家岭文化共性特征的标志性陶器及碎片，从而将其确认为屈家岭文化时期的灰坑。因此，它成为城头山城墙不晚于屈家岭文化时期的实证。

为什么一个打破了城墙的灰坑就成了城头山遗址不晚于屈家岭文化时期的实证呢？这涉及考古层位学。道理其实很简单。我们想象一下，在城墙上挖了一个坑，那么城墙和坑谁早、谁晚呢？肯定是先有城墙，后来才有这个坑，要不坑怎么能挖在城墙上？所以城墙的时代肯定不会比这个坑晚。这就是考古层位学里的“打破”。

考古层位学里还有另外一个概念，叫“叠压”。考古遗址里那些不同质地、不同颜色、包含不同遗物的土层，或厚或薄，或平行或倾斜地一层压一层，两层之间的关系就叫“叠压”。田野考古中，将这些区分出的具有相同颜色、质地和包含物的土层叫作堆积单位。一般情况下，上面的堆积单位的年代肯定比它所叠压的下面的堆积单位要晚（图四）。

田野考古发掘的整个过程，就是不断根据土质、土色等区分这些堆积单位，辨析其彼此间的叠压、打破关系，将其相对的早晚关系理顺，并用多种手段来提取、记录各堆积单位中包含的各种遗物信息，从而将那些消失在时间深处的历史信息找回来（图五）。

这一轮主动性发掘的总面积达到6064平方米。一系列刷新人们对城头山遗址认知的重大发现都发生在这一阶段。比如，确定了城头山古城不晚于屈家岭文化时期，时代距今5000年以上；确认了城头山古城墙有四次筑城行为，最早的一次早至大溪文化一期，距今6000年以上，由此确立了城头山遗址是“中国最早之城”的地位；揭露出汤家岗文化时期（距今6500年左右）的水稻田，是迄今发现的最早的水稻田之一。

2011—2015年，城头山遗址的发掘进入第二阶段。这一阶段的发掘面积达2000余平方米，发掘工作主要是为了配合城头山国家考古遗址公园的建设，为城墙与护城河保护规划的制定、展馆建设、展陈设计等提供考古基础资料方面的支撑。

三、兴废两千载——城头山的远古往事

1. 定居——汤家岗文化时期（距今6500年左右）的城头山

在城头山遗址的东北部、东部和南部，均发掘到了汤家岗文化时期的环壕和土垣，说明城头山遗址在汤家岗文化时期已经是一处环壕围垣的聚落。

城头山位于澧阳平原。史前的澧阳平原湿润多雨，水泽密布，环壕围垣是史前先民适应这一环境的产物。人们围绕自己生活的聚落开挖壕沟，有利于聚落的排涝沥湿。同时，人们把开挖壕沟的土堆筑在壕沟内侧，形成墙垣。墙垣又与壕沟一起构成保护聚落不受敌人和野兽侵袭的防线。城头山最早的城与壕，在本质上还是环壕围垣，只

图四 叠压与打破

此图为城头山2012年发掘的TG5972南壁剖面局部，H822打破了⑧层及其下的黄色城墙土，其上部的⑦至①层，则为逐层叠压。年代最早的是黄色城墙堆积，其次是⑧层、H822，最晚的是①层。

是其规模更大，形制更为规整而已。

在城头山遗址东部，汤家岗文化环壕之外，发现了汤家岗文化时期的水稻田。稻田内发现了田埂，呈西北—东南走向，将稻田分成三丘。其中一丘稻田被大溪文化壕沟损毁；一丘稻田叠压于大溪文化城墙之下，未揭示出来；今天我们在城头山遗址展馆里看到的是最西部的一丘稻田，已揭露部分宽4米，长30多米。稻田西边地势稍高的地方，发现了多个储水坑和与之连通的集水沟。略呈圆形的储水坑，直径皆不足2米。在澧阳平原，直到今天，那散落于平原农田间的一个个池塘，都还担负着雨时集水、旱时为农田补水的功能。城头山遗址汤家岗文化时期的储水坑虽然规模很小，也很简陋，但却和与其连通的水沟、稻田中的田埂一起构成一个原始的灌溉系统，成为彼时稻作农业走向成熟的实证（图六、图七）。

2. 筑城——大溪文化时期（距今 6300—5500 年）的城头山

最早的城与城外的壕

城头山适宜稻作农业发展的地理环境和成熟的稻作农业技术，再加上聚落长期稳定，财富得以积累，城头山逐渐发展成澧阳平原同时代诸聚落的中心。无论是保护聚落内部财富的需要，还是体现其中心聚落地位的需要，距今 6000 年前，大溪文化的先民们用开挖城壕时所挖的土堆筑起城墙，使澧阳平原传统的环壕围垣终于发生了质的转变，形成了形状并不规整的城。

这一时期的城址面积在 6 万平方米左右。其城墙底部的宽度普遍在 8~10 米，现在仍残存的高度超过 1.6 米。城墙之外，紧临城墙的城壕宽度达到 14 米，深度超过 2 米。这一规模和体量远远超出了澧阳平原新石器时代聚落传统环壕围垣的规格。传统环壕围垣的规整程度也不可与其同日而语，城头山的壕沟沟壁陡直而平整。遗址南部揭示出的一段壕沟，其内、外壁上甚至还有专门用木柱和芦苇编织成的护坡。

大溪文化的城与壕分为两期，也就是说修了两次，一次在距今 6300 年左右，一次在距今 5800 年左右。第二次筑城的时候，局部城墙向外扩了一些。

在遗址东部这一段，大溪文化两期城墙的位置是重合的，二期城墙压在一期城墙之上。在二期城墙的顶部发现了一排圆窝，应是当时为增强城墙防御功能而在墙顶上设立栅栏的遗迹。在一期城墙外侧底部发现了一个葫芦形的浅坑，里面有一具人骨架，但没有任何随葬品。大家普遍认为这具人骨架是筑城时用来奠基的牺牲，即举行筑城这样的大工程时，要先杀个人祭奠一下。这说明城虽然是文明的象征，但却建立在野蛮的基础之上。

图五
城头山遗址20世纪90年代田野考古工作照

图六
城头山遗址汤家岗文化水稻田、大溪文化城墙与城墙上栅栏遗迹

图七
城头山遗址汤家岗文化稻田西部储水坑与集水沟

图五
图六
图七

图七中，圆形深坑为储水坑，坑右边的窄沟为集水沟，下雨时，地势较高区域的雨水通过此集水沟聚集于储水坑中。坑较深，即便无雨时，坑底也会因周边土壤的沥水作用而积水。储水坑右上部地势较低处即为水稻田，干旱缺水时，可用储水坑中的储水为稻田补水。

在城头山遗址东部，大溪文化时期的城墙压在汤家岗文化时期的稻田之上。这好像是一个隐喻：这最早的城，是原始稻作农业结出的文明之果，种下了水稻，长出了城。这座城，就这样在城头山，在洞庭湖西北岸，在原始稻作农业数千年的发展、演化中耸立了起来！

祭坛

城头山大溪文化的先民们在挖壕筑城的同时还堆筑起一个大型祭坛。祭坛位于遗址东部，城墙内侧，是用纯净黄土堆筑起的一个椭圆形土台，南北长约 16 米，东西宽约 15 米，相对高度 0.8 米（图八）。土台上的宗教祭祀类遗迹有三种。

一是主要分布于祭坛南部的一批或圆或方，壁底规整的较深的祭祀坑。考古发掘获得的坑中包含物有稻米和稻叶炭化后形成的黑色草木灰、被敲去器底口朝下倒着放置的陶器、砾石、兽骨、红烧土块等（图九）。

二是分布在祭坛顶面和边坡处的 3 处成片的红烧土堆积。发掘时，这些红烧土堆积上有厚度不等的草木灰、陶器残片和兽骨。

三是规整的圆形浅坑，一共有 5 个，基本分布在祭坛南北方向的中轴线上，其中 2 个坑底有一块长椭圆形砾石。对于这批浅坑，有的研究者将其与星象联系起来，有的研究者说是太阳崇拜的产物，也有的说与父系祖先崇拜相关。这些联想与推测，仁者见仁，它们毕竟是 6000 多年前的遗迹，我们对它们的解释，大多是从今天所拥有的认知出发的，这些解释与 6000 多年前的事实相距多远，谁也说不清楚。

但这个祭坛和祭坛上多种形式的祭祀遗迹却是客观事实。多种祭祀遗迹说明存在不同的祭祀行为，体现出当时宗教信仰活动的多样性和复杂性。祭坛的规模及祭祀遗迹的规模，说明祭祀是整个聚落的集体行为。反映着不同信仰观念、不同宗教情感体验的多种祭祀行为都被集中到这儿，说明当时宗教祭祀权力在聚落层面上已经被集中起来，这是社会发展的一个突出表现。

图八
图九

图八 城头山遗址大溪文化祭坛

图九 城头山遗址祭坛南部的祭祀坑

“巫师”墓?

祭坛上还有一类遗迹，就是墓葬。其中 4 座屈肢葬墓存有人骨。中间最大的墓坑呈四方形，被一道土埂分为左、右两部分。人骨在左边，左下肢骨旁有一颗鹿牙，尸骨下有板灰，有葬具，南半部随葬一个牛下颌骨。其他几座墓不仅墓坑小，而且不见任何随葬品。其中一座墓，墓主人的左臂和右腿没有了，不知这本来就是一个缺胳膊少腿的人，还是下葬时被肢解了（图一〇）。

这批墓葬被安置在祭坛上，说明墓主人有着与宗教祭祀相关的特殊身份。中间大墓里葬的可能是巫师一类的宗教领袖，周围无随葬品的屈肢葬墓很可能是给巫师陪葬的（图一一）。

“首领”墓？

与巫师墓仅随葬 1 件鹿牙和 1 件牛下颌骨迥异的是，这一时期的世俗首领墓，是城头山遗址考古发掘所揭示出来的规格最高的一座大溪文化墓葬。墓主是一名成年男性，仰身直肢，身高 1.75 米左右，在当时绝对是魁梧大汉。大溪文化的一般墓葬仅随葬 3~5 件陶器，能达到 10 件的就算大墓了，但这座墓却随葬了 25 件陶器。其中，墓主的右手上放着 1 件小鼎，颈部有 2 件玉璜，左侧还有一个小孩的头骨。它的奢华与巫师墓的低调形成了鲜明的对比，尽显王者之气（图一二）。

在澧阳平原大溪文化时期的史前聚落群中，城头山因为城壕的出现，其等级明显高出了其他同时期聚落，成为整个澧阳平原区域的中心聚落，说明当时聚落与聚落之间的分化已经出现了。城头山已经是“城乡最初分化意义上的城和镇”，进入苏秉琦先生总结的中国古文明起源历程“古文化—古城—古国”中的“古城”阶段。大型公共祭坛及祭祀方面的专业化与集权化，折射出人们已经有了丰富的精神信仰。少数随葬品丰厚的大墓的出现，说明当时社群内贫富分化较剧烈，权贵阶层或已出现。种种迹象让考古学家们意识到，6000 年前的洞庭湖畔已经在孕育着文明的胚胎。

3. 鼎盛——屈家岭文化时期（距今 5300—4600 年）的城头山

城与护城河

距今 5300 年左右，源起于湖北汉东地区的屈家岭文化席卷了整个长江中游地区，其中自然包括城头山所在的澧阳平原。此时，城头山大溪文化的城与壕，历经数百年的风雨，早已不复当年初建成时的雄姿。新时代豪情万丈的屈家岭文化先民在屈家岭文化早期和中期，连续大规模筑城，扩宽城壕，增筑城墙，留下了城头山遗址三、四期的城墙与护城河，我们今天依然能够看到高耸出地面的城墙与宽广的护城河（图一三）。

图一〇 城头山遗址祭坛上的圆形浅坑

图一一 城头山遗址屈肢葬

图一二 城头山遗址大溪文化首领墓M678

图一〇 图一一
图一二

城头山遗址三、四期城墙的体量突出地反映在遗址西南部的城墙剖面上。现在，这个剖面遗存的上面建起了展示保护棚，成为城头山国家考古遗址公园一项重要的本体展示内容。从这个剖面可以看到，屈家岭文化的城墙底宽达 37 米，历经数千年风雨剥蚀，残高仍近 4 米，站在它的面前，依然有巍峨之势扑面而来。城外护城河宽达 40 米。整个城圈的面积为 8 万平方米（图一四、图一五）。

这样的规模，按一人一天一方土的工作量计算，需要投入 200 个劳动力，工作六七年才能完成。而实际上，在多雨的澧阳平原，每年有多半时间是无法施工的。虽然三、四期城墙与护城河是分两个时期修建的，但每一期的工程量依然十分巨大，要想在一个适合施工的旱季里全部完成，投入的劳动力得上千人。根据遗址内的房址面积和灶台数量估算，屈家岭文化时期城头山遗址城内居民的总人口，最多约 1400 人，其中真正的劳动力远达不到这个数量。如此说来，从城墙与护城河的工程量看，这不是城头山单个聚落的人力所能完成的，必然要调动区域内其他聚落的人力、物力，这就体现出，城头山遗址作为中心聚落，对区域内其他聚落有着强大的影响力。

屈家岭文化时期的城与护城河，其规模、体量显然远远超出大溪文化时期的城与壕，城的性质发生了显著的变化，所以考古研究者直接称其为“护城河”，而不再提“环壕”了。但是，其进步性除了体量的增大外，更体现在整体系统规划的严密性与施工的精确度上。

城头山一、二期城墙的形状还不甚规整，应该是受到自然地貌影响，因形就势，修建而成。但三、四期城墙已经是很规整的圆形了。城墙的北、东、南三个方向各留一个数十米宽的豁口。城头山遗址整体地势西高东低，中部隆起，三个城墙豁口都留在地势低洼处，雨季时，城内的降水可以通过这些豁口排入城外护城河中。

另外，这些豁口也是进出城墙的门道。东部豁口正对着与澹水支流相连通的护城河出水口，在豁口范围内发现了多层杂密的红烧土与卵石堆积，细密坚硬，由此判断，东部豁口是城头山屈家岭文化时期的水岸码头。北部豁口外也发现了与城墙同时代的、通过护城河的陆地通道。所以，屈家岭文化的先民，在建城之前，对城墙的位置、走向，什么地方留豁口，每个豁口承担什么样的功能等必然是早有规划的。

城头山屈家岭文化时期的城墙剖面上可以看到整块的原生土块。有一次，在对护城河底进行勘探性发掘时，考古队员在护城河底部发现了开挖出来却没能运上城墙的土料块。这成为开挖护城河时用木、骨、石器撬挖出的土块直接被搬运来筑城的实证（图一六、图一七）。但是，他们不仅是为了获得土料而取土，还对护城河不同部位河床的深度进行了有目的、有意识的设计与控制。比如遗址西部的护城河，先民们在取土时就有意留了一条生土埂子，横亘于护城河中。他们用纯净的黄土在这条生土埂子的顶部铺了一条小路，使其成为过河的陆地通道。但是这条通道把护城河水隔断了，通道两边的水没法流通。为了解决这个问题，他们又在生土埂子中间挖了一条通水沟，沟中顺向铺了芦苇，显然是用来保护沟坡，避免其被流水冲蚀（图一八）。通水沟只有两三米宽，上面搭几条木板就不影响通行了。通水沟内侧有一组柱洞，推测是哨所一类的建筑，也就是说，当时这条路上还有人把守，不是谁都能随便通过的。在北边，城墙豁口外也有一条类似的通道。

城墙西北部外墙根下保留了一小片土质区域，形似一个伸入护城河中的原生凸台。凸台的边缘呈台阶状，伸入西北护城河河底深处。在城址西部，城墙之外，也就是我们上面提到的挖土时在西部留出的通道之北，发现了另外一个类似的凸台，体量更大，也是以台阶状的形式伸向护城河深处（图一九）。这些凸台在当时是干什么的呢？护城河下面的地质情况又如何呢？

2012 年冬天，考古工作者利用考古探铲和测绘仪器，对护城河北半部河底生土面的起伏情况做了一次系统勘测，形成一份北部护城河的河床高程灰度图（图二〇）。

从这份高程灰度图可以看出，北部这一段护城河河床呈规律间隔性的深浅区域变化。在北边和西边基本没有下挖，留出两道生土隆起，形成横亘于护城河的过河通道。北、西两道隆起之间，西北这一段整体下挖较深，形成一个储水坑。西边生土隆起所

图一三 城头山遗址现地表可见的城墙与护城河

形成的土埂中间的通水沟，则可以调节储水坑中的水位，避免雨湿季节储水过多时漫出，损毁遗址西部和北部的陆地通道。两个凸台都呈台阶状，伸入西北部的储水坑中，其在筑城时可作为运土的踏步，筑城后则可作为城内日常生产、生活的取水平台。

虽然只勘探了护城河北半段，但也能看出，整个护城河就是一套经过仔细规划、设计的水利设施。这套水利设施不是专门建造的，而是在筑城取土时，通过控制不同区域的下挖深度，控制河床的低凹与隆起而实现特殊功用的。

河床中间那些下挖较深的区域是当时的取土区遗迹。整个河床间隔性的深浅区域变化，则是开挖护城河时分组取土作业的施工组织方式的体现。由此推测，城头山城墙很可能也是分段夯筑，最后连接合龙的。

图一四 城头山遗址各期城墙平面分布复原图

图一五 城头山遗址西南城墙剖面图

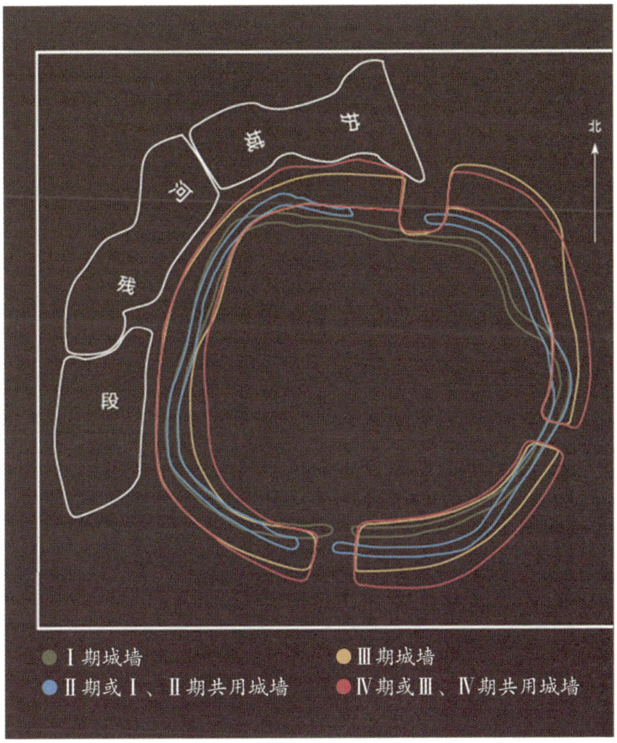

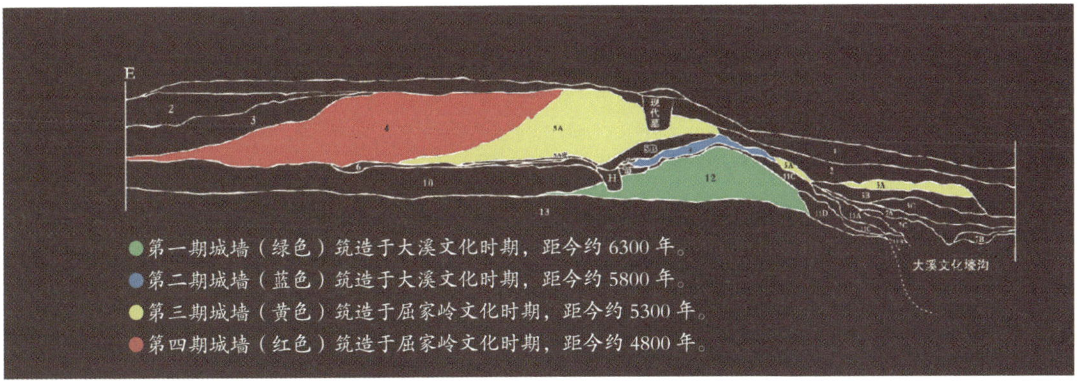

图一七　图一六
图一九　图一八

图一六
城头山遗址屈家岭文化时期墙体堆积中未打碎的原生土块

图一七
城头山遗址屈家岭文化时期护城河底部发现的原生土块

图一八
城头山遗址西通道排水沟中的芦苇护坡

图一九
城头山遗址西北部城墙外伸及护城河中的凸台

那么，是谁设计了包括城、城门、护城河、过河通道、储水区、通水沟、取水平台在内的这样一整套有机的“城—河系统”呢？是谁把周边聚落的人力召集到一起的呢？又是谁对这些人力进行有效组织，在施工过程中精准控制每一个作业组的工作进度，最终建成这一整套功能多样的“城—河系统”呢？这背后折射出的是一个凌驾于一定区域内多个聚落之上，具有强大的规划、协调、组织与控制能力的权威。我们现在还无法确定这个权威是个人．还是一个组织，它存在的基础是个人威望，还是经济实力，甚或是强制暴力，但是，这个权威对区域内各聚落人群强大的影响力或控制力是确定无疑的。

墓地

城头山遗址屈家岭文化时期的墓葬都集中在城址内偏西北部的一小片区域，密密麻麻，层层叠叠，多达 550 余座（图二一）。这些墓葬互相叠压、打破的状态，是今天的我们比较难理解的。屈家岭文化先民在这个墓地开挖新墓的时候，不可能挖不到前期的墓，挖出来早期的墓和随葬品，甚至人骨，都是可能的。但他们为什么宁肯叠压也要把墓葬挤在这一小片区域呢？我们可以感受到一个不可逾越的边界，那就是权威，这个权威有能力管控城址内所有居民的丧葬行为。

房屋与大道

城头山遗址屈家岭文化时期的房屋建筑遗迹中，最典型的是位于城址中心区域的 F23、F57 和 F87 三座属于同一时期的房址。F57 为多间套房，北边和西边 3 个单间，南边为 3 个套间。每间房的面积为 3~5 平方米。这些单间或套间里可能居住着一对夫妻和他们的孩子。F57 可以居住 20 余人，是一个扩大的家庭或家族的居住址。F87 则是一座独立的台基式大房址，面积达 63 平方米。这么大的面积，显然不是一般居住用房，而是议事厅或祖庙等礼仪性场所。F23 有前后两间，里间有 4 座并列的灶，考古发掘

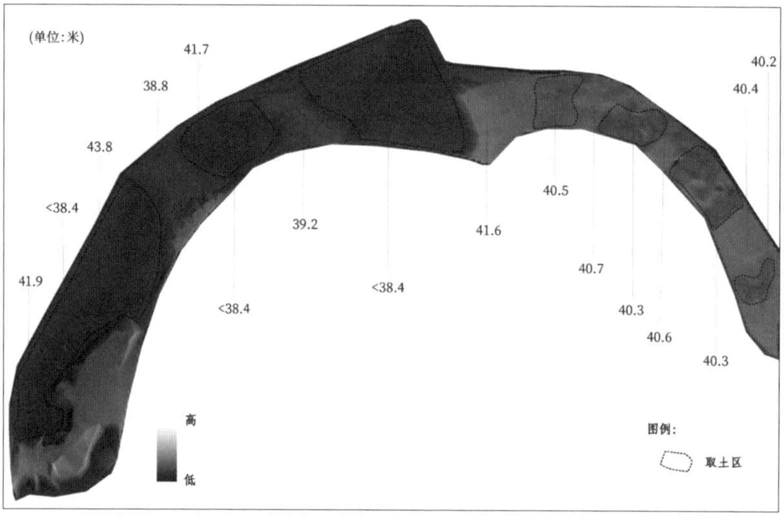

图二〇 城头山遗址西北至东北段护城河河床高程灰度图

时在灶边发现破碎的陶釜，这显然是当时的集体厨房，外间为饭厅。这三座不同结构、不同功能的建筑构成一个整体，反映出当时以家族或扩大家庭为单元的集体生活场景(图二二)。

房址间还有两条用红烧土块铺就的道路，呈交叉十字形。根据考古勘探，这两条道路都向两侧延伸，构成贯穿整个城址的“十”字形大道。房址与道路的结构和布局，体现出一种整齐有序的规范性。屈家岭文化时期的城头山处处体现着这种秩序与规范。

从整个长江中游的空间范围来看，城头山大溪文化的城是孤独的，一片莽荒中，唯其一城独自耸立；但城头山屈家岭文化时期的城却并不孤单，在长江中游环江汉—洞庭大平原西北部的新月形山前地带，耸立着十几座同时期的城。长江中游史前城址群是上古时代万邦林立的见证。其社会复杂化程度，已超出古城“城乡最初分化意义上的城和镇”阶段，而呈现出一派“古国”气象。

4. 衰亡——石家河文化时期（距今 4600—4200 年）的城头山

屈家岭文化时期，完成四期城墙与护城河修建的城头山是其两千余载历程中最为繁华、鼎盛的时期，之后，它开始走向衰落，直至消亡。

距今 4600 年前的屈家岭文化晚期，城头山的城墙与护城河逐渐废弃。在考古发掘现场探知的屈家岭文化时期的灰坑打破了城墙，这一现象给我们提供的信息不仅仅是城墙的时代不晚于屈家岭文化时期，而且让我们知道，在那个灰坑所处的屈家岭文化晚期，人们已经开始在城墙上挖坑取土，并将自己的生活垃圾堆积过来。也就是说，城头山的城墙已失去了有效管理，开始废弃。

至石家河文化时期，城头山遗址的城墙已彻底失去管理，护城河开始出现大量淤积。墓葬已不再遵循原来只能埋到统一规划的墓地里的规定，整个遗址范围内到处都有。一切迹象都说明原来那个规划、组织和领导区域内各聚落力量的权威或公共权力已经离开了城头山。但这时候城头山聚落还在，而且人口还不少。因为遗址大部分发掘区都发现了石家河文化时期的遗存，在城头山南门外护城河中还发现了石家河文化时期人们为扩展生存空间而在已废弃的护城河中清淤后所堆筑的土台，土台上有柱洞等建筑遗迹，所以这个时候的城头山仍是当时澧阳平原上一个较大的聚落。

城头山遗址的完全废弃，是在距今 4200 年之后，长江中游进入肖家屋脊文化时期后。整个城头山遗址基本不见肖家屋脊文化的遗迹、遗物，说明曾经喧闹两千余年的城头山走向了沉寂。

此时，遥远北方的黄河流域，中国第一个王朝——夏王朝正在孕育，成熟的国家文明即将诞生。而洞庭湖畔的城头山，这座曾经独立刺破东亚大陆的野蛮与洪荒，折射出第一缕文明曙光的中国最早的城，已悄然隐没于历史的尘埃中。再相见，已是现代，考古人的手铲之下。

四、惊艳洞庭波——城头山遗珍

1. 陶器

陶器是绝大部分新石器时代遗址最普遍、数量最多的一种遗物，其中不乏珍品。城头山遗址出土的陶器主要以大溪文化和屈家岭文化时期的陶器为主。

大溪文化陶器最大的特色，就是在器表施一层鲜红的陶衣，主要器型有釜、罐、盘、碗、盆、豆、钵和杯等，造型各异，鲜红艳丽。它们是当时先民们日常生活中盛储、炊煮、饮食所用之器具，今天却成为考古学家们了解其主人生活状况、所属人群、对外交流等各方面信息的载体（图二三）。

除素面的红衣陶之外，大溪文化陶器中还有少量彩陶，风格一样鲜艳明丽。如一件泥质橙黄陶盆，在口沿部及上腹部饰以黑彩弧连三角形纹，并以窄条黑彩带镶边。这种纹样是中原仰韶文化庙底沟类型典型的花瓣纹，昭示着大溪文化先民与仰韶文化先民间的交往。彩陶中另有少量米黄色黑彩陶，图案多为网纹与宽带纹，其米黄色的陶胎泥质细腻，轻薄如蛋壳，是大溪文化陶器中当之无愧的精品，应该也是当时社会物质财富最精华的部分，如造型迥异的陶杯（图二四）。

屈家岭文化时期，城头山遗址曾经鲜艳了整个大溪时代的红衣陶开始隐退，彩陶，包括最精美的米黄色彩陶，在屈家岭文化早期还有少量残余，之后也退出了历史舞台。这一时期，素净、淡雅且光洁的黑陶与灰陶才是城头山先民的最爱。器类有鼎、豆、壶、杯、罐、簋等。屈家岭文化时期的陶器，轮廓普遍流畅而优美，这要归功于此时兴起的轮制拉胚成型技术。城头山屈家岭文化时期的陶器整体风格素净，器表少见装饰，唯在豆类器的大圈足上多见镂孔与刻划纹所构成的神秘而粗犷的图案（图二五）。

图二二
城头山遗址屈家岭文化时期的墓葬

图二三
城头山遗址屈家岭文化房屋遗迹（F23、F57与F87）

图二二 图二三

2. 石器

城头山遗址出土的石器多为生产工具。器型主要有斧、锛、铲、凿、钺等，另有少量镰、钻、杵以及石球和石网坠等。斧、锛、凿、钻等是砍伐、加工木材的工具；铲可用于农耕翻土；钺是一种劈砍工具，多被当作兵器使用；镰可用来收割稻穗；两三个石球连在同一绳索上，投掷出去可缠绊大型兽类的腿足，应是一种狩猎工具；网坠则是渔网的配件。

这些石器基本都是通体打磨，大多体形厚重。但出现于大溪文化晚期，流行于屈家岭文化时期的石钺，体形扁薄均匀，呈梯形或长方形状，形制规整，通体磨光，并有钻孔，可以说是石质生产工具中的精品。

例如，属于屈家岭文化时期的一件石钺，青黑色的钺身通体磨光，平顶，刃部呈弧形，靠顶部有一对钻而成的直径 2 厘米左右的穿孔。长 19 厘米、宽 16 厘米的钺身，厚度却仅有 0.9 厘米，且整体均匀。唯有掌握了成熟的石器切割与钻孔技术，才有可能制作出如此精品。值得注意的一点是，这件石钺虽出土于墓中，但其刃部却有大量使用过程中留下的痕迹，当时应为一件实用器（图二六）。

以制作的精美程度而论，作为生产工具的石器自然无法与作为人体饰品的石器相提并论。城头山遗址大溪文化四期，大约距今 5500—5300 年的两座土坑墓里出土了一批直径普遍在 7~8 厘米间的石环，青黑色的环体截面有方形、梯形、椭圆形和月牙形等，具体形状不尽相同，但共同特点是外缘和内孔的圆形都十分规整，环体皆通体抛光，光泽莹润。这些石环在出土时，都是成组地套在墓主人前臂骨之上，是墓主随身佩戴之装饰品，是城头山遗址石器中最为精美之珍品（图二七）。

3. 玉器和绿松石器

城头山遗址出土的玉器和绿松石器极少，玉器仅有 12 件，绿松石器仅有 4 件，多为残件，保存较完整的主要是大溪文化时期的 2 件玉璜、3 件玉玦及 1 件绿松石坠。

图二三 城头山遗址大溪文化陶器

图二四 城头山遗址出土的陶杯

图二五 城头山遗址屈家岭文化陶器

两件玉璜皆晶莹剔透，微泛乳黄，尺寸、规格比较一致，长约 9.5 厘米，直径约 1.2 厘米。这两件玉璜出土于大溪文化时期随葬品最为丰富的大墓 M678 中，二者平行并列于墓主颈部，显然是墓主的随身饰品。在澧阳平原，乃至整个长江中游地区，新石器时代直到肖家屋脊文化时期之前，都没有制玉、用玉的传统。城头山遗址出土的玉器，包括绿松石器，显然是从远方通过交换或掠夺得来的，因稀少而更显珍贵与神秘。我们可以想象，M678 主人生前将两件玉璜佩于颈下，行走于阳光之下的城头山，折射着阳光的玉器晶莹璀璨，是如此引人注目，必然会吸引聚落中普通居民的惊羡目光，而在其惊羡的目光中，玉器主人的富有与尊贵就体现出来了(图二八)。

玉玦和绿松石坠也都是人体装饰品，和两件玉璜一样，在当时的先民眼中，除审美的价值之外，更多的应该也是其主人财富与地位的象征(图二九、图三〇)。

4. 木桨、骨耜、角耒与麻布

中国南方地区，因土壤微带酸性，新石器时代的木、骨类遗存很难保存下来。但城头山大溪文化壕沟中的淤泥堆积，因其饱水环境，大量当时人们使用过的有机质遗存得以保存，如各种木器，像船桨、船艄、凳面、木刀、木矛以及各种木质的建筑构件，还有骨器、鹿角器、麻布、苇席等。因为少见与难得，这批有机质遗物尤显珍贵。

例如其中的木质船桨，不仅证明大溪文化城壕兼具水上交通之功能，也使今天的我们得窥 6000 年前史前先民之舟楫与水上交通之一角；又如用牛肩胛骨做的耜，是一种翻土农具，相当于现在的犁，用鹿角做的耒，也是一种翻土农具，它们可以使今人想象到当时先民农作的情景；而其中的麻布，则使我们得以管窥当时先民的纺织物与衣着之一斑，等等(图三一)。

城头山的遗珍当然不止这些，以上仅是其中最引人注目的一小部分。实际上，对考古学家而言，遗址中出土的一切遗物都是宝贝，它们都蕴含着考古学家们孜孜以求的远古时代某一方面的信息。即便是肉眼看来什么都没有的泥土，那也是宝贝，因为

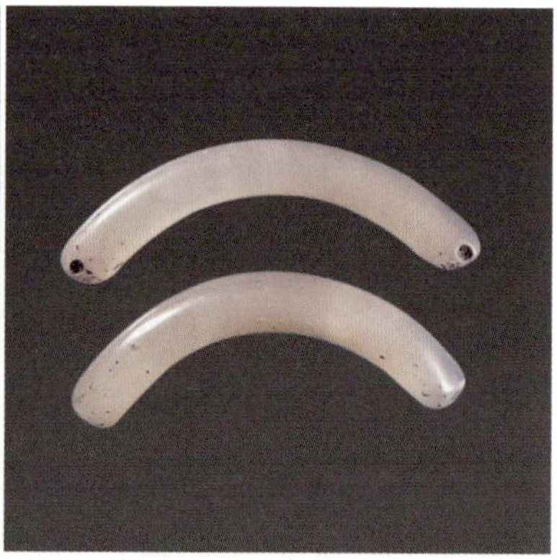

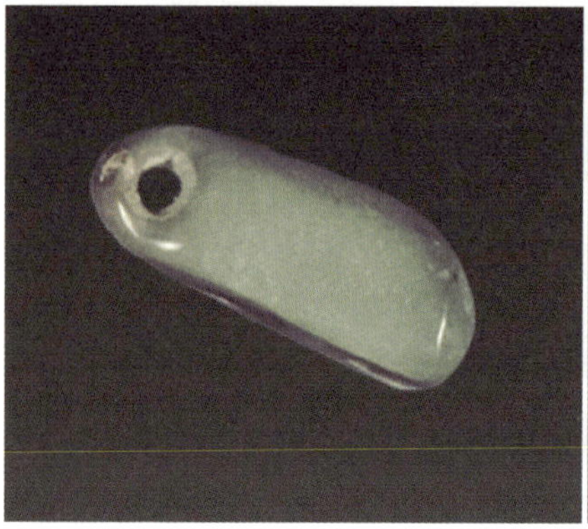

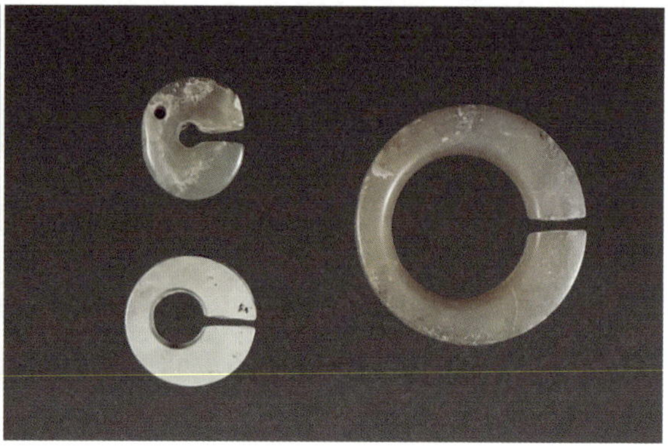

图二六　城头山遗址出土的石钺

图二七　城头山遗址出土的石环

图二八　城头山遗址出土的玉璜

图二九　城头山遗址出土的绿松石坠

图三〇　城头山遗址出土的玉玦

图二六　图二七　图二八
图二九　图三〇

其中很可能就包含着能解读当时植被环境信息的植物种子和孢粉等。

五、文明的胎动——城头山遗址的价值与意义

城头山遗址的价值，简明扼要地说，就三点：第一，城是文明的标志，作为中国最早之城的城头山，是中国文明起源最初的坐标；第二，城头山最早的水稻田，是长江中游地区稻作农业成熟的见证；第三，城头山延续两千年的文化堆积，是长江中游地区史前文明起源与发展的见证。

这其中最重要的，还是其在中国文明史中的地位。在我国学术界，说到文明起源，很多时候指的就是国家起源，国家是一切文明要素的集合体。只是我们说国家，大多时候是指夏商周这些已经非常成熟和发达的国家政体，而文明还包含国家最初级、最原始的萌芽状态。

中国人对“文明”这个词是有特殊情结的。中国近代史上，中国传统史观被西方科学实证主义和古史辨学派摧折得七零八落，西方地理大发现所确立的“文明—野蛮”二元区分线性时间观被植入中国，但当时的中国，在这个时间轴里面却被归入野蛮的一端，这狠狠地刺痛了中国知识分子的神经。近代中国考古学就是在这个时候诞生，诞生后的第一个大动作就是挖殷墟，将被疑古学派认为是伪史的商王朝从地下挖了出来。现代文学对当时甲骨文的解读和商朝的考古实证有一个非常浪漫的演绎，将其比喻为一个被打倒在地的壮士突然听到了自己童年的歌声，产生了力量，重新站了起来。所以，在中国，探索文明起源的学术情结，是深入考古学的基因之中的。

改革开放之后，中国进入现代世界体系，在此过程中，“一方面我们需要重新审定自己的文化历史身份；另一方面，我们的身份也在为主导这个体系的西方世界所审定”，对中华文明起源与发展过程的探索就更加执着。20 世纪 80 年代，甘肃大地湾仰韶文化晚期的 F901，辽宁牛河梁红山文化女神庙、积石冢，浙江反山、瑶山良渚文

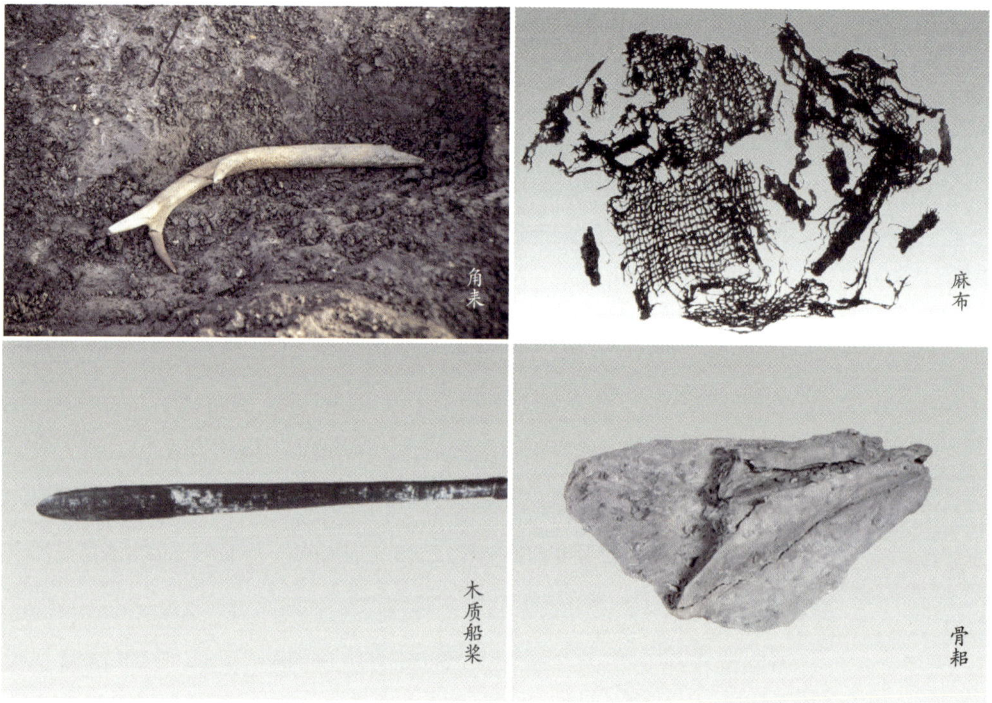

图三一 城头山遗址大溪文化时期壕沟中出土的遗物

化玉器大墓等一系列重大发现，曾在整个社会引发关注中国文明起源的热潮。实际上，这股热潮一直没有消退，后来直接由国家层面主导进行的“夏商周断代工程”和“中华文明探源工程”等都体现了这一点。“中华文明探源工程”从2001年的预研究开始，后面又分为四个阶段，一直到2016年才结项。随后，“考古中国”工程立项，一个明确的目标就是要实证中华文明延绵不断、多元一体、兼收并蓄的发展脉络。

城头山这一早至6000多年前的史前古城，是中华文明起源、发展进程中的醒目坐标之一。它实证了在中华大地上早至6000多年前的文明萌芽，折射出中华文明孕育、诞生过程中的第一缕曙光。

六、城头山的今天——作为国家考古遗址公园的城头山

20 世纪 90 年代，考古发掘让城头山这座 6000 多年前的古城重现人间，21 世纪启动的国家考古遗址公园建设则让这座史前古城焕发新彩。2011 年，从国家至城头山所在地澧县，各级政府先后投入数亿资金，用于城头山遗址的文物保护与国家考古遗址公园的建设。

城址内，西南城墙剖面，居址区内屈家岭文化时期最典型的 3 座房址与红烧土大道，大溪文化时期陶窑集中的制陶区，屈家岭文化时期的墓葬区，遗址东部的稻田、祭坛等，皆在原址建起了现代化的保护棚，将考古发掘揭示出的远古场景向公众原址展示。城墙与城外护城河也通过系统的环境整治，如实展示出“城—河”系统结构的同时，也形成一条环境优美的环护城河风光带。

遗址之外，从城址南部护城河向南大约 3 千米的一条线上，依次建设了南门广场、遗址博物馆、题词广场、游客中心与牌楼式公园大门等附属设施。在这条线的两侧开辟了农耕博乐园，保持周边平原农耕环境的同时，也为开展稻田彩绘、七彩油菜花、瓜田囍事等农事相关游乐项目提供了空间。

城头山国家考古遗址公园于 2016 年夏正式开园，现已成为湘西北代表性的旅游地之一，也是当地人民休闲、游憩的理想场所，更是周边学生与社会团体开展研学、旅游与爱国教育的基地（图三二）。

距今 6000 多年的史前古城，在当今时代又担起时代赋予的社会、文化与教育功能。

图三二　城头山国家考古遗址公园

未解之谜

1.筑城之前，汤家岗文化时期的城头山聚落到底是什么样的？他们的房子和墓地如何布局？到大溪文化早期，修筑起最早之城的那些人是他们的后裔吗？

2.大溪文化时期，有城壕环绕的城头山聚落与周围其他聚落是什么关系？或者说城内和城外的人之间是什么样的关系？

3.大溪文化时期，城头山聚落的社会结构如何？贫富分化到了何种程度？原始的宗教信仰在其中扮演了什么角色？那些精美的玉器到底来自何方？那些米黄色的蛋壳彩陶是他们自己烧制，还是从别处交换或掠夺来的？

4.大溪文化时期至屈家岭文化时期，城头山的陶器面貌与聚落结构发生较大转变，是因为发生了人群取代吗？三、四期城墙的修建者和一、二期城墙的修建者还是同一族群的人吗？

5.屈家岭文化时期，城头山城址和长江中游地区其他同时期的古城是什么关系？它们之间有什么交往？

6.屈家岭文化晚期，城头山的城墙、护城河为什么会失去管理，逐渐废弃？曾经的管理者去哪了？

7.石家河文化晚期，作为聚落的城头山，最终被废弃的原因是什么？瘟疫，战争，还是其他什么原因？

屈家岭遗址

张德伟
湖北省文物考古研究所

大洪山南麓向江汉平原过渡地带的那片山水之间，坐落着屈家岭遗址。青木垱河和青木河从遗址东、西两侧静静地流过，诉说着遥远而古老的往事。

1988年，屈家岭遗址被国务院公布为第三批全国重点文物保护单位。

2005年，屈家岭遗址被国家文物局列为首批100处大遗址保护项目。

1954年冬季，为配合湖北省京山县（现京山市）石龙过江水库渠道工程建设，湖北省文物管理委员会对工程周边地区进行了文物调查。一条宽8.5米、深1.75米的干渠从屈家岭遗址西南部边缘坡地穿过，大量陶器、石器暴露出来。考古人员采集到大量薄如蛋壳的彩陶器和磨光薄胎的黑陶器。按照当时的认识，彩陶盛行于黄河中、上游的仰韶文化时期，黑陶则属于黄河下游的龙山文化。这里有如此多的彩陶器、黑陶器，应该是黄河流域的仰韶文化和龙山文化向外传播的结果。但是，沟渠剖面清楚地显示含蛋壳彩陶器的文化层叠压于含薄胎黑陶器的文化层之上。这种迥异于中原史前文化的现象，引起了时任中国科学院考古研究所湖北队队长张云鹏先生的密切关注。有着丰富考古经验的张云鹏先生当即决定将水渠线路改道，将屈家岭遗址确定为重点保护对象。上报中央主管部门后，工程线上的屈家岭遗址、石家河遗址等4处遗址被确定为重点抢救性考古发掘对象。至此，屈家岭遗址乃至整个江汉地区的考古工作拉开序幕（图一、图二、图三）。

一、屈家岭遗址的发掘

1. 处女地

1955年初，为了进一步了解之前发现的屈家岭遗址的文化内涵和地层堆积情况，湖北省石龙过江水库指挥部文物工作队在屈家岭村西南部渠道经过的地方布设了4条长 10 米、宽 2 米的探沟。试掘的结果印证了之前的判断，这里的遗存面貌明显有别于黄河流域和长江下游地区的史前文化，属于一个新的文化系统。

它的文化特征究竟是怎样的呢？1956 年 6 月至 1957 年 2 月，历时 8 个月的第二次考古发掘给出了答案（图四、图五）。发掘的遗存可分为上、下两层，上层以双腹碗、双腹鼎、双腹豆、蛋壳彩陶杯、喇叭座壶形器、高圈足杯为主要组合；下层多为磨光黑陶器，器类主要为鼎、罐。两者的文化面貌差别较大，但又存在着发展、演变关系，属于不同的文化发展阶段。

这类遗存在干渠沿线的诸多遗址中也有发现，它们有着相似的文化面貌，分布范围广阔，显示着强烈的地域文化特色，属于同一个文化系统。通过对遗存进行系统比对，发掘者认为这类遗存似乎受到晚期仰韶文化的影响，其年代略晚于黄河流域的早期龙山文化，又早于中原地区的商文化，是长江中游地区固有的史前文化。长江中游地区同黄河流域一样，也曾存在过辉煌的史前文明。

2. 1989 年的突破

1989 年，考古人员对被破坏掉的屈家岭遗址北部台地厚约 30 厘米的文化层实施了抢救性发掘，揭露出 13 座竖穴土坑墓和两期文化堆积（图六）。在揭露的 13 座墓葬中，随葬品组合多以鼎、簋为主，但数量悬殊，2 号墓的随葬品多达 70 余件，12 号墓的随葬品也有 50 余件，而以 1 号墓、9 号墓为代表的小型墓葬，其随葬品仅有数件。这表明，当时已经出现了贫富不均的社会现象。这一发现为之后进一步研究遗址的聚落形态及社会结构奠定了基础。

通过这次发掘和对之前的调查情况进行分析、整合，考古工作者明确提出屈家岭遗址经历了前屈家岭文化时期、屈家岭文化时期和石家河文化时期三个阶段。前屈家岭文化就是如今考古界普遍所称的油子岭文化。这样，屈家岭遗址的文化序列初步构建起来。

图一 屈家岭遗址位置示意图

3. 聚落初识

1998 年 5 月，为制订屈家岭遗址保护规划，湖北省文物考古研究所联合荆门市博物馆、京山县博物馆（现京山市博物馆），对屈家岭遗址进行了一次详细的调查和勘探。结果，考古人员在与屈家岭遗址隔青木垱河相望的东部外围区域发现了殷家岭、钟家岭和冢子坝遗址点（图七）。这三处遗址点均发现了屈家岭文化的遗物，极大地丰富了学界对屈家岭文化的认知，同时为屈家岭遗址聚落结构的研究提供了一批重要资料。

2007 年，在对屈家岭遗址所在的地理区域进行了大规模的考古调查和勘探后，考古工作者发现，屈家岭遗址是以屈家岭遗址点为核心，与钟家岭和冢子坝等遗址点共同形成的大型环壕聚落遗址。在大环壕系统外围区域还分布着殷家岭、九亩堰、大禾场、土地山、杨湾、熊家岭等附属遗址点以及毛岭、小毛岭、东湾等石器采集点，总面积达 2.36 平方公里（见图三）。

大环壕系统形成于油子岭文化时期，面积达 70 万平方米以上；小环壕系统形成于屈家岭文化时期，主要包括屈家岭遗址点的南部台地，面积不超过 10 万平方米。从油子岭文化开始，该区域形成了较为明显的聚落等级体系，屈家岭遗址点始终为整个聚落群的核心（见图三）。

4. 不负韶华

21 世纪以来，考古遗址公园的建设在祖国大地上开展得如火如荼，作为长江中游地区考古工作的肇始地，屈家岭考古遗址公园的建设也被提上日程。2015 年 5 月，为配合考古遗址公园的建设，湖北省文物考古研究所会同荆门市博物馆、屈家岭遗址管理处（现屈家岭遗址保护中心）成立了联合考古队，开展了屈家岭遗址的第四次考古发掘及相关工作。

自 2015 年始，每一年的考古工作都严格按照既定的工作方案有条不紊地进行，工作所获也确实值得考古人欣喜。这有助于全面揭示屈家岭遗址的聚落面貌和文化内涵。

聚落布局

2015 年，为进一步寻找油子岭文化晚期墓地，整体把握壕沟系统的布局与年代，考古队对屈家岭遗址点北部台地进行了发掘，并对内、外壕的关键位置进行了解剖，发掘面积约 500 平方米（图八）。

这次发掘初步确认外壕系统的使用和废弃年代集中在屈家岭文化时期，但囿于地下水位过高，探沟未能发掘至底部，外壕系统的营建及最早使用年代能否早到油子岭

图二 屈家岭遗址俯瞰图

文化时期，尚不明晰；内壕的使用和废弃年代则集中在石家河文化早期。

这次发掘初步明晰了屈家岭遗址外壕系统的基本布局，其西段和北段是人工挖掘形成的，西南段现在是青木河故道和鱼塘，东段主要是依当时的地势对自然冲沟加以改造而成的。但外壕系统在其东段及东南段地势较高的区域并未完全贯通，从整体布局上看，形成了“环壕不环”的局面（见图三）。

按照地貌学原理，屈家岭遗址点与钟家岭遗址点西北部之间的狭长地带不应该形成如此宽阔的青木垱河。青木垱河东南段的两岸均发现了新石器时代的文化层堆积，这证明在聚落形成之时，青木垱河远没有如今这般宽阔。从地势上看，青木垱河的两岸最初应该是一个整体，在某个时期，经过人为改造和拓宽而形成了如今的规模。经钻探，大禾场、九亩堰遗址点与屈家岭遗址点之间宽阔、平坦的区域内存在着分布很广的淤泥层，淤泥层厚薄不均。这些迹象似乎可以说明，发源于屈家岭遗址北端的青

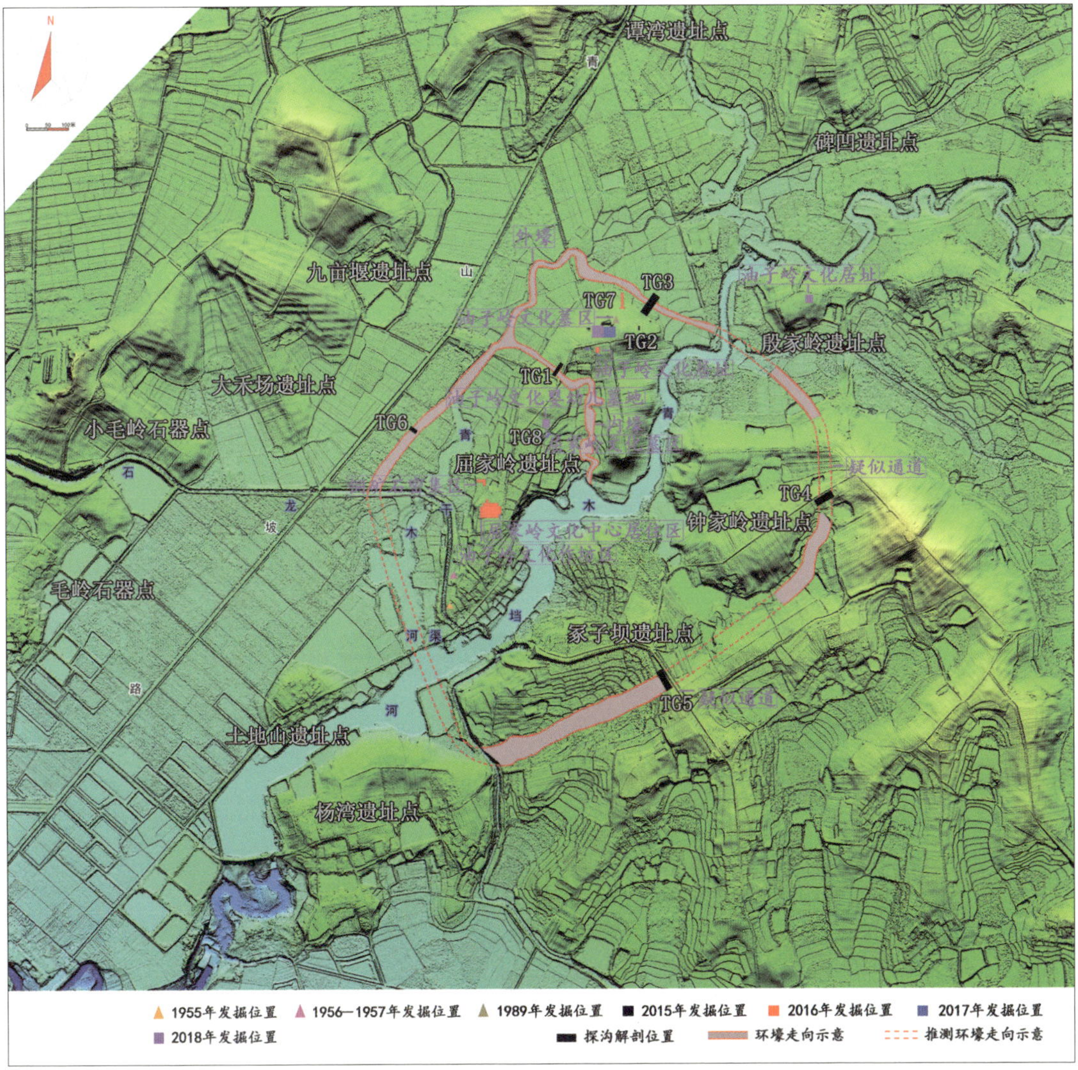

图三　屈家岭遗址地形及发掘位置示意图

图四　图五

图六

图四
屈家岭遗址第二次考古发掘场景

图五
考古人员在屈家岭遗址第二次考古发掘现场拍摄工地照片

图六
屈家岭遗址 1989 年第三次考古发掘墓葬遗迹

木垱河，最初的河道应该在屈家岭遗址点的西部，而非东部，并且其河道存在来回摆动的现象。

如此，屈家岭、钟家岭和冢子坝遗址点原本可能为一个整体，遗址点之间固有的小河沟并不影响相互之间的正常通行。屈家岭遗址点西部宽阔的河流冲击地带，不仅给遗址上人们的生产、生活带来了严重的安全隐患，更阻碍了人们出入核心聚落的正常通行；外壕系统东段、东南段并未完全贯通的高地，似乎是作为进入环壕内部的通道而存在的（见图三）。

大房子、场地和陶窑

2016 年，为寻找能够与遗址面积相匹配的大型建筑遗存，考古工作者在屈家岭遗址点南部台地红烧土堆积最深厚的区域进行了约 1000 平方米的发掘（见图三）。发掘区近代层下发现了较为丰富的石家河文化遗存，大量废弃的厚胎泥质灰陶器及厚胎夹砂红陶缸残片，无声地诉说着石家河文化时期古人生活的往事。

发掘区的石家河文化早期地层下揭露出一处结构较为完整、布局较为清晰的屈家岭文化时期的居址（图九）。

发掘区西部的房址有宽阔而笔直的长条形墙基槽和窄小的圆弧形墙基槽，两者在使用功能上存在差异，可能是等级上的差别；这里有大量红烧土、青灰泥垫土层以及纯净、细腻的黄土垫面；在房址附近，还有大范围的长期用火烧烤形成的烧结硬面。种种迹象清楚地向世人展示着彼时房屋的营建过程和精心规划的完整布局（图一〇、图一一、图一二、图一三）。

发掘区的东部，揭露了一处完整的屈家岭文化时期的烧结硬面，面积达 120 余平方米。它远离西部密集的居住区，显得那么与众不同。它究竟是高等级房屋的室内居住地面，还是专门用来从事某项工作的场地，我们尚未找到明确的证据（图一四、图一五）。

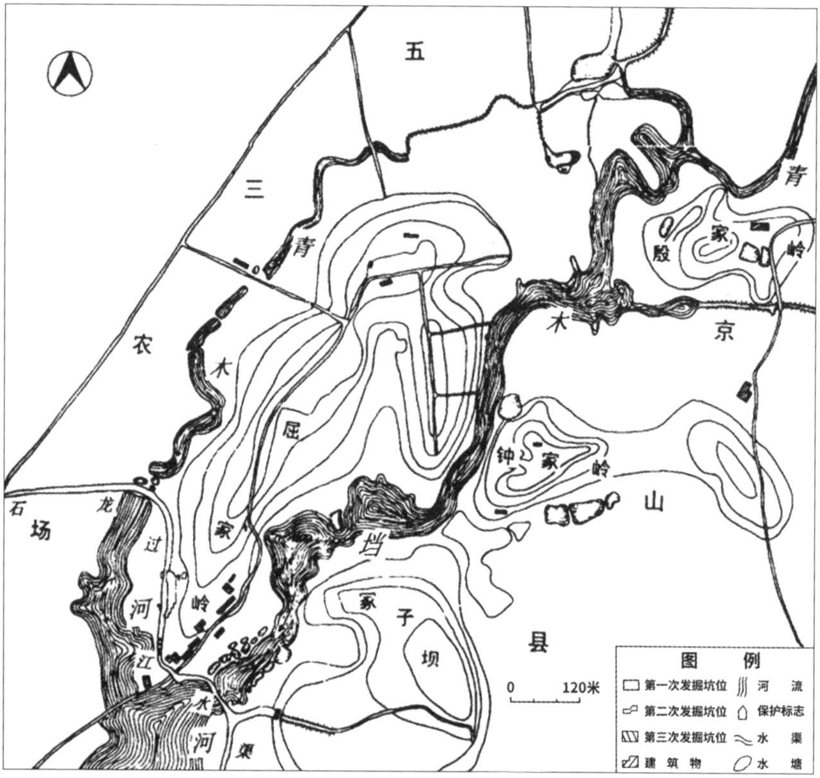

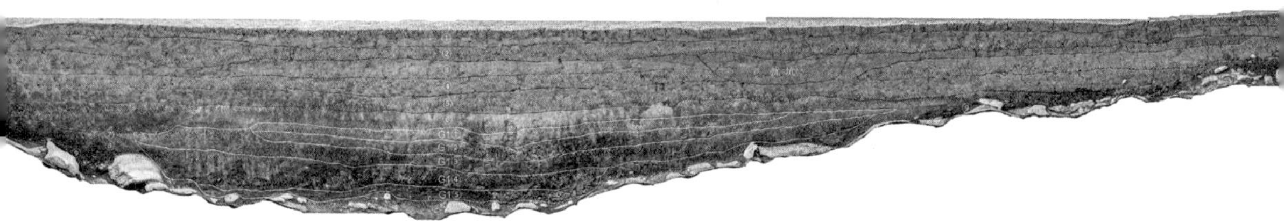

图七 1998年新发现的殷家岭等遗址点位置

图八 屈家岭遗址内壕剖面三维模型

发掘区的西南角，在发掘至距现在地表约 3.8 米时，发现了由 12 座平面呈圆形或“8”字形的小型陶窑组成的陶窑群遗迹（图一六）。陶窑群整体自西向东呈坡状排列，西部有类似操作台性质的烧结硬面和纯净的黄灰土面。

陶窑的尺寸相对较小，圆形陶窑的内径一般在 40 厘米左右，“8”字形陶窑长 80~100 厘米，宽 30~40 厘米，窑坑深约 10 厘米，部分陶窑内部残留草木灰（图一七）。

陶窑群遗迹打破的地层中有炭化稻遗存，经测年，其绝对年代为距今 5424—5320 年。由此可知，陶窑群的年代大体处于油子岭文化晚期，这一阶段正是长江中游地区史前文明起源的关键节点。

据现有的考古发现，油子岭文化晚期的墓葬往往随葬大量小型薄胎黑陶明器。此处发现的陶窑，形制相对较小，难以烧造体量相对较大的日用器皿。由个体较小的陶窑组成的陶窑群，很可能就是为专门烧制此类小型明器而建造的。这在一定程度上体现了当时社会陶器烧造的专业化水平和产业化趋势，是社会复杂化的重要体现。

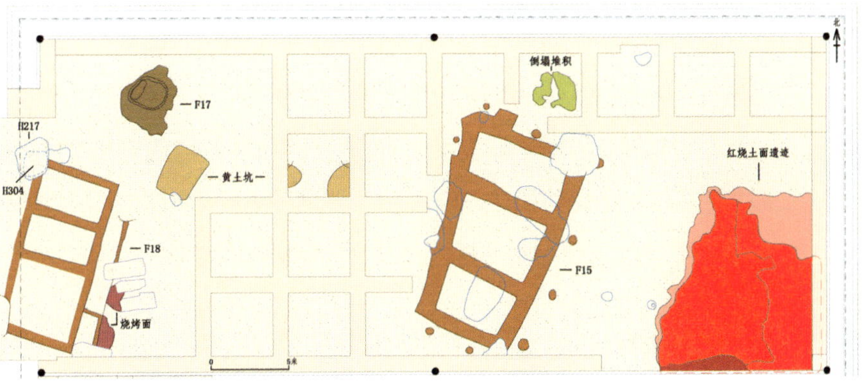

图九 屈家岭遗址点南部台地屈家岭文化重要遗迹平面布局图

最早的屈家岭

为全面揭示屈家岭遗址点北部台地油子岭文化时期居址的基本布局，2017年5月，考古队对这片区域进行了大规模发掘，所发现的遗存年代涉及油子岭文化早期和晚期、屈家岭文化早期三个阶段，油子岭文化早期遗存最为丰富，居址面貌也较为清晰。

油子岭文化早期的房屋分为方形和圆形两种。方形房屋室内面积较大，往往存在分间的布局，单间面积15~20平方米；圆形房屋均为单间，室内面积与方形房屋的单间面积相当，也有一些5~10平方米的小型圆形房屋。

不同类型的房屋可能有不同的用途。方形多间式房屋或许为尚未“分家”的大家庭所有；室内面积相对较大的圆形房屋可能为婚配后的独立家庭所有；而面积较小的圆形房屋，无法作为生活起居的场所，可能有其他功用。

在房屋的附近分布着数量众多的灰坑，大小不等，形制各异，内部填埋着破碎不堪的日用器皿和大量生产、生活垃圾。其中一座灰坑中出土的炭化稻，经测年，距今约5900年。根据植物考古研究，油子岭文化早期（距今5800年左右）已经出现较成熟的稻作农业；最早距今5600年左右，至迟不晚于距今5300年左右，粟作农业已传播至此，这是长江流域目前发现的年代最早的粟作遗存。因此，这座灰坑中炭化稻遗存的年代数据，是目前所知最早的，代表了遗址的年代上限。

油子岭文化早期阶段居址的成片揭露以及年代稍晚的稻、粟作农业遗存的发现，向世人生动地展示了屈家岭遗址中油子岭文化早期先民的生活图景（图一八）。

属于油子岭文化晚期的遗迹是一座圆形的破碎陶器坑，里面填埋着大量薄胎磨光黑陶器残片，已复原了20余件（图一九）。在陶器坑周围摆放着3个扣碗和带盖陶鼎。根据以往的考古发现，这一现象明确属于房屋建造时的奠基性遗存。

琵琶犹抱

经过几十年的努力，在屈家岭遗址中，与各个文化阶段的社会生活相关的考古发

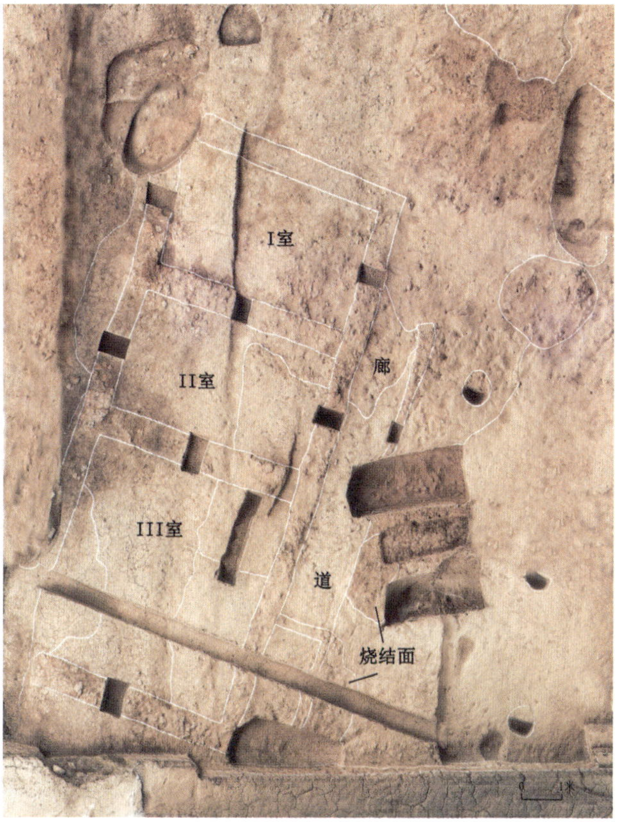

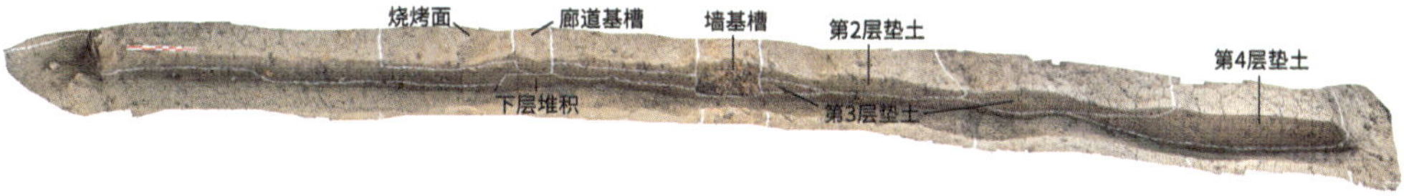

图一〇
屈家岭遗址点南部台地屈家岭文化F18（上为北）

图一一
屈家岭遗址F18南部解剖沟南壁剖面模型

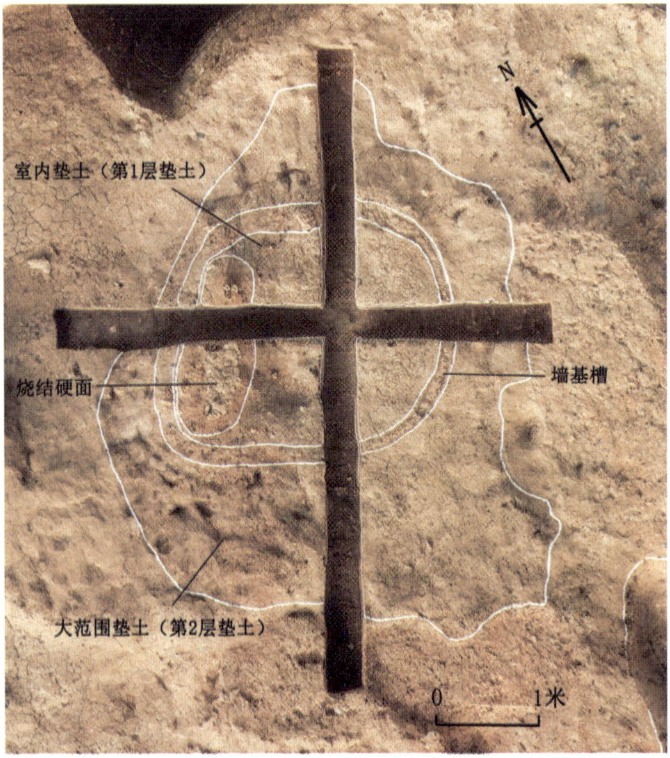

图一二 屈家岭遗址点南部台地屈家岭文化仓储类建筑F17

图一三 屈家岭遗址F17东西向解剖沟北壁剖面模型

图一四
图一五

图一四
屈家岭遗址点南部台地屈家岭文化红烧土面遗迹

图一五
屈家岭遗址红烧土面遗迹东西向解剖沟南壁剖面模型

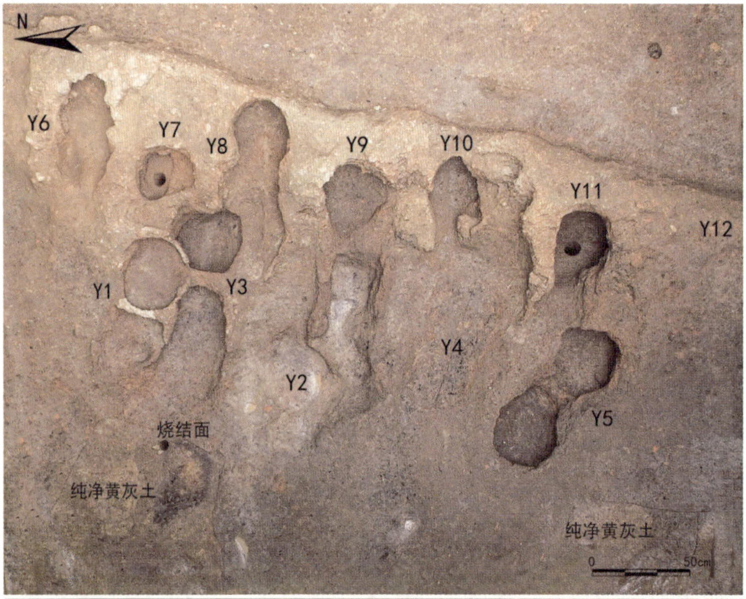

图一六 屈家岭遗址油子岭文化晚期陶窑群遗迹

图一七 屈家岭遗址Y1结构特写

掘成果已经非常丰硕了，但是墓葬非常少。总共发掘的 14 座墓葬均为油子岭文化晚期墓葬，这远远不能与该阶段聚落的规模相匹配。

墓地都去哪儿了？这成为困扰数代考古人的问题。

直到 2018 年 8 月的一天，在屈家岭遗址点中部台地突然发现了一处破碎陶器较为集中的地方。仔细刮面后，考古人员找到了它的开口线，确认其为一处屈家岭文化墓葬，并将其命名为 34 号墓葬。

随之，在 34 号墓葬西南部又发现了 2 座同时期的墓葬，考古人员将其命名为 38 号、39 号墓葬（图二〇）。39 号墓葬中还保留着已经粉化的人骨，头南脚北。墓内南部修建有二层台，台上放置 1 件彩陶壶形器、1 件双腹陶豆，陶豆内放置 1 件小型陶鼎。靠近墓主头部的位置放置 4 件大小不一的薄胎红陶杯。

目前所发现的这三座屈家岭文化时期的墓葬，随葬品组合完全不同。34 号墓葬以彩陶壶形器、蛋壳彩陶杯、夹砂红陶圈足杯以及双腹器为主要组合，38 号墓葬以大型的陶罐、折沿盆和双腹碗为主要组合，39 号墓葬则以彩陶壶形器、薄胎红陶杯、双腹陶豆和小型陶鼎为主要组合。三者之间的差异很大，体现不出较大的共性。

即使这样，这些屈家岭文化时期的墓葬的发现，也是屈家岭遗址 60 余年考古工作的重大突破。千呼万唤始出来，犹抱琵琶半遮面。随着后续工作的开展，屈家岭文化墓葬的全貌终有呈现在世人面前的那一天。

二、屈家岭遗址珍贵的遗物

1. 稻与粟

屈家岭遗址的第二次考古发掘，发现了大量属于建筑遗存的红烧土块，这些红烧土块内夹杂大量稻谷壳和植物根茎。中国科学院院士丁颖教授对稻谷壳形态进行了鉴

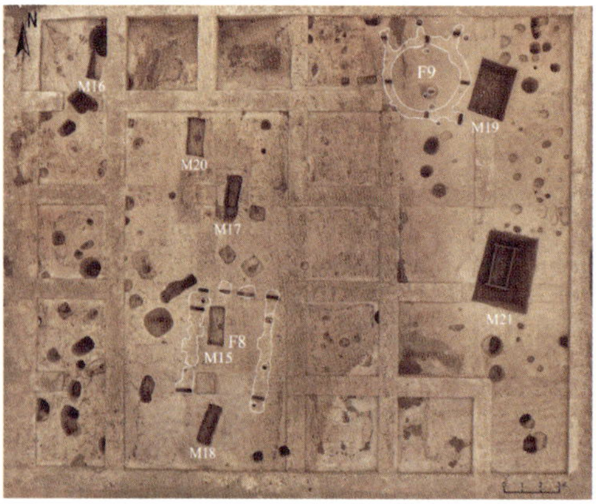

图一八　图一九　图二〇

图一八　2017年屈家岭遗址点北部台地发掘区航拍（局部）

图一九　屈家岭遗址H74器物出土情况

图二〇　屈家岭遗址发现的屈家岭文化墓葬

定，确认其属于人工栽培的粳稻。这表明，今人所食用的人工栽培粳稻，早在5000多年前就已大规模地出现在屈家岭这片土地上。这在稻作起源研究中具有里程碑式的意义。

2017年，在屈家岭遗址发现了距今5600—5300年的粟作遗存，这是目前长江流域所发现的年代最早的粟作遗存，为研究起源于北方的粟作农业向南传播的路线及过程提供了珍贵的资料。

这些发现表明，在5000多年前的屈家岭，稻、粟作农业已经成熟（图二一、图二二）。

2. 快轮制陶

2017年，在屈家岭遗址点北部台地属于油子岭文化晚期的74号灰坑中，出土了一批制作精美、器型规整的薄胎磨光黑陶器，部分器物的圈足内壁有较明显的螺旋式拉坯指痕（图二三）。1989年发掘出土的黑陶遗存也有这种指痕。

这种清晰的螺旋式拉坯指痕，是快轮制陶的直接证据，代表了生产力的革新。快轮制陶技术的出现，不仅使器物的造型更加规整，胎壁更薄，而且大大提升了陶器的制作速度，可以说是陶器制作的一次产业化革命，在我国同时期的史前遗址中处于领先地位。

3. 蛋壳彩陶

蛋壳彩陶因胎壁只有约0.3毫米厚，薄如蛋壳而得名，是屈家岭文化最为显著的文化符号，更是屈家岭文化制陶水平和社会发展水平之高的重要体现。

屈家岭遗址出土的薄如蛋壳的彩陶杯，多数内、外壁皆绘黑彩，有的内壁还装饰多组等分分布的“心”形纹（图二四、图二五）。严格的彩绘布局形式，别出心裁的精美纹样，不得不令人感叹屈家岭先民制陶技术之高超、审美情趣之高雅。

通过对彩陶杯内壁提取样品的淀粉粒进行分析，考古人员发现了可能跟酒的发酵相关的线索。如此，蛋壳彩陶杯很可能就是屈家岭先民饮酒用的杯具，胎壁极薄的彩陶壶形器则可能是盛酒的酒壶（图二六）。如此精美的彩陶器，必然凝聚了工匠的大量心血，目前发现的蛋壳彩陶器的数量很少，我们不禁要问，这些器物在当时是不是具有一定社会地位的人才能使用呢?

4. 彩陶纺轮

作为一种纺织工具，纺轮在新石器时代的遗址中被大量发现，但表面施以彩绘的纺轮则不多见。

屈家岭遗址出土了大量屈家岭文化和石家河文化时期的彩陶纺轮，极具地域文化特色。彩绘的纹饰多样，主要有呈对旋分布的涡旋纹、直线横竖垂直的四分纹、鱼形纹等。鱼形纹被认为是后世太极阴阳鱼图的原型，可能与中国太极的起源有一定的关系（图二七）。

5. 陶四耳器与陶筒形器

祭祀天地与祖先是远古先民生活中必不可少的重要活动。

陶四耳器和陶筒形器在屈家岭遗址中较少，它们为屈家岭文化所独有，被视为屈家岭文化先民祭祀天地与祖先的专用器具，目前也只在具有区域性中心聚落性质的大型遗址中出土，是了解屈家岭文化先民精神世界的重要物证。

陶四耳器的形态不一，但全都口、底相通，一般有 4 个凸于器腹之外的喇叭形流，流与器腹相接的区域也被凿通。陶筒形器的形态更加夸张，一般由细管形器、乳钉管形器和粗管形器自上而下相互套接而成，长度可达数米，蔚为壮观（图二八）。

如此形制的器物，自然无法作为日常生活器皿来使用。在以往的考古发现中，这类器物的出土地附近往往分布着用火遗迹，而屈家岭遗址的陶四耳器和陶筒形器残片

油子岭文化时期炭化稻　屈家岭文化时期炭化稻　石家河文化时期炭化稻

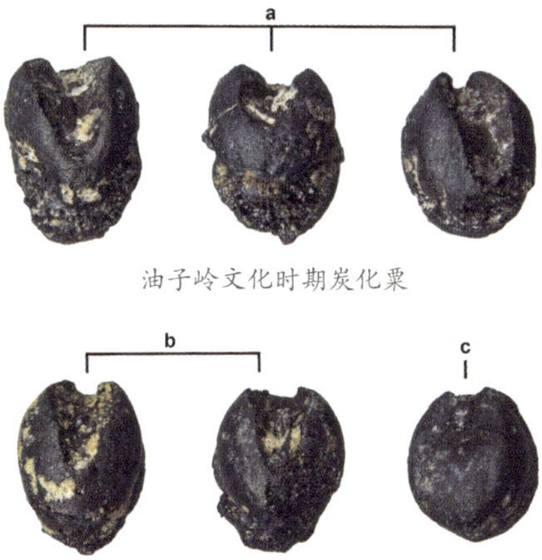

油子岭文化时期炭化粟

屈家岭文化时期炭化粟　石家河文化时期炭化粟

图二一
屈家岭遗址出土的炭化稻

图二二
屈家岭遗址出土的炭化粟

图二三
屈家岭遗址74号灰坑发现的器物外底快轮制陶痕迹

图二一
图二二　图二三

图二四
图二五
图二六

图二四 屈家岭遗址出土的蛋壳彩陶杯及内壁心形图案

图二五 屈家岭遗址出土的蛋壳彩陶杯及标本

图二六 屈家岭遗址出土的彩陶壶形器

多出土于大型灰坑中，灰坑周围尚未发现跟祭祀相关的迹象。是否有祭祀完毕后“毁器”的习俗，还是其他原因，还需要进一步寻找相关的证据。

6. 铜矿石

自 2016 年开始，屈家岭遗址陆续出土了数量众多的铜矿石（图二九），年代涵盖油子岭文化、屈家岭文化和石家河文化时期，个体大多较小，形状多不规则，表面多有铜锈。经科学检测，这批铜矿石大部分含铜量高达 94% 以上，部分铜矿石表面

图二七 屈家岭遗址出土的彩陶纺轮

覆盖着一层黑色氧化铜，应是矿石焙烧的产物。这一现象是否与冶炼活动有着某种联系，还有待进一步研究。屈家岭遗址铜矿石的发现，为探索我国史前矿冶资源的开发和利用提供了重要线索。

7. 双腹陶器

双腹陶器是屈家岭文化最为典型的陶器组合，器类主要有双腹鼎、双腹豆和双腹碗三类（图三〇）。

仔细观察它们的形态特征可以发现，双腹豆和双腹碗的“双腹”特征最为明显，即腹部内折，形成双腹。从外观上看，上、下腹的形态较为明显；从年代上看，内折的痕迹越明显，其年代相对越早，反之则晚。

双腹鼎的“双腹”特征则有所不同，严格来讲，它属于宽仰折沿系统，由于沿面过宽，从侧面看，也类似“双腹”了 。

从源流上看，屈家岭文化的双腹鼎应源自油子岭文化的宽仰折沿鼎，双腹豆和双腹碗则很可能是屈家岭文化时期新的器型。其中，双腹豆为屈家岭文化所独有，双腹碗则延续至石家河文化早期。

三、意义

作为屈家岭文化的命名地以及长江中游地区发现、发掘最早且极具代表性的新石器时代大型环壕聚落遗址，屈家岭遗址的发现，第一次揭开了长江中游地区特征鲜明的史前文明的面纱，率先打破了固有的“黄河流域文化中心论”的学术观点，有力地证明了长江流域与黄河流域都是中华文明的起源地。

长江中游地区的文明化进程大约始于油子岭文化晚期，此阶段出现了一系列的社会复杂化现象，如以城址聚落、大型环壕聚落为核心的聚落分化，社会阶层分化，生产技术的革新等。随着屈家岭文化的强势崛起，长江中游地区原有的以二元谱系为主体的结构被打破，实现了空前的统一和繁荣，加速了该地区的文明化进程。

相信随着考古工作的持续推进，屈家岭遗址作为客观、真实地展示长江中游史前辉煌文化和文明进程的物质载体，必将举世瞩目。

四、今生

目前，屈家岭考古遗址公园正在建设当中，依据遗址原貌设计了多条供游客游览的道路和临河栈道，道路的两边将复原并现场展示屈家岭先民留给后人的珍贵遗产。公园内还设有考古研究基地以及考古发掘模拟现场，将带着今天的我们穿越到遥远而神秘的5000年前。

图二八—图二九—图三〇

图二八 屈家岭遗址出土的陶四耳器和筒形器

图二九 屈家岭遗址出土的铜矿石

图三〇 屈家岭遗址出土的陶双腹鼎、双腹豆和双腹碗

未解之谜

1. 屈家岭遗址中，青木垱河如今的规模始于何时？

2. 石家河文化时期的墓地去哪儿了？

3. 如此规模的聚落群为何没有同时期长江中游地区所常见的城墙？

石家河遗址

刘辉

湖北省文物考古研究所

石家河遗址位于湖北省天门市石家河镇北的土城村，南距天门城区约15千米，东距湖北省会武汉市约140千米。遗址所在的江汉平原自古以来就是鱼米之乡，明代以来就有“湖广熟，天下足”的谚语。中华人民共和国成立后，这里一直是全国商品粮基地、全国油菜基地、全国棉花基地，是最优质的稻米产地之一，天门是其中最耀眼的一颗明珠。正是这样丰饶的土地，孕育出石家河这样享誉世界的遗址。

石家河遗址（图一）以南为辽阔的江汉平原，地势低平，河湖纵横，其间还有云梦古泽。往北，地势渐高，由平原逐渐向岗地、丘陵过渡，北约 20 千米即为著名的大洪山。遗址就处在平原低地向低山丘陵的过渡地带，海拔最高处为北部的严家山，高约 49.7 米；最低点位于肖家屋脊西侧新农村一带，海拔 29 米；平均海拔 35~40 米。石家河遗址规模较大，总占地面积约 8 平方公里，主要分布在东河和西河两条小河之间（图二），由四十多个大小不一的遗址构成一个规模庞大的遗址群，其中最有名的当属谭家岭、邓家湾、三房湾、肖家屋脊、罗家柏岭等遗址。一个遗址大约占据一个台地，遗址之间的文化层几乎完全连接。遗址地表，陶片、石器、烧土块等遗物俯拾皆是。

石家河古城位于遗址的核心区，城址环壕内的面积约 2 平方公里（图三）。据研究，石家河古城存在的时间大约为中国史前的五帝时代，这里的文化和早期文明应该是华夏三个古代民族集团之一的三苗集团所创造的。据徐旭生《中国古史的传说时代》一书论述，三苗集团与北方的炎黄集团、东方的东夷集团进行了长期的交流与冲突。

一、石破天惊的发现——湖北两个最重要的史前遗址

1954 年冬，湖北省修建石龙过江水渠，这是一条在考古界享有极高知名度的水渠。水渠起于京山石龙水库，终于天门汉北河。在这次水渠修建过程中，发现了位于水渠两端的湖北最著名的京山屈家岭遗址和天门石家河遗址。这两大遗址的发掘，堪称一

次石破天惊般的发现，将江汉平原文明起源、稻作农业的繁荣一下推进到距今 5000 年前，并就此拉开湖北省新石器时代考古的序幕。以这两个遗址命名的屈家岭文化和石家河文化，是长江中游史前文化最为鼎盛的时期，与楚文化一道成为长江中游历史上最为辉煌的两个时代，在早期中国的形成、中华文明的起源过程中具有不可替代的作用。

遗址发掘的主持者张云鹏、王劲先生，为江汉考古的开拓者。两人先后主持了屈家岭、石家河、螺蛳山、放鹰台等遗址的发掘，首次提出“屈家岭文化”的概念；在当时对比材料极为匮乏的情况下，对各遗址乃至湖北省新石器时代文化的认识和提出的一些观点，极大地推动了湖北省新石器时代考古的发展。

石家河遗址第二次大规模的考古发掘始于 1987 年，著名考古学家严文明先生于当年对遗址进行了考察，制订了长期、系统的考古工作计划，由北京大学考古学系、湖北省博物馆（后成立湖北省文物考古研究所）、荆州博物馆三方组成石家河考古队，严文明先生任总领队。从 1987 年秋到 1991 年秋，先后对邓家湾、谭家岭、肖家屋脊和土城等遗址进行了八次发掘。这一阶段，北京大学考古文博学院的赵辉先生和张弛先生对遗址进行了系统的调查和勘探，发现横亘在遗址西部的一道南北向土埂实际为人工堆筑的城垣，使石家河古城得以正式确认，具有里程碑式的重要意义。在此基础上，湖北省陆续发现了一系列史前城址，到目前已经发现了 20 个。此后，对石家河古城的认识逐步深入，一座都城级别的史前大型城址逐渐展现在世人面前。

第三次发掘始于 2014 年 10 月，至今已经连续发掘了 6 年，重点在全面认识遗址的聚落结构和形态演变，探讨长达 2000 年的史前文化持续繁荣的动力、重要意义以及石家河古城在中华文明起源进程中的地位和贡献。此次发掘有三大重要发现，一是在遗址中心发现了一座时代更早的城址——谭家岭古城；二是在石家河古城西部发现了一个祭祀遗址——印信台祭祀遗存；三是再次发现了一批后石家河文化时期制作水平更高的玉器。

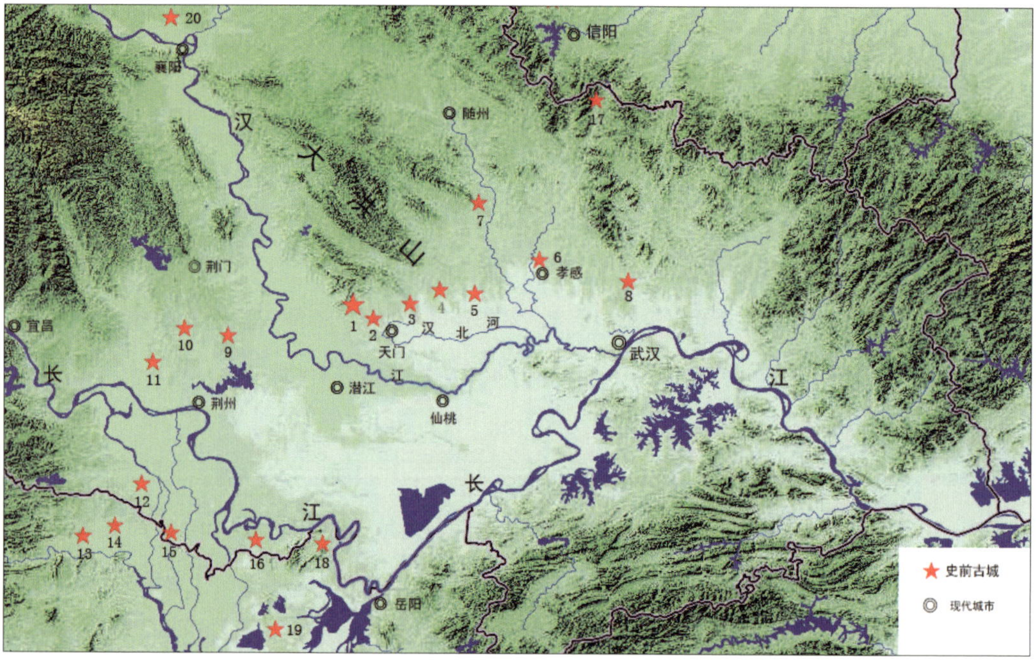

图一 长江中游史前城址分布图

1. 天门石家河（含谭家岭）；2. 天门龙嘴；3. 天门笑城；4. 应城陶家湖；5. 应城门板湾；6. 孝感叶家庙；7. 安陆王古溜；8. 黄陂张西湾；9. 沙洋城河；10. 沙洋马家垸；11. 荆州阴湘城；12. 公安鸡鸣城；13. 澧县城头山；14. 澧县鸡叫城；15. 公安青河；16. 石首走马岭；17. 大悟土城；18. 华容七星墩；19. 南县卢保山；20. 襄阳凤凰咀

二、谭家岭古城——石家河古城的前身

1. 石家河的“钥匙”

谭家岭古城是石家河古城的前身，位于石家河遗址群的最中心——谭家岭遗址。谭家岭遗址存在的时间为油子岭文化早期到后石家河文化时期，延续时间超过了 2000 年，是石家河遗址群内延续时间最长的遗址。如果说石家河遗址是了解长江中游史前文化和文明起源最重要的遗址，那么，谭家岭遗址就是揭开石家河遗址近 2000 年兴衰史的一把钥匙。

早在 2011 年，笔者已注意到谭家岭西部、北部一连串的水塘和周边异常的淤泥堆积现象，推测其可能与城垣及环壕有关。2015 年，考古队对谭家岭遗址再次进行了详细的勘探，发现遗址南部、东部也存在带状的淤泥堆积。为了进一步确认环壕的分布范围和形成年代，考古队对谭家岭遗址北部进行了发掘，发掘到一定阶段后，逐渐暴露出人工堆筑的黄土城垣和城垣外侧的壕沟，并在壕沟与城垣之间发现了人工架设的木构挡板（图四）。就这样，一座湮没在历史尘埃中的城址横空出世，给学术界带来巨大的惊喜。

2. 三苗人的龙兴之地

谭家岭古城的城垣和环壕系统较为清楚，城址平面大体呈不规则方形。城垣基本沿谭家岭台地边缘堆筑，东西长 440 米，南北宽 390 米，城垣内总面积达 17 万平方米，城壕内总面积达 26 万平方米（见图二、图三）。谭家岭古城是目前发现的同时期中国规模最大的城址，不仅大于其前身龙嘴古城，也远大于澧阳平原的城头山古城。

城垣外侧与壕沟之间还发现了疑似护坡的木构遗迹。木构遗迹位于城垣外侧壕沟第 6 层下的淤泥中，由一排与城垣平行的长木栏、木栏托梁、托梁下的横梁和以榫卯接于横梁两端的支撑木桩构成。我们推测这样的木构遗迹应为城垣外侧的护坡，其构筑的方法是先在壕沟内打桩立柱，然后在桩上架设横梁，木柱与横梁之间以榫卯结构连接。木构遗迹尽管被埋于地下数千年，它的结构依然保存完好（图五）。

城垣用较为纯净的黄土堆筑，底宽 15~18 米，顶部宽约 10 米，残高 0.8~2 米。部分墙体直接在湖相沉积的淤泥堆积上兴建。通过对叠压在城垣上的地层和遗迹进行研究，考古工作者确认，城垣的堆筑年代早于屈家岭文化晚期，应为油子岭文化（距今 5900—5300 年）晚期。从时代上看，这正是中华文明起源的关键阶段，是文献记载中长江中游三苗民族的兴起之时。因此，可以说，谭家岭遗址是石家河遗址的发端，也是三苗古民族的龙兴之地。三苗人从这里走出长江中游，走向中国。

3. 龙嘴古城——石家河古城前身的前身

早在20世纪80年代第二次全国文物普查时，龙嘴遗址就被发现了。它位于天门市石家河镇，北距石家河遗址仅6千米。荆州博物馆对其进行了发掘，判断其为大溪文化遗址。那时候，油子岭文化还没有被正式提出，但学者已经注意到汉水东部的大溪文化与鄂西地区的大溪文化之间的巨大差别。

2005年，湖北省考古研究所再次对龙嘴遗址进行了大规模发掘。本次发掘，最大的收获是确认龙嘴遗址实际是一座古城，属油子岭文化早期。城址周边地势比谭家岭古城更为低平，整体形成三面环湖、一面为壕的相对封闭的城垣结构（图六），更像是抵御洪水的水利设施，类似于江汉平原普遍存在的“垸”。遗址平面形状近圆形，南北长约305米，东西宽约269米，面积不到7万平方米。城垣残高仅1~3.2米，底宽不到17米，堆筑的土方量比谭家岭古城小得多。

尽管面积比谭家岭古城小，结构也较为简单，但麻雀虽小，五脏俱全，龙嘴古城具备了城址的一切要素。而且它作为油子岭文化早期面积最大的遗址，又是当时江汉平原唯一的一座城址，其文化属性和城址特征与谭家岭古城一脉相承，可称为石家河古城前身的前身。龙嘴古城的兴起，标志着汉东地区文化在江汉平原北部的崛起，具有划时代的重要意义。

龙嘴古城地势低平，南、西、东三面多为湖相沉积，已处于油子岭文化区分布的最南缘。在铁器和水利兴起之前，南部的湖泊和沼泽周围其实并不适合人类生存。因此，龙嘴古城注定不可能发展成更大范围的政治中心和文化中心。是偏安一隅，还是向外扩张？三苗人选择了后者。随着油子岭文化晚期的对外扩张，这里显然已不再适合作为聚落中心，其中心区向北转移便成为必然趋势。

而谭家岭古城所在的石家河地区，相比龙嘴古城，尽管只是北移了几千米，但这里接近大洪山南麓的低山丘陵地区，地形起伏略大，地势更为开阔，东西向的交通更为顺畅，更容易与其他区域的文化进行交流、融合。其多样的生态景观也能为人类提

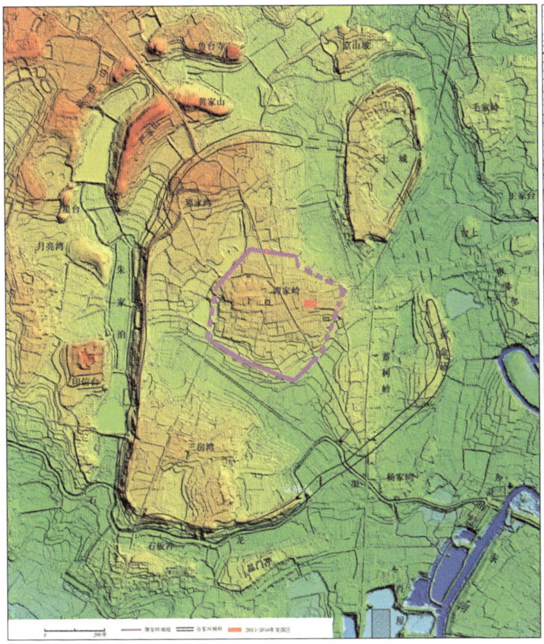

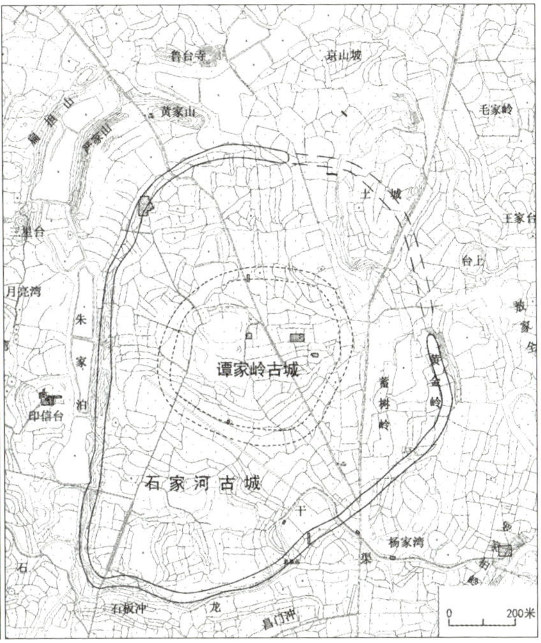

图二 石家河遗址三维影像图

图三 石家河遗址结构布局图

供更多的资源和更广阔的生存空间。因此，大约在油子岭文化晚期，龙嘴古城被废弃了，规模更大、结构更复杂的谭家岭古城兴起于北部地势高凸之处，成为历史的必然。

从龙嘴古城到谭家岭古城，具有划时代的重要意义，说明在距今 5300 年左右的油子岭文化晚期，长江中游以石家河为中心的局面开始形成。放眼这个时期的江汉大地，谭家岭古城如鹤立鸡群一般孤独地存在着。毫无疑问，其刚出现在石家河地区，就已经是汉水东部甚至是江汉平原的文化中心、聚落中心了。以此为中心，江汉平原汉水以东地区成为一个文化面貌大致相同的考古学文化区，其影响范围包含鄂西地区、随枣走廊、鄂东地区、洞庭湖周边区域。此时，三苗人

图四 谭家岭古城城垣发掘现场

图五 谭家岭古城城垣外坡木构挡板

图六 龙嘴古城航拍

图五 图四

图六

直接控制的区域，已经大大超过了早期。也就是从这个时期起，油子岭文化的创造者同仰韶文化、大汶口文化、崧泽文化的创造者一道成为各自地区文化的主力，各种小范围的地方文化逐渐被整合、吞并，长江中游的文化开始走上一条对外扩张的道路。

三、从谭家岭到屈家岭——忧患意识下的扩张

1. 量变到质变

谭家岭古城废弃于油子岭文化晚期至屈家岭文化早期，大约距今 5300—5100 年。考古工作者在谭家岭古城墙的顶部发现了该时期的墓葬、灰坑等。这一时期的城垣已经与城内的地面大致齐平，壕沟内填满了厚厚的淤泥，地面上已经看不到城高池深的景象了。

在谭家岭古城废弃之后、石家河古城兴建之前，有一个过渡期，这一时期相当于油子岭文化晚期至屈家岭文化晚期，绝对年代约为距今 5300—4800 年，两城之际的过渡期，至少有 500 年之久。虽然此时石家河的城垣尚未修建，但石家河聚落在前一阶段的基础上，以谭家岭为中心，大大扩展，形成一个北到严家山、南到肖家屋脊、西到朱家坟头、东到罗家柏岭的规模庞大的聚落，占地面积不少于 4 平方公里，尽管还不是石家河聚落范围最大的时期，但这样的遗址规模在长江中游地区已是首屈一指。它意味着遗址群已经初具规模，聚落结构空前复杂，并已汇集了大量人口。

环顾周边，在大洪山南麓的天门北部和京山南部不到 2000 平方公里的范围内，汇集了数量众多的聚落居址，并形成了石家河和屈家岭两个规模庞大的遗址群，聚落的密集程度超过长江中游其他地区。其中，规模最大的石家河遗址群，已经具备了都邑性聚落的特征，其中心地位逐渐凸显，地域之间、聚落之间的等级差异加大，社会组织形态正处在从量变到质变的过程中。

2. 两城之际的文化扩张

油子岭文化晚期的扩张，主要在南、东、西三个方向进行，以向南的扩张最为强劲，整个洞庭湖平原均处于其文化辐射和影响范围之内，在公安王家岗，松滋桂花树，石首走马岭，华容车轱山，澧县城头山、鸡叫城、三元宫遗址中，均发现了典型的油子岭文化晚期遗存。

屈家岭文化早期，扩张和整合的势头比前期更为强劲。与前期相比，一是基本完成了江汉平原和洞庭湖平原的文化整合，尽管两地仍然保留着较多的地方特色，但整体的文化面貌已经在大范围内趋向一致。二是向北的突破性扩张，在西北方向，宜城以北的整个汉水通道已经完全成为其文化辐射和影响之地。这种持续的扩张，最终迎来了长江中游史前文化的鼎盛时期，一个全新的文化大一统的时代即将到来。

也是在这个时期，长江中游地区迎来了筑城的高峰期，出现了湖北的石首走马岭、荆州阴湘城、荆门马家院，湖南的澧县鸡叫城等古城。它们主要分布在湖北西部和洞庭湖西北部，属于屈家岭文化的边缘地区。

那么，为什么在屈家岭文化的中心地区没有筑城，周边地区反而城址林立呢？这种现象恰恰反映了三苗人长期在炎黄集团、东夷集团等族群的环伺下产生的强烈的忧患意识。在这种意识的支配下，三苗人努力开疆拓土，这些城址应该就是文化扩张与冲突的产物。

如果我们把整个屈家岭文化早期的三苗社会看作一个“王国”，那么周边的这些城址就是在王国制约和分权之下的封国或者诸侯国。此时的石家河是政治中心，周边的诸侯作为地方大员，具有较高的军事权力，护佑政治中心的安全。这可以从出土的墓葬资料中获得信息。

我们知道，钺是古代的一种兵器，象征着军权。目前发现的屈家岭文化早期的墓葬，如石家河遗址中心区的肖家屋脊、朱家坟头墓葬，均没有发现石钺，而周边地区的沙洋城河、宜城顾家坡、安乡划城岗、澧县城头山、华容李家屋场等城址或大型公共墓地中则发现了石钺或玉钺，墓葬的规格和随葬陶器的数量均不亚于石家河遗址，有的甚至大大超过石家河遗址。这种现象说明，屈家岭文化早期，中心与边地、社会的顶层与各诸侯之间的差距并不大，各诸侯拥有较高的军事权力和资源分配权力。边地的诸侯实力强大，在扩张的过程中所向披靡，很短的时间内就完成了向西和向南的文化整合。

3. 三苗人扩张的秘密

在距今 5300—4800 年的油子岭文化晚期至屈家岭文化晚期，三苗人能够实现快速扩张，很大的原因是他们掌握了两大利器：一是快轮制陶技术，二是稻作农业及其加工技术。

第一个利器快轮制陶技术其实不是三苗人的发明，很可能起源于山东大汶口文化，但大汶口文化只有少数人掌握了此技术，且主要用于生产高柄杯等奢侈品，而三苗人却把这种技术推广到日用生活陶器的制作上，并迅速普及。生活中最常见的炊器鼎，存储器罐、瓮，盛贮器豆、簋等，无一不采用快轮制陶技术生产。这种技术生产出来的陶器，器形浑圆规整，器表光滑细腻（图七）。由于快轮制陶技术可以使陶胎大大变薄，加上烧制技术也达到了火候高、受热均匀的水平，所以，生产出来的陶器，胎质更加轻薄、坚硬。

第二个利器是稻作农业的成熟。此时的长江中游地区，水热同期，气候适宜，稻作农业得到飞速发展，粮食产量剧增，能够养活更多的人口，所以该时期长江中游地区人口激增。从遗址的分布密度看，这一时期成为该地区人类历史上第一个人口高峰期。三苗人的对外扩张，也可能有人口压力下拓展生存空间的因素。

四、从屈家岭到石家河——三苗王国政治中心的形成

1. 三苗人问鼎中原

屈家岭文化晚期，随着周边文化的衰落，三苗人携制陶和稻作两大利器，大规模开疆拓土。向北，原属北方部族传统之地的河南南阳、信阳均成为南方文化的势力范围。在中原地区的郑州大河村、巩义双槐树遗址中，都能找到屈家岭文化北上的证据。全盛时期的三苗人已经有足够的实力问鼎中原了。西北方向，三苗人沿汉水逆流而上，最远进入陕西东南部。向西，三苗人沿长江三峡西进，到瞿塘峡天险，与三峡地区西部的土著文化——哨棚嘴文化形成东西对峙之势。向南，三苗人沿着洞庭湖湘、资、沅、澧四水逆流而上，最远到达怀化南部的崇山峻岭之中，大有“天下种稻之处，皆为我土”之势。三苗人向东的扩张反而不突出，江汉平原的本土文化，即使在最强势时，也没有跨过蕲春巴河一带，与长江下游皖江地区的文化形成奇妙的和平共处之势。随着三苗人的扩张，长江中游地区迎来了以石家河为中心的空前鼎盛的局面，这是长江中游地区在人类历史上第一个文化面貌一致、生活方式相同、有明确文化中心的时期。

2. 长江中游“四最”史前古城

此时，原谭家岭古城的外围出现了一个特大型古城—— 石家河古城。它位于石家河遗址的中心，是目前长江中游地区发现的面积最大、等级最高、结构最为复杂、遗存最为丰富的史前城址。

石家河古城东北部被西周时期的土城所破坏，环壕围合的部分总体呈长方形。相比长江中游地区出现的其他史前城址，石家河古城具有以下特征：

一是位置居中。石家河古城雄踞大洪山南麓、江汉平原北部，长江中游地区发现的十多座同时期城址呈新月形分布于它的东、西两侧，王居之地石家河古城被其他古

图七 谭家岭遗址出土的陶器

城以众星捧月之势东、西拱卫（见图一）。

二是规模特大。古城城址仅环壕内的面积就超过 2 平方公里，城址内外总面积达 8 平方公里。以城址为核心，周边汇聚了 40 多个大小不等的遗址，且基本连成一体。

三是结构复杂。城址由多重环壕和城垣构成，在西北、北部和东北部尤为明显。经调查和勘探，这些城垣都兴建于屈家岭文化晚期至石家河文化早期。

第一重城垣是邓家湾—土城北部。这一重城垣的东北部被西周时期的土城所破坏，西部和南部保存最好，至今地面形态清晰，结构完整。城垣内的面积约 1.2 平方公里，通常所说的石家河古城，就是指这一相对封闭的部分（图八、图九）。

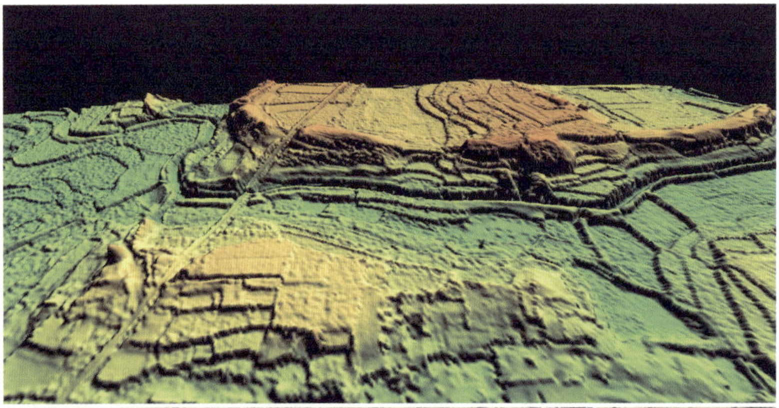

图八
石家河古城西南角城垣三维影像

图九
石家河古城西城垣及印信台遗址航拍

图八
图九

第二重城垣为严家山—黄家山。它们之间形成的是弧形城垣，其中严家山的最高点也是整个遗址的海拔最高点。

第三重是扁担山—鲁台寺—京山坡—毛家岭。这几个台地之间不相连接，中间多有缺口，构成古城最外围的防御体系。

古城的环壕构成也非常复杂，除了环绕城址一周的环壕外，西北方向也有两圈复杂的环壕，组成 Y 字形环壕系统（图一〇）。

显然，如此复杂的城垣和环壕结构，是一项非常浩大的工程，需要一个强有力的组织机构，调动大量人力、物力，历经多年才能完成。但令人费解的是，第二和第三道城垣在东、西两端很突兀地消失于低洼地带，究竟是本来如此，还是后期遭到破坏，还需要做更多的考古工作来证实。

四是古城城内明显经过科学布局，各部分功能一目了然。谭家岭位于城址正中央。二十世纪八九十年代，在对这里进行发掘时，揭露出大量的红烧土建筑。这些建筑分布密集，部分墙体厚达 1 米以上。室内建造也较为考究，部分地面还发现了竹席痕迹（图一一）。因此，可以断定，这里是高等级居住区，非一般平民所能居住。遗憾的是，尽管有线索，至今还是没有发现与石家河古城地位相匹配的大型礼制性建筑。

城内东南的蓄树岭为一般居住区，从屈家岭文化晚期一直延续到后石家河文化时期。

城东的罗家柏岭，在 20 世纪 50 年代即已被确认为屈家岭文化晚期至石家河文化早期的居住区。

南部的三房湾在整个古城中的地位较为特殊，可能是石家河古城最重要的制陶作坊区，主要生产红陶杯、红陶鬶等饮酒类陶器。2015—2016 年，在三房湾东台出土了大量红陶杯堆积。红陶杯从屈家岭文化晚期开始生产，到石家河文化晚期达到高峰。根据此次发掘的情况，整个三房湾东台地南北长 106 米，东西宽 52 米，5512 平方米的范围内均为含陶杯文化层，最厚处达 2.4 米，最薄处也有 1.2 米。目前的发掘厚度仅 1.2

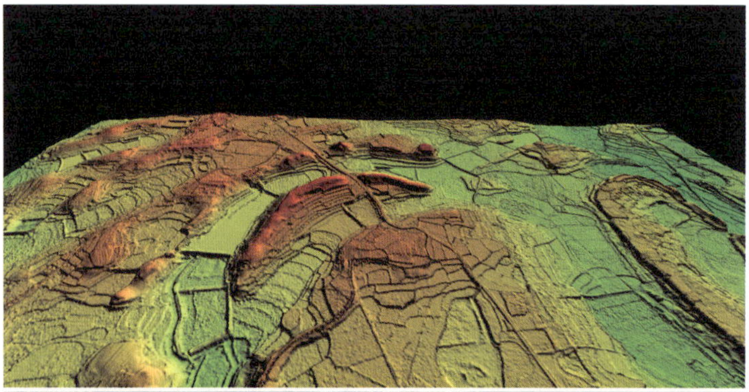

图一〇 石家河古城西北部三圈城垣三维影像

图一一 谭家岭遗址屈家岭文化时期房址

米，其下仍有 1~1.5 米厚的含陶杯文化堆积层。仅 RT9251 一个探方，不到 20 平方米的范围内，就埋藏着不少于 8156 件红陶杯(图一二、图一三、图一四)。据此推算，整个三房湾制陶区 5512 平方米范围内埋藏的红陶杯数量惊人，多达 2242570 件。

墓葬区在城内、城外均有分布。石家河古城城内西北部的邓家湾，可能是高级贵族墓葬区。二十世纪八九十年代对邓家湾进行了发掘，发现了屈家岭文化和石家河文化两个时期的墓葬，还发现了屈家岭文化时期的墓祭场所。出土的遗物中，有一种器物是将泥质红陶的筒形器首尾套接在一起，较为壮观。这种特殊的祭祀用品，目前仅发现于石家河遗址（图一五、图一六）。

石家河古城城址周围也发现了墓地。南部的肖家屋脊遗址发现了屈家岭文化晚期和石家河文化时期的土坑墓，其中不乏规模较大的墓葬。北部的田家冲遗址也大致可确定为屈家岭文化晚期至石家河文化早期的墓地。西部的朱家坟头遗址发现了从屈家岭文化早期到石家河文化早期的墓葬。另外，在罗家柏岭北部也发现了零星的石家河文化早期的土坑墓。

目前，在石家河古城城西和城北各发现了一个专用的祭祀遗址。城西为印信台遗址，其与石家河西城垣隔护城河相望。印信台顶部地势较为平坦，因整体形状呈方形，像一个印章而得名（图一七）。

印信台顶部发掘出 4 个人工堆筑的长方形黄土台基。最大的台基东西长 30 米、南北宽 13 米左右，全部由较为纯净的黄土夯筑而成。沿台基边沿发现了瓮棺葬、扣碗遗迹、土坑墓等。台基 2 与台基 3 之间的低洼地带还发现了两组由数十个红陶缸首尾套接而成的套缸遗迹，气势宏伟，尽管局部遭到破坏，但仍可清晰地看出其基本的排列规律（图一八）。多数陶缸底部被敲掉，缸底集中堆积于一侧，部分陶缸上还有刻划的符号，目前已经发现的符号有十多种（图一九）。可以确认，印信台遗址是长江中游地区目前发现的规模最大的祭祀场所，其宏大的祭祀台基、奇特的祭祀用品为我们生动地展现了史前人类的祭祀场景。

图一二 三房湾遗址东台堆积层中的红陶杯

图一三 三房湾遗址红陶杯堆积层局部

图一四 三房湾遗址套接在一起的废弃红陶杯

图一五 邓家湾遗址出土的筒形器遗迹

图一六 邓家湾遗址出土的筒形器

图一二	图一三	图一四
图一五	图一六	

城北的周家湾遗址基本在遗址群的最北界，这里发现了一个圆形台基（图二〇）。台基西部也发现了首尾连接的套缸遗迹，南、北部发现了大量废弃的缸片堆积。根据其形状与位置，大致可以确认这是一处专用的祭祀场所，其使用年代从屈家岭文化晚期延续到石家河文化早期。

城外四周还汇集着数量众多的遗址。在石家河遗址外围 5 千米的范围内，至少发现 30 多处同时期的聚落遗址，形成一个规模巨大的遗址群。其汇聚的人口规模已经远远超过了现代村庄，这样的城址已经远远超过早期单一城址的规模。周边的普通聚落则从事农业生产，给城内供给食物。产品的交换必然带来贸易的发达，因此，石家河特大城址很可能还是该区域的经济中心和贸易中心。

那么，这个城址有着什么样的社会组织形态呢？放眼此时的中华大地，我们发现，这是整个长江流域文化大放异彩的时期。长江下游地区的良渚文化，此时也迎来了最为强盛的时期。它以 290 万平方米的超大城址、全世界最大规模的大型水利工程，成为整个环太湖地区当之无愧的政治中心。同时期，长江中游地区石家河古城的三苗社会，与良渚社会一起成为长江流域史前文明的代表，两者几乎同时开始了对北方地区大规模的冲击和影响。这种冲击直接导致北方仰韶文化和大汶口文化的衰落，乃至解体，创造了中国 5000 年文明史上的长江时代，为早期中国的形成带来了深远的影响。与良渚社会相比，三苗社会除缺少明确的一神教特点外，其余各方面与良渚社会并无二致，甚至在聚落等级、结构体系方面更为复杂。因此，如果良渚是一个王国，那么，江汉平原以石家河遗址为中心的新月形城址分布带，也应该有一个有着严密控制体系的王国。

五、从石家河到后石家河——盛极而衰后的中心遗失

石家河文化晚期（距今 4300 年左右），石家河古城延续了前期的辉煌。对外，

图一七 印信台遗址三维影像

图一八 印信台遗址套缸遗迹

他们踏着先人的脚步，继续与中原地区的炎黄集团争霸天下，继续在北部边缘地带筑城，把土筑的城垣一直推进到淮河中游的信阳地区。对内，石家河古城也迎来了顶峰时期，壕沟经过多次维修、疏浚，城内及周边 8 平方公里内的居住人口达到了顶峰，城外的居住区已经连成片，古城各个部分的功能分区更加固定；城址周边 10 千米的范围内，遗址数量和人口规模也达到顶峰。整个江汉平原和洞庭湖平原无论是生产、生活方式，还是丧葬习俗，都高度一致。石家河文化特有的红陶杯遍布整个文化区，似乎这里文化繁荣，人民富足，四海升平。但辉煌的背后，巨大的危机已经开始滋生。

图一九 印信台遗址出土陶缸上的刻划符号

1. 石家河的危机

祸兮，福之所倚；福兮，祸之所伏。过于安逸的生活，滋生了衰亡的危机。

一是贫富差距、地区差距加大。从墓葬出土的随葬品可以看出，石家河文化晚期，石家河古城内土坑墓的随葬品数量惊人，如邓家湾、肖家屋脊发现的随葬品最多的墓，仅清一色的陶壶就达 100 多件。而朱家坟头发现的几座墓葬，随葬品都不超过 10 件。周边非中心区的普通聚落的墓葬，随葬的陶器更是少得可怜，有的仅仅发现几个红陶杯，有的甚至完全没有随葬品。这说明，财富在加速向中心区特大城址集中，向少数特权阶层集中。贫富差距、地区差距的加大，最终会动摇社会稳定的根基。

二是奢侈腐化之风盛行，浪费严重。从三房湾南部制陶作坊区的出土遗物看，只有两种陶器：一种是红陶杯，占 90%；另一种是陶鬶，一种盛酒的器具。

绝大多数红陶杯都是石家河文化晚期生产的。这种杯底厚，腹浅，容量较小，其实并不适合饮水，很可能是一种饮酒器。如果说屈家岭文化时期的红陶杯数量少，仅供少数人使用，那么石家河文化晚期红陶杯如此庞大的出土数量，表明红陶杯已经不

图二〇 周家湾遗址圆形台基遗存

是少数人使用的奢侈品，而是全民普及的用品。如果这种红陶杯是一种饮酒器，那么全民饮酒需要消耗多少粮食？墓葬内随葬的陶高领罐，很可能是一种盛酒器，高领罐的数量很可能是财富和地位的象征，越富有、越有权力的人，随葬的数量越多。另外，印信台和周家湾祭祀场所出现的浪费现象也触目惊心，大量红陶缸被频繁地用于祭祀。经检测，印信台红陶缸里装的都是稻谷。

三是文化体内部已经处于刀枪入库、马放南山的状态。长江中游南部和西部的大多数古城，如城头山、鸡叫城、走马岭、阴湘城等，这个时候已经基本停止使用了。这个时期的土坑墓中，多随葬陶器，几乎不随葬兵器，仅在石家河肖家屋脊 M7 中发现 1 件石钺。自废武功的后果是很严重的，尤其是在外部形势出现重大变化的时候。随着中原龙山文化的崛起，以炎帝和黄帝为首的部落联盟已经基本整合了中原地区，至少从尧开始，已经开始了对三苗集团的持续反击和征讨。三苗集团已经颓势尽显，繁荣背后出现了巨大的危机，但三苗人意识不到危机来临，或者已经意识到了，而假装看不到，利益集团继续享受盛宴。

三苗集团与炎黄集团攻守转换的时间大约在距今 4100—4000 年，双方对峙的战线从河南信阳、南阳一线向南逐渐推进。这个时期，三苗集团最终败下阵来，“城头变幻大王旗”，整个石家河古城几乎是在一夜之间就出现了重大的结构性改变，以至于很多学者认为其前后的文化出现了断层，长江中游地区进入后石家河时代。

2. 后石家河时代

考古学上的“后石家河文化”，是一种完全不同于屈家岭—石家河文化系统的文化类型，被深深地打上了北方龙山文化的烙印。后石家河时代的石家河古城及其所反映的文化，与前期相比，有了很大的变化，主要体现在以下四个方面。

第一个变化是石家河古城作为城址，已经完全废弃，东南部的城墙甚至被完全推平，壕沟被填满，古城的各项功能已经不复存在。尽管石家河遗址 8 平方公里范围内仍然人口密集，但结构已经改变。谭家岭不再是遗址的中心，遗址居住区似乎南移到蓄树岭、杨家湾、罗家柏岭一带。三房湾尽管还在生产红陶杯，但规模已经大大缩小。印信台不再是祭祀区，周家湾祭祀区也已经停止使用。

第二个变化是石家河古城已经失去了中心地位，整个石家河遗址就像一个庞大的村落，到处居住着人，但就是找不到中心在哪里，也不清楚是否存在集中、统一规划的公共墓地。这种变化在长江中游地区是全局性的，各地之间的文化不再具有高度的一致性，地区差异、文化差异比较突出。湖南的文化不同于湖北的文化，三峡地区、汉水西部、汉水东部、随枣走廊之间不太遥远的范围内都存在着明显的区别。一句话，石家河遗址很可能已经不再是长江中游地区的政治中心、文化中心。

第三个变化是丧葬习俗的巨大改变。至今没有在石家河遗址内发现后石家河文化时期的土坑墓，普遍发现的是用陶器作为葬具的瓮棺葬，玉器作为随葬品埋藏于瓮棺内。目前，在石家河遗址的谭家岭、肖家屋脊、罗家柏岭、严家山、谭家港等地均发现了这一现象。

第四个变化是，后石家河时代，艺术和个性文化大放异彩。后石家河文化时期的玉器，是继良渚玉器之后，玉器工艺的又一个高峰，也是史前玉器工艺的最高峰。罗家柏岭、肖家屋脊、谭家岭先后出土了三批玉器。2015 年，谭家岭出土的玉器数量最多，有 246 件，超过了前两次出土数量的总和。这批玉器全部出自瓮棺墓葬，因数量较多、造型生动、工艺精湛，一经出土，便在学术界引起了极大的轰动。

与其他史前文化出土的玉器相比，后石家河文化的玉器独具特色，自成一体，普遍使用了圆雕、透雕、减地阳刻、浅浮雕线刻等工艺，代表了史前中国乃至东亚地区玉器加工工艺的最高峰。材质多数为透闪石软玉。种类主要有人头像、动物造型、装饰品及工具类（图二一）。

人头像共出土了 4 件，分为神人头像和普通人头像。神人头像的基本特征是头上生鸟形角，两腮生獠牙。普通人头像的形象较为多样，不拘一格，如连体双人头像。

动物造型的玉器种类丰富，数量也非常多，多数具有写实的特征。除了虎、鹰等凶猛的野兽与禽类，还有鸟、蝉等小动物。蝉的数量最多，有直背蝉、弧背蝉。虎形玉器有完全写实的猛虎形象、虎头像、管状虎头。玉鹰形玉器有虎脸座双鹰玉佩、玉鹰圆牌等。此外，石家河遗址出土的玉冠饰和佩饰，也是后石家河文化特有的器型，基本不见于其他文化区。

后石家河文化的陶塑品也是该时期一个突出的艺术成就。所有陶塑品均为泥质红陶，颜色鲜艳，烧制火候较低，质地细腻，均用手捏塑而成 。根据器物造型，陶塑品可分为陶塑人偶和陶塑动物两大类，绝大多数是陶塑动物。人偶姿态生动有趣，有的舞手抬腿，有的抱鱼抱物，有的背物拥狗。陶塑动物多具有写实性，也有少数特征不突出，难以确切定名。动物形象主要有狗、猪、羊、兔、猫、猴、象、貘、狐、鸟、

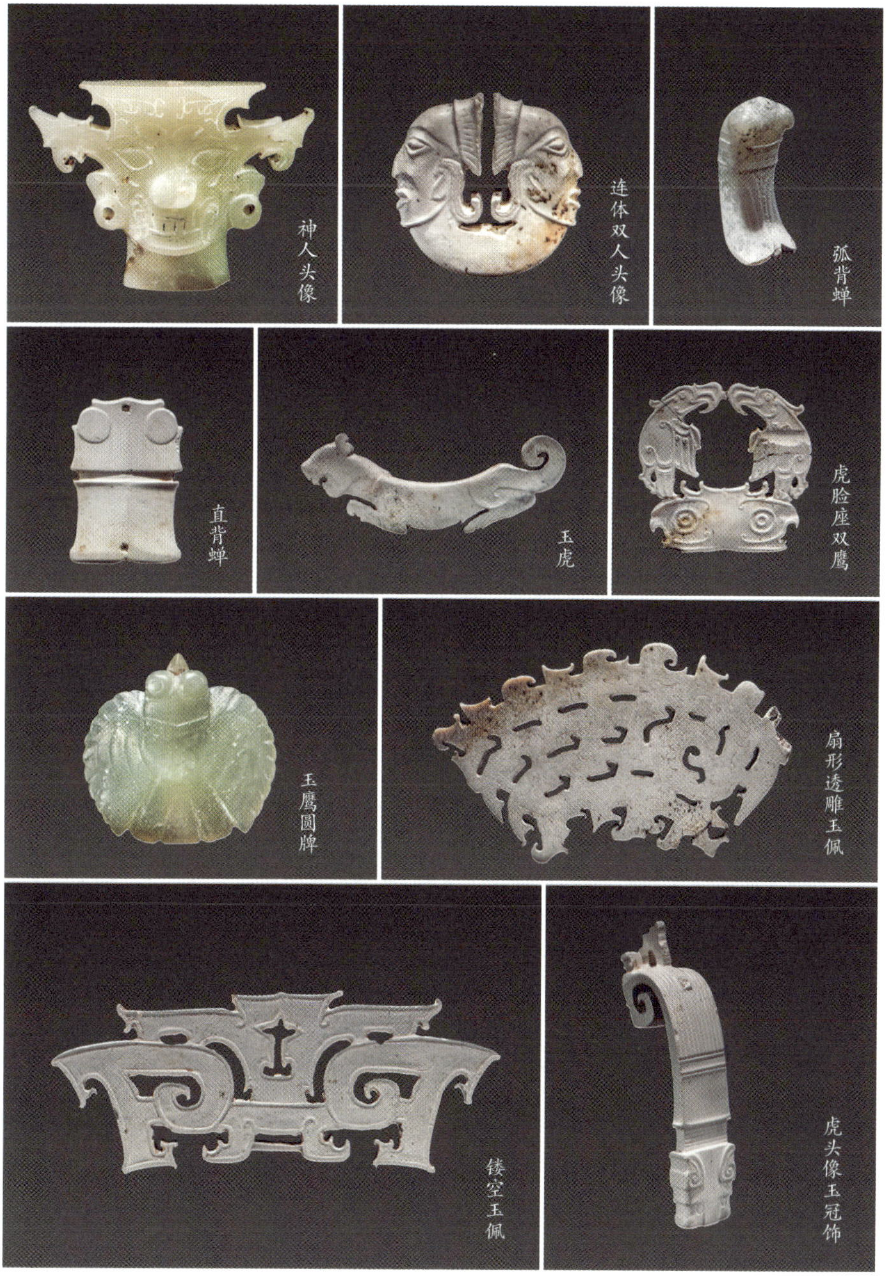

图二二 谭家岭遗址出土的玉器

龟鳖、鱼等，有的狗背上还驮着一个小狗，有的小鸟两个长尾相连，想象丰富，意趣十足（图二二）。

六、石家河古城的历史定位

石家河古城的形成与演变，经历了龙嘴城—谭家岭城—石家河城—古城废弃四个阶段约 2000 年的漫长过程。其间，两条主线贯穿始终，一是长江中游地区江汉平原东部的本土文化从弱小到壮大，从小范围到整合全区；二是向北方的扩张和与北方部族之间的冲突，影响了整个中华文明的进程。这种文化的冲突，客观上促进了中原文明与长江文明之间的交流与融合，最终构成整个中华文明的基石。纵观石家河古城的兴衰史，真所谓“其兴也勃焉，其亡也忽焉”。眼见他起高楼，眼见他宴宾客，眼见他楼塌了，兴起的过程是漫长的，而衰亡只在一瞬间。历史是胜利者书写的，真实的历史需要考古学家去孜孜不倦地探索。但我们仍可以从石家河古城盛极而衰的历史过程中得出认识到——生于忧患，死于安乐。

图二二 邓家湾遗址出土的陶器

未解之谜

1.我们知道，石家河古城的城垣和环壕本体基本上是一个封闭、完整的结构，西面和南面保存最好，结构也最清楚。而古城的北部还发现两圈城垣和环壕，这两圈城垣的两端都很突兀地消失在低洼地里。那么，这两圈略呈弧形的城垣到底是做什么的？当时的人们为什么花费巨大的人力、物力去修这样两圈在今天看来毫无意义的城垣呢？

2.以石家河古城的等级和地位，一定有与其地位相匹配的大型礼制性建筑，虽然已经在古城中心谭家岭发现了屈家岭文化时期的房屋建筑，也有一些线索显示这里很可能存在高等级的礼制性建筑，但是，考古学是一门实证科学，得靠事实说话，目前的发现还远远不够。要想在谭家岭找到大型礼制性建筑，还需要考古学家们持之以恒地努力。

3.城址的管理者、首领们、特权阶层们，他们的墓地在哪里？尽管目前在邓家湾、肖家屋脊、朱家坟头、罗家柏岭发现了一些鼎盛时期的墓葬，有些墓葬，如肖家屋脊M7，随葬品的数量也冠绝当时、当地，但这些墓葬别说与同时期良渚文化、大汶口文化的墓地相去甚远，就算与本文化区的城河遗址墓地、顾家坡墓地、穆林头墓地相比，也显得较为寒碜，既没有随葬显示财富和地位的玉器，随葬钺的现象也极为罕见，整个石家河遗址，仅M7随葬一件石钺，属于石家河文化时期，油子岭文化和屈家岭文化时期则完全没有发现。是我们还没有找到，还是石家河高等级贵族墓葬显示权力、财富、地位的方式与众不同，别具一格？

4.我们知道，石家河古城从屈家岭文化到石家河文化这一最鼎盛的时期，一直不流行玉器，这与良渚文化形成鲜明对比。在古城废弃后的后石家河文化时期，却突然流行小型玉器，且一出现就以令人瞠目结舌的高超工艺和艺术化、生活化的丰富造型，让现代人叹为观止。那么，玉料从哪里获得？这样的玉器传统和加工技术来自何处？

为什么具有如此高的水平？是来自良渚文化，还是来自山东龙山文化？

5.后石家河文化之后，本地区大量密集的人口去了哪里？石家河遗址在距今3850年之后的夏代纪年里，在相当长的时间内几乎没有发现人类居住遗迹，江汉平原的其他地方也基本这样，发现的夏时期的遗址寥寥可数，三苗盛世景象不再，整个江汉大地几乎呈现一片千里无人烟的景象。文献记载，禹征三苗之后，迁三苗于三危。如果说迁走一部分人和三苗王国的统治阶层，还可以理解，把整个三苗集团分布范围的人全部迁走则是一件不可能完成的事情。或者是当时的入侵者把三苗人赶杀殆尽？这样的事情虽不能完全否认，但真要实行起来几乎不可能。那么，大量的三苗人到底去了哪里？这是留给学术界最大的一个难题，只能留待以后的考古学家去解答了。

凌家滩遗址

张小雷
安徽省文物考古研究所

凌家滩遗址位于安徽省含山县裕溪河北岸一个叫作“凌家滩”的小村庄。凌家滩遗址是中华五千年文明的重要起源地之一，开启了一个文明化进程的崭新时代。凌家滩遗址以其鲜明的地域和时代特点，被命名为“凌家滩文化”，与“红山文化”“良渚文化”，并称“中国史前三大玉文化中心”。

凌家滩遗址被评为“1998 年度全国十大考古新发现”之一。

2001 年，被国务院公布为第五批全国重点文物保护单位。先后被纳入国家“十一五”“十二五”“十三五”重要遗址保护规划中。

2013 年 12 月，凌家滩国家考古遗址公园由国家文物局批准立项。

一、凌家滩遗址的发掘轨迹

1. 文明遗址新发现

在中国东部，巢湖之东，有一座高山，名曰“太湖山”。太湖山向南延伸出几条山岗，其中最长的山岗向南直抵裕溪河畔，俗称“十里长岗”。这条山岗的南部渐收成条形，从空中俯瞰，宛如一尊仰身安卧的大佛（图一、图二、图三）。这里就是凌家滩遗址所在地。

1985 年冬日的一天，安徽省含山县长岗乡凌家滩村村民万传仓的母亲去世，在给这位老人挖坟的过程中，村民们挖出了许多陶器、石器、玉器。“村里的地底下挖出了很多老物件”，这一消息迅速在村里传开，村民们纷纷过来围观。长岗乡文化站站长李余和听闻此事后立即赶到现场。他敏感地意识到：“这是挖到了文物，得赶紧上报。”他一方面疏散了聚集的村民，让人保护好现场，一方面收集了部分文物，紧急送到 60 里外的含山县文物管理所。含山县文物管理所立即将情况上报给安徽省文物考古研究所。安徽省文物考古研究所马上派考古部主任杨德标和张敬国赶往凌家滩进行实地调查。

他们赶到文物出土现场，发现出土文物的地点位于比较高的岗地上，挖出的土比较纯，不像一般的灰坑或文化层堆积，据此，他们判断此地可能是一处窖藏地点。在出土现场往南 400 米的裕溪河边，他们也发现了许多陶片，与葬坟处出土的陶片相似。

二人结合地形、地貌，初步判断凌家滩是一处新石器时代遗址，面积比较大，葬坟地可能是新石器时代遗址的墓葬区，有必要进行试掘，一探究竟。

经过一年多的准备，1987 年 6 月，安徽省文物考古研究所派出了由张敬国、蒋楠、靳永年、李余和组成的考古队，由张敬国担任队长，用 3000 元经费开始了对凌家滩遗址的试掘。

初战大捷

新的遗址该从何处下手，这是所有考古工作者都要面临的一个问题。按照现在的做法，一般是先仔细调查，然后进行大规模系统勘探，最后选择勘探效果好的地点进行发掘。但在当时，一是人手紧张，二是发掘经费有限，只能根据已有的线索选择发掘区域。已有的线索就是那座万家的新坟，于是张敬国在紧挨坟堆的西侧布了 3 个 5 米 ×5 米的探方进行试掘。

发掘开始后没几天，在编号为 T1 的探方内发现了一片土质、土色比较特别的区域。考古队员经过仔细刮、铲，发现一个椭圆形遗迹。大家的注意力集中在这个椭圆形上。很快，土层中出土了 3 件玉人。这是中国乃至世界新石器时代考古中首次发现玉人，证明该区地下确实有重要的新石器时代墓葬。这一重要发现，极大地鼓舞了考古队员的士气。

紧接着，更重大的发现接踵而来。在 M1 的西南侧，清理完第三层土后，考古队员发现了一件长 34 厘米、宽 23 厘米、重达 8.5 斤的大型石钺，石钺周边有一片大致呈长方形的区域。多年的考古发掘工作经验让张敬国意识到这应该是一座墓葬，而且是一座不一般的墓葬。

果然，随着墓内填土的不断清理，一件件玉器出现了，其中就包括后来非常著名的玉龟和玉版。随后，T2 内也发现了 2 座墓葬，出土了少量玉璜、玉环、石斧等。两个小探方，50 平方米，就发现了这么重要的墓葬，出土了这么多重要文物，这一成果

图一 | 图二

图一 凌家滩遗址全景

图二 凌家滩遗址远景

图三 凌家滩遗址宛如一尊卧佛

着实出乎张敬国的意料，初战告捷!

二战受阻

1987 年 11 月，经国家文物局批准，正式对凌家滩遗址进行第二次发掘。张敬国任领队，参加人员有贾庆元、胡欣民、何长风、张捷、葛林、何爱平、祁述义、李余和。为了继续寻找墓葬，这次发掘紧挨上半年发掘位置，向北布了 11 个 5 米 ×5 米的探方，面积达 275 平方米，共发现新石器时代墓葬 11 座，出土了虎首璜等玉器 360 余件。

由于种种原因，这次发掘进展得非常不顺利。在没有办法推进的情况下，考古队只得做好善后工作，暂时撤离了现场。没想到这一别就是十年。

第三次发掘

鉴于凌家滩遗址的重要性和遗留下的许多没有解决的问题， 1998 年，国家文物局批准了凌家滩遗址的第三次发掘。

这一次，发掘区的主体位于 1987 年发掘区北部、西部和东南部。队长张敬国带着考古队，对凌家滩遗址进行了规模最大的一次发掘，面积达 1600 平方米，发现了新石器时代墓葬 29 座，出土了玉人、玉鹰、玉龙等玉器 315 件。另外，为了充分了解聚居区的情况，在裕溪河北岸平地还发掘了 225 平方米。在这次发掘中，一座祭坛轰动了考古学界，凌家滩遗址成为“1998 年度全国十大考古新发现”之一（图四）。

其实，凌家滩祭坛在 1987 年第一、二次发掘时就已经出露了，只是当时发掘面积小，发现的石子层不够典型，被考古队员当作普通文化层对待了。这一次，随着发掘面积的扩大，考古队员发现这一石子层范围明确、堆筑讲究，表面类似圜形，从顶部到边缘最大高差约 1 米。通过局部解剖和对石子区域中部因后期墓葬打破而形成的剖面进行观察，可分为三层：最上层用大小不一的鹅卵石、碎石为原料，以黏土为黏合剂铺设而成，结构略为松散，中间含有少量陶片；中间一层用灰白色胶泥掺和石英碎块、大粒黄沙和小石子搅拌夯筑而成，结构十分紧密，中间不含陶片；底层为纯净、细腻的黄斑土，厚 10~20 厘米，比较硬，似为夯筑。最上层大体覆盖了中间层，但中心向北有一定程度的偏移，面积约 800 平方米，近似方形。在石子层的表面发现了 3 处祭祀坑和 4 处积石圈。祭祀坑内出土了少量陶器、石器。

通过种种迹象判断，它是一个祭坛。该祭坛位于遗址的最高处，是一处相对独立的祭祀和埋葬场所。

那么，祭坛与墓葬是什么关系呢?

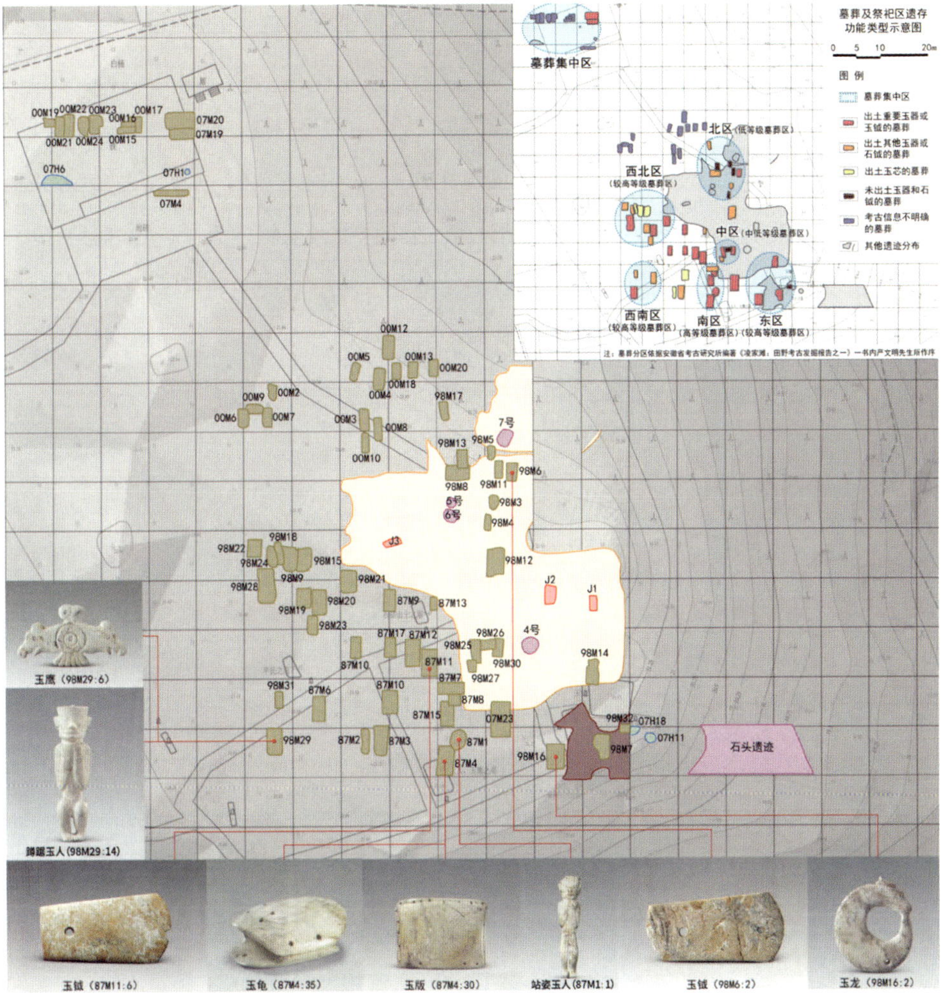

图四 凌家滩遗址祭坛与墓葬分布图

这些墓葬大多分布在祭坛周围，出土较多玉器的大墓基本上在祭坛第一层的南面，呈东西向排列；西、北面则相对集中地分布着一批随葬石器较多的墓葬，石钻、砺石、大量玉芯均出土于西边墓葬中。这批墓葬与祭坛第一层没有打破关系，布局具有一定的规划性，从平面上看，它们基本上围绕着祭坛，应与祭坛属同一时期。在祭坛的表面还有一批较小的墓葬，打破了祭坛第一层。它们多数仅随葬石器、陶器，玉器极少，在排列上也比较无序，从类型学上看，遗物也显得略晚，因此这些墓葬应是祭坛废弃或遭遇某种变故之后的遗迹。

祭坛应是凌家滩人祭神、祭祖以祈求保佑的地方，是凌家滩人心中的圣地。

第四次发掘

2000 年 10—12 月，张敬国带队，对凌家滩遗址进行了第四次发掘，发掘面积达 525 平方米。

这一次发掘在墓葬区和凌家滩村内红烧土区两个地方进行。墓葬区发掘地点位于祭坛北侧和西北部，发现了新石器时代墓葬 20 座，出土了玉器、玉料 35 件。

对村内红烧土区域的发掘则结合了钻探技术，发现该红烧土区域的平均厚度在 1.5 米左右，红烧土遗迹上发现少量木炭、陶片、石器和一口深约 3.8 米的水井。据此，考古队员推测，此遗存属于当时重要的建筑遗迹。由于这一次的发掘面积较小，这处大型红烧土遗迹的完整形态、性质和功能并没有完全弄清楚。

第五次发掘

2007 年 5 月 10 日，凌家滩遗址的第五次发掘在得到国家文物局批准后开始了。张敬国依旧出任考古队领队。

这一次的发掘地点位于墓地的西北部和祭坛东部。发掘进行了一个多月，在墓地西北部主发掘区域仅发现了 3 座小墓，这令张敬国有些失落。恰巧，当时祭坛上有一座现代坟迁走了，两座现代坟中间出现了一个狭窄的区域。这一片距离 1987 年第一次发掘时出土玉人的位置仅仅 5 米，张敬国决定从这里入手，试试看会不会有新的发现。这一试不要紧，凌家滩遗址的“王者之墓”就此展现在世人面前，成为凌家滩遗址迄今发现的规模最大、随葬品最为丰富的墓葬。

6 月 24 日，在编号为临 T1 的探方西部发现一件大玉猪。25 日，在其南侧发现一个长方形坑，坑内北侧有一组陶器。考古队员在清理这组陶器时又发现了玉环、玉钺等器物。玉器的不断出现，触动了考古队员们的兴奋点，张敬国决定连夜加班。至晚上 8 点多，玉器越出越多，特别是一件深绿色精美玉钺的出土，让张敬国意识到这是一座大墓。当夜已经不可能清理完了，大家干到晚上 10 点便停下来，请当地派出所的警员和考古队队员值夜班看护。26 日，考古队在墓的上方搭了简易棚后继续工作，直至 7 月 13 日才清理完毕，有些还整体提取，进行实验室考古。

大玉猪所在的小坑位于墓的中部，该墓坑打破祭坛，呈不规则长方形，长 3.45 米，宽 2.1 米，深 0.3 米，墓底至地表深 0.55 米，面积约 7 平方米，是整个墓地中最大的一座。头向南。墓坑内有棺椁的痕迹，人骨已腐朽无存。随葬的玉器、石器排列紧凑，局部层层叠压达 2~6 层。共出土玉器 210 余件、石器 90 余件、陶器 20 余件。在墓坑南端大致为墓主头部的位置密集放置了 20 多件玉环。在双臂位置，左右各有 10 件玉镯对称放置。在腰部位置放置 1 件玉龟和 2 件龟状扁圆形器。墓坑南部靠近墓主胸部位置放置 10 件玉璜。墓坑底部排满石锛（图五、图六）。

能有如此丰富的随葬品，这位墓主到底是什么样的人物？根据当时社会的特征和随葬品特点，考古队员推测，墓主应该是当时政教合一的既掌握神权又控制军（王）权的最高统治者。

被誉为“王者之墓”的 07M23 堪称凌家滩墓地历年发掘中最重要的发现，也是长江中下游地区新石器时代考古最重要的发现之一，为探讨中国文明起源提供了极其重要的材料。

图五

图六

图五 凌家滩遗址07M23墓主身体上方放一组石钺（东—西）

图六 凌家滩遗址07M23棺底所铺玉石器（铺于棺底之上）的石锛排列情况（南—北）

张敬国任领队的凌家滩前5次发掘，发掘面积共2960平方米，发现大型祭坛1座、墓葬68座，出土玉器和玉料1100余件、石器600余件、陶器500余件。凌家滩遗址作为中国史前三大玉器中心之一，得到了学界认同。带着这些光环和荣耀，2008年，张敬国光荣退休了。

2. 探寻活着的世界

随着凌家滩墓地考古成果的不断出现，墓地在凌家滩遗址中的情况已经比较清楚了。但是，凌家滩遗址的整体布局和居住区方面的情况，只是大体知道墓地南边有大型红烧土区域、岗地两侧的平地为生活居住区，其他就所知甚少了。比如，凌家滩周边的聚落情况是怎样的？是“一枝独秀”，还是“众星捧月”？ 因此，从2008年开始，凌家滩考古工作的方向从玉器研究转变到聚落研究，以达到“探寻活着的世界”的目标。

这个时期的凌家滩遗址考古掌门人已经顺利完成了交接，吴卫红作为第二任考古队长，扛起了凌家滩遗址新一轮考古的重担。新一轮考古工作从区域系统调查开始。2008—2013年，利用每年的冬春时节，吴卫红从全国招募大批考古及相关专业的本科生、研究生，对凌家滩及裕溪河流域进行了8次区域性系统调查，调查面积达400平方公里（图七）。在凌家滩周边新发现了9处同期略早的遗址，这些遗址的面积多在1万~4万平方米（图八）。它们的分布明显是以凌家滩为中心的，这证明凌家滩是在社会发展的基础上产生的中心聚落。

随着区域性系统调查的推进，吴卫红找来勘探队，借助专业勘探的力量和科技手段，如碳十四测年和光释光测年、动物考古研究、环境植被研究、陶器工艺和科技研究、淀粉粒分析、玉器科技研究等，使凌家滩遗址鲜活了许多（图九）。

2014年的一天，在遗址东北部，勘探队员们钻探出一条壕沟状的遗迹。善于捕捉蛛丝马迹的吴卫红抓住这一线索，对这条壕沟进行了重点钻探。勘探队越往前推进，考古队员的期待越大。壕沟遗迹在石头圩一带向南转折，又继续向南，直到裕溪河北堤，

图七
区域系统调查

图八
凌家滩及周边遗址略图

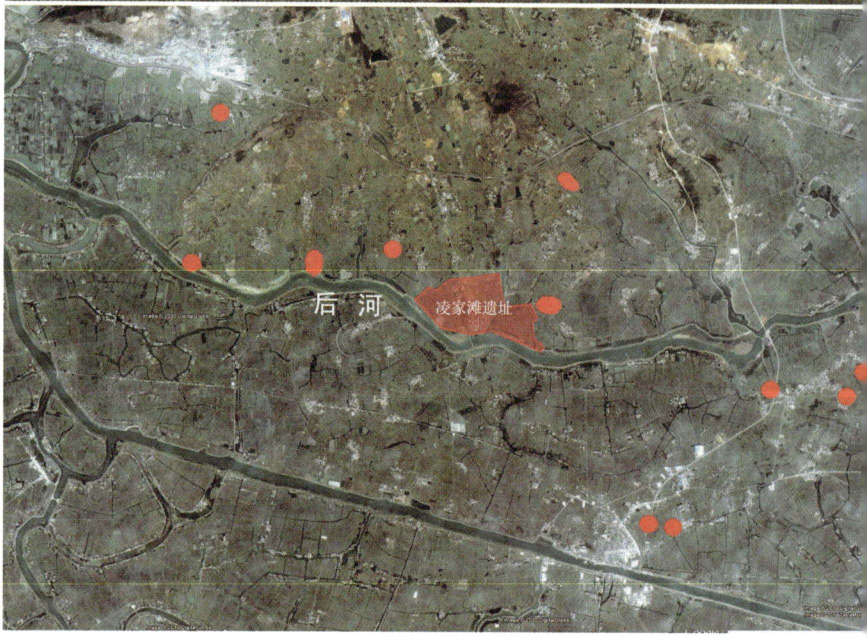

图九
考古钻探

随着壕沟西段钻探的推进，内环壕封闭了。

内环壕全长2000多米，平面大体呈梯形，与裕溪河围成一个封闭空间，南北宽400多米，东西最长1200多米。沟口宽窄不等，两侧平地最宽处达30多米，窄的也有8~17米，沟深1~2米。岗地上的壕沟最深处近7米。内环壕以内面积近50万平方米，是整个凌家滩聚落主要的生活区，与显贵墓葬区隔沟相望，只在墓葬区南侧的山岗最高处有一个宽15米的缺口，应该是出入通道（图一〇）。

真是一个惊喜接着一个惊喜。不久，勘探队在内环壕以西500米处发现了外壕沟。外壕沟呈西南—东北走向，北段折向东，长不足千米，在遗址东北角的低洼处消失了，不知是后期被破坏了，还是其他什么原因，也就是说，外壕沟并没有环起来。所以，准确地说，外壕沟不能称为“环壕”，只能称为“壕沟”。外壕沟宽20余米，自深

1~2 米，在岗地北端的高处也有一个缺口。

至此，凌家滩遗址的重要发现，有着两道壕沟的超大型聚落完整地呈现出来。它是目前国内同时期规模最大的壕沟之一，反映了凌家滩文化时期，社会已具有一定的公共资源调配能力。壕沟的主要功能是保护其包围着的生活区域以及生活在这里的居民（图一一）。

3. 文化遗址的当代身份

经过数十年的发掘，凌家滩遗址已经完成了最主要的考古使命，成为一处成熟的文化遗址。2019 年 11 月，张小雷正式接手凌家滩遗址，成为凌家滩遗址第三任考古队领队。凌家滩墓葬区已经基本发掘完毕，两道壕沟的整体布局已经揭示，凌家滩的考古工作下一步怎么做？张小雷日思夜想，终于理清了思路，确立了新的目标：一方面，进一步明晰凌家滩遗址的聚落布局，内、外壕沟的完整形态及壕沟缺口等防御设施，大面积红烧土区域的情况等专业问题；另一方面，继续做好多学科合作研究，配合凌家滩国家考古遗址公园建设，让遗址公园真正惠及人民群众，实现中华文明遗址身份的现代转化。

二、凌家滩遗址宝玉库

凌家滩出土了大量玉器，都很精美，可分为兵礼器（钺、斧）、象生礼器（龟、龙、鹰、人等）、特殊礼器（版、勺、三角形玉片）、饰品（璜、玦、环、镯、璧、管、珠、耳珰、坠），料和芯等几大类。其中，最精美、最神秘、最特殊、最具代表性的是玉龟、玉版、玉人、玉鹰和玉猪等。

图一〇 凌家滩遗址内壕沟北段解剖全景

图一一 凌家滩遗址内、外壕沟与功能区分布位置示意图

玉龟

在第一次发掘的凌家滩墓葬87M4中出土了一件玉龟，由背甲、腹甲两部分组成。背甲呈圆弧形，背上有脊，两边各对钻两圆孔，背甲尾部对钻四个圆孔。腹甲的两侧与背甲钻孔对应处也对钻两圆孔，腹甲尾部对钻一圆孔。这些上下对应的孔应是拴绳固定之用（图一二）。玉龟旁边是刻纹玉版，在其东北0.15米处出土1件长条形玉器，当时命名为玉簪，不过根据07M23玉龟内有签的情况来看，这件玉簪也应为玉签。

07M23大墓中也出土了玉龟，而且一出就是3件，均位于墓主人腰部正中位置。其中2件不是太像龟，被命名为龟状扁圆形器。玉龟背甲的尾部两边有两个对钻小圆孔，腹甲尾部中间对钻一圆孔，腹甲琢刻成龟甲样式。龟状扁圆形器一端平口，一端斜口，在上腹面的平口一端对钻三个小圆孔。这三件器物腹腔内各放置一两件玉签，玉签顶端有一对钻圆孔。考古工作者初步推测这是一组占卜工具，也有人认为是玉铃（图一三）。

玉版

玉版正面呈长方形，两短边略内弧，背面略内凹。两短边各钻5个圆孔，一长边钻9个圆孔，另一长边在两端各钻2个圆孔。中部刻有一小圆圈，圈内刻八角星纹。圈外刻一大圆，两圆之间以直线平分八等份，每等份中刻一圭形纹饰，在大圆外沿对着长方形玉版的四角各刻一圭形纹饰（图一四）。

这件玉版是目前全球所发现的唯一一件。

这件玉版究竟有什么用途呢？众多研究者对此进行了研究，发表的论文不下几十篇，包括饶宗颐、俞伟超等大家。所得结论多不同，大体可概括为：与“元龟衔符”的八卦有关，与方位和数理有关，与天文观象授时有关，与式盘有关，与良渚玉琮仰视角度展开有关，与中国文化中的宇宙观有关。著名国学大师饶宗颐先生研究后认为“荒诞不经的神话怪谈，都可印证起来，竟有他的事实依据，那真是匪夷所思”。

玉人

凌家滩遗址共出土了 6 件玉人，分别出自 87M1 和 98M29，各出土 3 件。

87M1 出土玉人为站姿，98M29 所出玉人呈蹲踞姿态。玉人均为长方脸，大眼，浓眉，蒜头鼻，两大耳，耳坠穿孔，大嘴，上唇留短须。头戴纵梁冠，冠后刻四条横线。两臂弯曲，十指张开，置于胸前，似祈祷状。两臂各戴 5~6 件玉镯。腰部饰斜线纹以示腰带。背部钻一隧孔（图一五、图一六）。

关于这件玉人的作用，说法不一，大体认为是崇拜对象或法器。

玉鹰

在出土玉人的 98M29 中，还出土了一件凌家滩和安徽考古的标志物——玉鹰。玉鹰呈展翅飞翔状，头和嘴琢磨而成，眼睛用一对钻的圆孔表示，两翅各雕一猪头，似飞翔状，腹部刻划两周圆圈，圆圈之间刻八角星纹，最内对钻一圆孔。器下部刻扇形齿纹，作鹰的尾部。令人称奇的是，鹰两面雕刻纹饰完全相同。这件玉鹰其实不大，宽 6.35 厘米、高 3.6 厘米（图一七）。

玉龙

玉龙出自 98M16，呈扁椭圆形，首尾相连。两面刻相同纹饰，吻部突出，头顶雕刻两角，阴线刻出嘴、鼻、眼、须。龙身脊背两面刻对称的斜线，近尾部对钻一圆孔，显示玉龙应属悬挂之物（图一八）。

玉猪

07M23 大玉猪的发现过程比较奇特。2007 年 6 月 21 日，在临 T1 西部第二层下发现一块大石头，西面部分被压在探方外。6 月 22 日，向西扩方 1 米。6 月 24 日下午，大石块全部暴露，准备运回驻地。起运时，负责该探方的齐纪绪发现该石块朝

图一二 | 图一三
图一四

图一二
凌家滩遗址87M4玉龟

图一三
凌家滩遗址07M23腰部三个玉龟形器（北—南）

图一四
凌家滩遗址87M4玉版

图一五 图一六
图一七

图一五 凌家滩遗址 98M29 蹲踞玉人

图一六 凌家滩遗址 87M1 站姿玉人

图一七 凌家滩遗址 98M29 玉鹰

西南方向的一端有雕刻痕迹，全部取出后才发现这是用简洁手法雕刻成的大石猪（图一九）。他立即喊来在北区的现场负责人吴卫红。为明确该玉猪的时代，他们仔细研究了地层关系，确定为凌家滩文化时期的文物。当晚运回驻地后，张敬国用水进行了清洗，石猪形态显现，被认为是玉猪。不到一小时，消息传遍全村，村民纷纷前来围观。

该玉猪长 72 厘米，宽 32 厘米，重 88 千克，扁圆形，呈东北—西南方向侧面放置，利用玉料的自然形态雕刻而成，形态逼真。吻部突出，嘴部雕刻明显，其上有两个鼻孔，在嘴的两侧刻向上弯曲的一对长獠牙。眼睛用减地法表现。在头部上方刻一对向上竖立的耳朵。颈部略加琢磨，形成一个较宽且浅的半圆形脖子。在腹部的一侧，简单地琢出两条弯曲的线，形似蜷曲的双腿或带翼的翅膀（图二〇）。

这件玉猪是我国考古发现的时代最早、形体最大、最重的玉雕猪形器。猪在中国古代文化中是财富的象征，将这件大玉猪放在墓的上方，显然是用来表明墓主人的社会地位。

三、凌家滩是良渚的“叔父”吗？

如此讲究的聚落选址、如此有规划的聚落布局、如此宏大的工程、如此精美神秘的玉器，无不彰显着凌家滩这个神秘的社会组织。它在中国考古学文化中处于什么样的阶段？又在中国文明演进过程中有什么重要性和意义呢？

我们首先从它与良渚文化的关系来看凌家滩遗址在中国史前文明中的时空位置。一生致力于良渚文化发掘与研究的浙江省文物考古研究所王明达先生曾说：“我们到凌家滩是来朝拜的，即使凌家滩不是良渚的直接源头，也应该是叔父辈。”可谓一语道破凌家滩与良渚的关系。

在07M23发现之前，著名考古学家严文明先生在凌家滩发掘报告的序言中写道：“可以毫不夸张地说，在长江下游，凌家滩人是首先走上文明化道路的先锋队……在凌家滩之后，文化发展的重心可能有所转移。至少玉石工业的重心转到太湖流域的良渚文化那里去了。因为良渚文化前身的崧泽文化玉器很少，加工技术也不高。良渚文化的玉器工业则发展到了登峰造极的地步。如果没有技术上的传承，这样突然爆发式的发展是难以想象的。事实上良渚文化玉器制造的各种技术，除了微雕式的线刻不见于凌家滩外，其他技术在凌家滩都已经采用。”

著名考古学家张忠培先生也曾说：“凌家滩的玉器，有别于良渚文化，异于红

图一八
凌家滩遗址 98M16 玉龙

图一九
凌家滩遗址 07M23 玉猪出露时（东—西）

图二〇
凌家滩遗址 07M23 玉猪

图一九 图二〇
图一八

山文化，彰显出强烈的自身个性。其呈现的文化进程，领先于同期的其他文化。回溯其所处年代，当谓中国只此一家，世界别无分店。凌家滩的总体文化面貌具有一定的地域特点，可看作一支独立的考古学文化，或可称之为“凌家滩文化”。凌家滩的玉器，昭示出中华文明的多样性、复杂性和一体性，是中华五千年文明不可多得的宝贵实证。……凌家滩墓地中那些既以卜卦器具随葬，又用玉钺随葬的墓葬主人，应是当时政教合一政权中既掌握神权又控制军（王权）的最高统治者。凌家滩墓地所表征的社会，已迈进了文明社会的门槛。”

目前，中国史前考古学界已普遍认为凌家滩玉器与良渚文化玉器、红山文化玉器等，同为中国新石器时代晚期第一个用玉高峰期的杰出代表，其年代略早于良渚文化，且对环太湖地区良渚文化玉器系统的形成产生过重要影响。凌家滩遗址与红山文化晚期玉器间的相似因素，应是前者早于后者，前者影响后者。这不仅颠倒了两个考古学文化间相互影响的程序、方式与途径，无疑也将冲击我们对整个中国史前区系类型考古学文化格局的认识。

因此，从这个角度来说，凌家滩文化所反映的不仅是发达的玉器文化，它的重要性更体现在对中国文明的促进方面。凌家滩文化和相近时代的其他文化已为中国文明起源打下了良好的基础，孕育了中国古代文明的多种特征。凌家滩文化更由于其年代较早和内涵丰富，成为促进中国文明诞生的先行者之一。

2012 年，在含山召开的凌家滩文化论坛上，与会专家一致认为凌家滩遗址具有鲜明的地域和时代特点，可以称为“凌家滩文化”。它的出现，开启了一个崭新的时代，展现了中华文明的曙光，在中华文明起源和形成过程中处于标志性地位，是中华五千年文明的重要起源地之一。

四、凌家滩遗址今天的身份

凌家滩研学旅行基地其实是凌家滩国家考古遗址公园先行开放的重要功能区。先行开放的还有墓葬—祭祀区，将祭坛、已发掘墓葬按 1:1 的比例现场抬高，复原展示。

2013 年 12 月 17 日，国家文物局正式公布第二批国家考古遗址公园名单和立项名单，凌家滩考古遗址公园被列入立项名单，这标志着凌家滩遗址将成为安徽省首批国家考古遗址公园。经过近六年的持续建设，凌家滩国家考古遗址公园已基本建成，防洪工程、环遗址柏油公路、游客服务中心、内外环壕展示项目、墓葬—祭祀区、文明探源馆、考古工作站、环境整治等项目均已完成，并对外开放，正等待着验收挂牌。遗址博物馆正在建设，相关的考古工作正在开展，为下一步的展示打下基础（图二一）。

如今，漫步在凌家滩考古遗址公园，不仅能领略纯净的江淮美景，还能学习凌家滩文化，感受中国文明起源地的神圣。

图二一 凌家滩研学旅行基地及考古工作站

未解之谜

经过30多年的考古发掘和研究，凌家滩遗址已经和今天的我们有了穿越时空的广泛“交流”，但是，他、他们，于我们而言，依然有许多待解之谜，是下一个30年我们需要持续“交流”的问题。

1. 凌家滩外壕沟为什么没有闭合？内、外壕沟向南还有吗？原来是闭合的长方形，被裕溪河冲毁了吗？凌家滩有城墙吗？内、外壕沟的关系是怎样的？内、外两重壕沟，是护城河的雏形吗？

2. 凌家滩墓地以北还有墓地和祭坛吗？凌家滩还会有更大的墓葬和更精美、神秘的文物吗？

3. 凌家滩西北5千米的那条长岗为什么会内收？跟凌家滩有关吗？

4. 凌家滩玉器究竟来自哪里？

5. 凌家滩与红山真的存在上层社会交流网吗？凌家滩人真的去过红山吗？或者红山人真的来过凌家滩吗？

6. 凌家滩为什么衰落了？凌家滩人真的去过良渚地区吗？

良渚遗址

王宁远

浙江省文物考古研究所

世界遗产委员会认为："良渚古城遗址展现了一个存在于中国新石器时代晚期的以稻作农业为经济支撑，并存在社会分化和统一信仰体系的早期区域性国家形态，印证了长江流域对中国文明起源的杰出贡献。此外，城址的格局与功能性分区，以及良渚文化和外城台地上的居住遗址分布特征，都高度体现了该遗产的突出普遍价值。"

2019 年 7 月 6 日，在阿塞拜疆首都巴库举行的联合国教科文组织第 43 届世界遗产大会上，随着大会主席法槌的落下，良渚古城遗址成功列入《世界遗产名录》。

太湖南侧，浙西丘陵山地与浙北平原交界地带西侧的天目山，其南北两支余脉向东延伸，仿佛臂膀一样将其间的平原环抱，形成一个三面环山、东侧开放的C形盆地。良渚遗址群即位于这个大C形盆地的北侧，它的中心就是良渚古城（图一）。良渚古城位于浙江省杭州市余杭区瓶窑镇。1936年之前，世人对良渚一无所知。良渚人真可谓“事了拂衣去，深藏功与名”。在文献和传说中，良渚都了无痕迹，直到考古人的加入……

一、良渚古城的考古历程

20世纪30年代，考古这一媒介让我们发现了又一个中华文明的起源地——良渚。随着现代科技的发展，加之考古人的努力，良渚一步步走出尘封的岁月，越来越清晰地走入这个时代，与今天的我们交流。这是一个不算长，但也不短的过程，大致可以分为4个阶段。

1.“遗址点”考古阶段（1936—1985年）

1936年，施昕更先生首先发现了良渚遗址。由于当时盗掘出土的良渚玉器被认为是周汉之物，所以良渚遗址的重要性并没有得到充分认识。学术界认为，良渚遗址出土的黑陶是北方龙山文化南渐的结果。

1959年，夏鼐先生提出“良渚文化”的命名。1973年，根据江苏吴县草鞋山遗

图一 C形盆地与良渚遗址

址出土的文物，第一次确认原来被认为属周汉时期的良渚遗址出土的琮、璧等玉器，是良渚文化时期的遗物。其后，良渚一带的考古工作进入一个一个遗址点发掘的默默积累阶段。

2. “遗址群”考古阶段（1986—2006 年）

转折突然出现在 1986 年……

这一年的 5 月，余杭反山王陵发掘出一批拥有大量玉琮、玉璧、玉钺等玉礼器随葬品的权贵大墓，证实了良渚遗址是整个良渚文化区的中心。此后，良渚的重大发现便层出不穷。1987 年，发掘了瑶山祭坛墓地，同时发现了莫角山巨型土台；1991 年，发现了汇观山祭坛和墓地，又发现了塘山水坝。这些遗迹的发现，使我们对良渚文化的社会发展水平有了新的认识。学术界普遍认为，良渚文化已显露出文明的曙光，甚至已经进入了文明阶段。王明达先生首先提出“良渚遗址群”的概念。良渚遗址考古的着眼点也由“遗址点”转为 " 遗址群 "。

3.“都邑”考古阶段（2007—2014 年）

2006—2007 年，面积达 300 万平方米的良渚古城被确认。它的出现，使我们认识到，良渚文化已处于成熟文明和早期国家阶段，是同时期中国古文化中文明程度最高的，良渚古城就是良渚文明的都邑。这标志着良渚遗址的考古工作由结构功能模糊的“遗址群”考古阶段，跨入中心明确的“都邑”考古阶段。原来的 130 余处遗址，都能在新的考古版图上找到基本的功能定位。随后发现的规模宏大的外郭、水利系统，就是在全新的大遗址考古思路上的成功实践。

4.“古国”考古阶段（2015 年至今）

随着外围水利系统的确认和公布，我们认识到良渚遗址的结构范围远远超出了原来的保护区边界，良渚古城需要周边各类资源的供应、支撑才能正常运转。因此，结合文明探源的研究，我们对整个 C 形区域进行了全面的遗址调查、石玉料鉴定、资源调查、水稻田分布调查、水利工程结构功能研究等，将 C 形区作为一个遗址单元进行统一观察，研究拓展到了“古国”这一更广阔的视角。

二、良渚古城的结构与认识

良渚古城遗址是一个结构功能完备的大规模城市系统，占地面积达 100 平方公里，包含城址区、水利系统、祭坛墓地和外围郊区等（图二、图三）。

布局上，城址区从中心向外依次有宫城、内城、外郭三重结构。堆筑高度也由内而外逐次降低，显示出古城布局已有了明显的等级差异。内城面积 290 万平方米，外郭之内的面积达 630 万平方米。这是目前发现的中国最早的三重城市格局（图四）。

根据年代学的研究，良渚古城从距今 5000 年左右开始营建，到距今 4000 年左右废弃，历时约 1000 年。它的废弃时间已经超出了良渚文化的下限，其间可能经历过多次扩建、改建或废弃。现在的考古工作尚无法精准复原这种历时性的变迁，年代学的数据只能为我们粗略辨析古城各大功能区形成的先后顺序：水利系统、反山、莫角山宫殿区先建造，形成于距今约 5000—4850 年；卞家山、美人地等外郭和内城墙后建造，形成于距今约 4850—4600 年。这其中，城墙的数据很少，不排除先有卞家山和美人地这些环状聚落的可能。

我们将从内到外，按照宫城、内城、外郭的顺序，一一呈现良渚古城。

1. 宫城

宫城区包括莫角山、皇坟山组成的宫殿区，反山和姜家山墓葬所在的南北向的高垄，池中寺粮仓，池中寺两侧的池苑水域，次一级高地李家山、毛竹山等。与 8 个城门相通的 4 条最大的干河将这些区域圈成了独立的宫城区（图五、图六）。

从良渚古城现代的数字高程模型来看，中心部分的莫角山、皇坟山，西部的反山、姜家山和桑树头所在的南北向的土垄最高。莫角山南部是池中寺仓储区和池苑水域，粮仓建在水中，有利于防火和安全。除了西南侧有一个水路出口与外界相通外，皇坟山和西部的长垄如伸向莫角山的双臂一般，紧紧地将池中寺粮仓和池苑水域抱于怀中。这说明了池中寺粮仓的重要性，它在设置的时候就被严密地保护起来了，同时也说明它应该属于宫城内部控制的设施，可能是王族专用的粮仓——御仓。

四条干河围绕的这个区域构成了一个功能完备的独立区块。它不仅建筑高度最高，

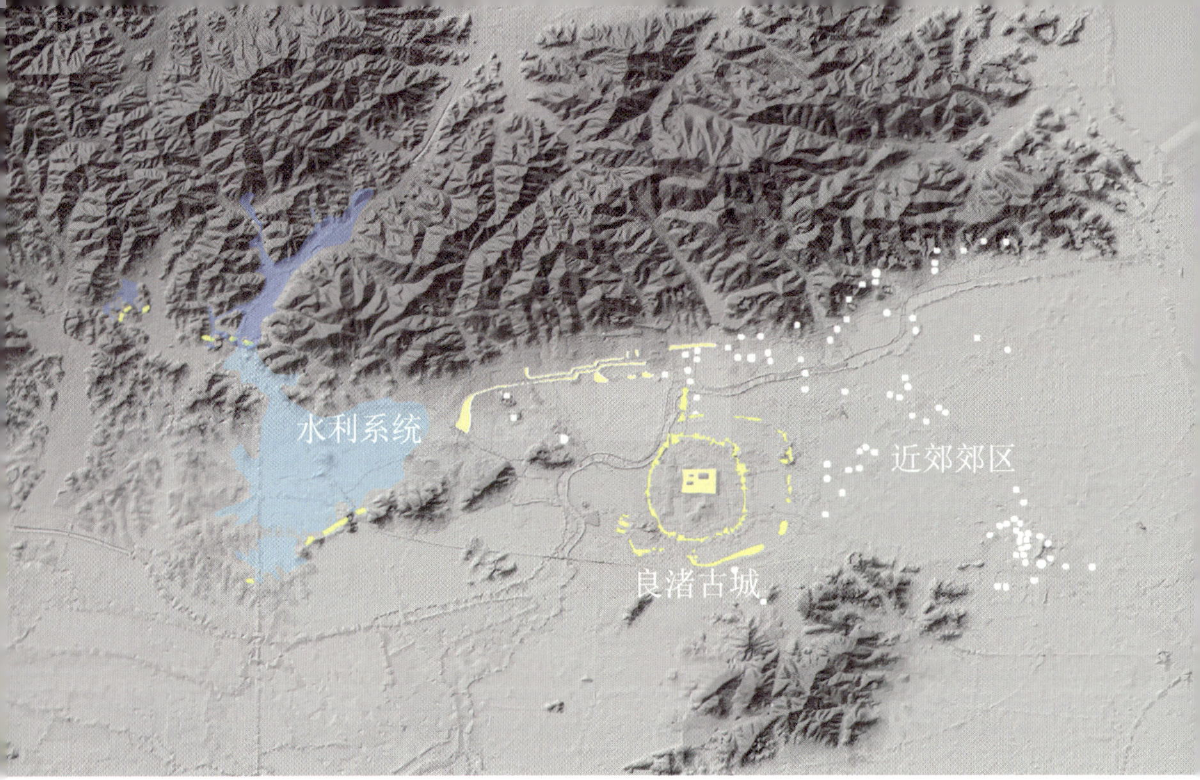

图二 良渚古城系统结构图

体量最大，等级最高，居于中心位置，而且功能齐备，有宫殿、广场、房屋、墓地、粮仓、池苑，说明该区域的地位和独立性是被重点强调的，与周边区域判然有别（图七）。所以，它应该是良渚古城内一个功能完备、结构独立的宫城区域，类似于后代的故宫。

莫角山：土筑“金字塔”

莫角山土台位于古城中心，是良渚古城最大的单体建筑。整个莫角山土台的人工堆筑土方达到 228 万立方米，是古埃及金字塔之前全世界规模最大的单体建筑工程，也是公元前 2000 年以前全世界规模最大的土方工程。

莫角山土台以西侧姜家山的东坡为基础，向东扩展，堆筑、整修成一个长方形覆

图三 良渚古城系统复原图

图四 良渚古城三重格局示意图

斗状高台。高台上分布着大莫角山、小莫角山、乌龟山三个小土台。莫角山底部西高东低，西部起筑面为山坡，东部地基为坡脚的自然淤积土。因此，整体上看，莫角山的堆土结构如同一个豆沙包，馅是湿软的淤泥，皮是较硬的黄土。

莫角山上三个小土台下的淤泥面也相应较高，表明在堆筑之前，良渚先民先对大、小莫角山和乌龟山的位置做了规划，有意识地将淤泥面堆高，所以整个莫角山的堆筑应该是一次性完成的。

莫角山范围内共发现 35 座房屋台基、1 处沙土广场（图八）。沙土广场散布于大莫角山南部、小莫角山南部、乌龟山南部及三座宫殿台基之间，大致呈曲尺形，面积

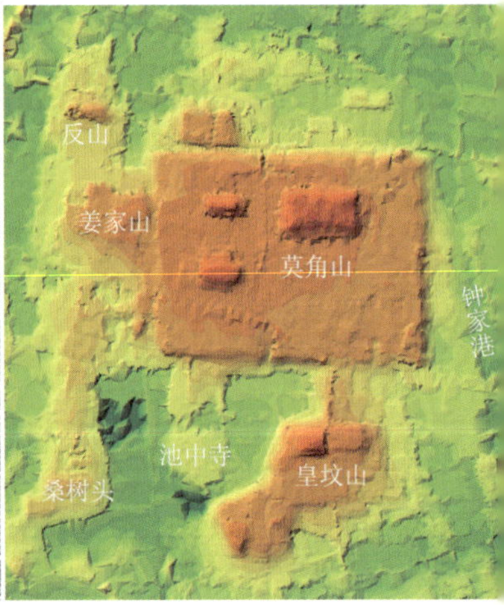

图五
良渚古城结构（白色箭头为水门位置）

图六
20世纪60年代卫星影像下的良渚古城三重结构

图七
良渚古城宫城内部功能区

图五
图六 图七

达 7 万平方米，由黏土和沙土相间夯筑而成。沙土广场应是莫角山内举行某些重要仪式的场所。

南北长垄：良渚文化最高级别的王陵墓地

西侧的南北向高垄上，北边是反山王陵，中间是姜家山墓地，南边是桑树头地块。桑树头地块也发现了大型建筑基址，出土了大量玉璧，这里应该也有高等级贵族墓地。

反山墓地东西长约 90 米，南北宽约 30 米，高约 6 米。1986 年，发掘了其西部的三分之一，发现了 11 座大型墓葬，出土了大量玉器、石器等珍贵文物，是整个良渚文化级别最高的王陵墓地（图九）。

反山的墓葬基本可以分成早、晚两个阶段。早期阶段的 9 座墓葬保存较好，年代为良渚文化早期晚段。晚期阶段的墓葬大多被毁，残存的 M19、M21 两座墓葬的年代当属良渚文化晚期，与城墙的营建年代相对应。

反山墓葬南北分排，头向皆朝南。根据随葬品组合上的明显差异，大部分学者都同意南排为男性墓，北排为女性墓，并可能保持着某种南北对应的配偶关系。从墓坑大小看，它们似乎皆为成人墓。M12 出土的玉器，种类和数量都是最丰富的，其中的玉琮王（图一〇）、玉钺王（图一一）以及完整的神徽图案（图一二），说明墓主人同时掌握神权和军权，应该是神王合一的良渚国的一位王者。神徽形象是良渚社会最重要的崇拜对象，从良渚早期到良渚最晚阶段，在整个江、浙、沪良渚文化分布区内，其形象都基本保持统一、稳定，说明良渚文化长时期内都实行统一的一神教。

粮仓与池苑：5000 年前的“国家粮仓”？

池中寺遗址位于莫角山的南部。经钻探，其底部有南、北两大片炭化稻谷堆积。南片面积达 6700 平方米，堆积厚度普遍约 70 厘米，局部厚达 120 厘米；北片面积达 5150 平方米，堆积厚度约 25 厘米。总体量达 6000 立方米，稻谷总量约为 20 万千克。

图八　图九

图八　莫角山上的建筑布局

图九　反山墓葬

这些炭化稻谷呈黑灰色，夹杂大量炭灰及红烧土颗粒。但其颗粒饱满，没有与陶片、猪骨等普通生活垃圾混杂。据此推测，这里曾是集中堆放大量稻谷的场所，这些炭化堆积可能是在谷仓失火后形成的。目前，因为尚未进行大规模发掘，这里的谷仓形式和布局还无从知晓。

从池中寺遗址所处的位置来看，它的设置是经过精心规划的。池中寺东、西两侧皆为水域，池中寺台地实际是个岛（图一三、图一四）。谷仓最怕失火，把仓储区设置在水流环抱的台地上，能最大限度地避免这种危险。

经过对良渚古城的全面勘探，我们确认，整个良渚古城外郭城之内的区域都没有水稻田，因此，这些粮食应该全由外部输入。通过对炭化稻谷的 DNA 进行分析，发现其具有很高的离散性，说明这些稻谷的来源非常分散，符合一个国家都邑的粮食来自广大周边地区的特点。在良渚古城东侧 20 多千米的临平茅山基层聚落遗址，曾经发现 80 多亩形态规整的水稻田，表明良渚文化的水稻田已有明确的道路系统和灌溉系统，良渚先民对水稻田已有了比较先进且细致的规划。正是大量基层生产性聚落将剩余的粮食汇聚到良渚古城，才使都邑得以正常运转。

池中寺西侧的水域被各高地包围，仅在南侧有一处通道，通向干河良渚港。这样，既提高了安全性，又保证了粮食运输的便捷性。

池中寺东侧的水域是一个人工池苑，底部明显高于西侧的自然水面。池中寺东部修有一条南北向的堤道，连接着莫角山和皇坟山，既是南北通道，也起到堰坝的作用，使东侧池塘的水位得以保持，以供整个宫殿区使用。

2. 内城

内城的结构分区

我们将宫城之外、内城墙之内的区域称为内城区。4 条干河以及其他河道将宫城

图一〇 反山玉琮王

图一一 反山玉钺王

图一二 反山琮王上完整的神徽符号

图一〇 图一一 图一二

之外的内城区分割成若干区块。我们发现，这些区块普遍经过人工垫高，从而比城外区域的地面高出 1 米左右。这些区块除了以河道作为边界外，有的还存在围墙类的设施，说明在内城墙这个统一边界之内的各小区也有着一定的独立性。

城内的干河中，南部的良渚港现在仍为河道；东部的钟家港已经基本淤塞，为配合古城申遗的防洪工程建设，整体做过较大范围的清理。钟家港河道发掘区分北、中、南三段。南段和北段由于紧邻两岸台地，所以河道堆积中有大量陶器、石器、木器等遗物。南段西岸的李家山台地边缘揭露出保存良好的木构护岸遗迹，同期河道的东岸则没有这么考究的河岸设施（图一五）。

在同一处水流平缓的河道，出现两岸基础设施不同的情况，可能不是因实际需要而产生的功能性差异，而是与两边区域的等级不同相对应的。西部李家山属于宫城区，级别高；东部钟家村台地属宫城以外的内城区，级别较低。钟家村台地上发现了大片

图一三
卫星照片中的池中寺

图一四
池中寺遗址复原图

的红烧土堆积，台地边缘堆积中出土了很多黑燧石石片、玉料、玉钻芯、木器坯件等遗物（图一六）。

这些遗物和各类陶片、有机质垃圾混合在一起，说明此段河岸台地应该是制作玉石的手工业作坊区，并且是居住和作坊混合的，可能就是家庭作坊的形式。目前，河道堆积出土物较丰富的区域主要靠近东侧台地，显示出河道东岸有较多的人口生活，这也为“东岸是居住与作坊混合的手工业作坊区”提供了证据（图一七）。

城墙：不同于传统的特殊功用

古城墙平面略呈圆角长方形，正南北方向，大致以莫角山土台为中心，东西长约1500~1700米，南北长约1800~1900米。城墙部分地段残高4米多。

从城墙四周各试掘地点所获取的地层剖面情况看，城墙的总体结构比较一致。墙体做法考究，先在生土面上铺垫一层10~20厘米厚的胶泥，然后在胶泥之上铺放块石。铺石面宽度多为40~60米，局部宽达100米。大部分地方的铺石面两端下斜，中部平整，中部之上以纯净的黄土堆筑成墙体（图一八）。通过观察目前解剖的几个地点，可以发现，紧贴城墙分布的河道应为外城河。西、东面贯穿城墙的剖面显示，墙内侧也存在着相似结构的内河道。这说明古城墙采取了“夹河筑城”的营建模式，铺石面两端以较缓的角度深入到内、外河道边。

“夹河筑城” 是一种经济、高效的传统营城模式。其流程是在规划建造土墩的附近开挖河沟，与外围密布的水网连通。通过掘河，一方面可以就近获得堆筑土墩所需的部分土方；另一方面，扩大了蓄水容积，方便雨季时土墩上积水的外泄，同时还满足了周边聚落人们日常用水、运输、渔捞等各种需求。

本地区史前时期可能缺乏大型畜力，也没有轮式运输工具，水运显然是较人力肩扛手挑更为方便和经济的运输方式。如果筑墙时在其内外同时挖沟，可使运输效率成倍提高。完成筑城工程之后，外河内壕的结构也同时形成了，不仅扩大了防御范围，而且方便交通，利于给排水和渔猎养殖等，是一举多得的举措。

通过对比较完整的良渚古城城墙剖面进行观察，在墙体的内、外侧坡面上普遍有数层倾斜堆积。这些堆积土质松软，呈灰黑色，从坡面一直漫延到内、外城河靠近城墙一侧的河岸之上。堆积地层的土色、土质与堆筑墙体的纯净生土判然有别。多见鼎、豆、罐、盆、鬶、盉等日常生活陶器，少见石钺、箭镞等与军事用途相关的遗物，所以推测这是某个时期居住在城圈之上的人群在日常生活中所丢弃的垃圾。

古城城墙截面呈梯形，通过对保存状况较好的城墙进行观察，发现城墙内、外两侧的坡度很缓。南方地区雨水较多，人工垒筑的墙土又缺乏直立性，所以不能形成较为陡峻的边坡。墙体地基宽 40~60 米，残存高度 4 米多。考虑到几千年来的水土流失，其原高度应当不低于 5 米。如以 5 米的高度、1:2 的坡比计算，即使在墙体地基最窄的位置，其墙顶平面宽度也在 20 米左右。近年来，在北城墙东侧的墙顶发现了两个长方形的台基，应该是房屋建筑的基础。由此可知，城墙上是住人的（图一九）。

钻探发现，城墙的基础部分，内、外侧边缘并非平直，每间隔一段距离，常向内、外侧凸出，宽度近百米，俯视城墙，平面呈凹凸状。这些由城墙伸向城河的缓坡是方便城上居民上下城河的通道，类似于埠头或码头。

由于本地黄黏土缺乏直立性，南方多雨的条件下，土筑城墙的壁面不可能过陡，很可能是缓坡状。从西墙和北墙剖面看，墙内外侧与现在土筑的苕溪大堤的坡度类似，可轻易走上顶部。因此，仅凭墙体本身形态，要完全阻挡外敌侵入的可能性很小。要真正起到保卫作用，就要依赖墙体上的其他辅助设施和大量人员了。这也就可以解释城墙宽度何以要达到 40 米甚至上百米了。良渚人费时费力垒筑如此宽的城墙，或许原本就设计有居住功能，两侧通往内、外壕的缓坡，则有方便交通之用。所以，良渚古城的城墙，与一般观念中历史时期作为军事防御设施的城墙形态和功能差距很大，是南方湿地平原早期都邑的一种特别设施。

图一五 钟家港西岸揭露的护岸遗迹

燧石

骨料

木坯件

玉料

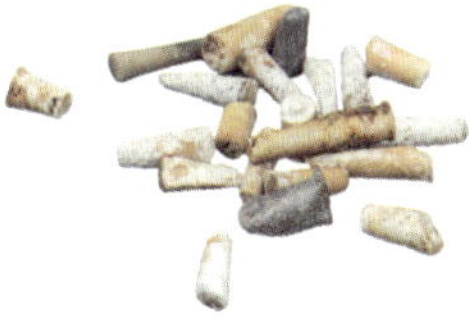
玉钻芯

图一六　钟家港出土的各类遗物

城门与水道：良渚古城的水上交通体系

据钻探，良渚古城北、东、南、西四面墙体上各有两个缺口。有的缺口现在是低平的稻田，其下没有块石和黄色墙土，为淤泥堆积，显示其是古代水域，与城内外的古河道连通；有的缺口现在仍贯穿河道。这些缺口应该就是古城的水城门。如今天的良渚港就从南墙西门和东墙南门间穿过。我们曾分别在良渚港南北两岸的小山桥和响山两个地点发现了良渚文化晚期的河岸堆积，说明今天良渚港的格局在良渚文化晚期就已形成，几千年没有大的变化。

其他水城门的河道多已湮没淤塞，但附近常见断续分布的水塘等旧河道的孑遗。

通过对北墙东门所在的火溪塘进行发掘，发现这里是一种河道状结构，有埋藏完整陶器的木构贮藏坑，年代也为良渚文化晚期。此门的水道与北墙南侧的水塘连接，证明这一长条形水塘实为古城内城河的一部分。

图一七 图一八

由此可知，良渚古城四面共八个水门，城内外的河道穿城而过，相互连通，构成完整的水上交通体系（图二〇）。墙本身是作为居住台地而设计的，从结构上被八个水门等分成独立的八段，可以理解成十二个独立的居住区。

目前，在南墙中部略偏东的位置发现了一处由三个墩台形成的品字结构的小缺口，可能与陆城门相关。总之，良渚古城的主要交通系统为水上交通。

3. 外郭城

外郭由若干具有独立功能的区块组成，城北有扁担山—和尚地这一组东西向高垄，并与前山连接；城东南部外侧，美人地、里山—郑村、卞家山分别构成北、东、南三面墙体，形成一个长方形结构，并和古城的东墙、南墙相接续。从卫星图片观察，城西南角存在一个体量较小、围护着凤山的框体。城墙东北转角处的雉山外侧，也有类

图一七 钟家港沿岸作坊场景复原图

图一八 良渚古城城墙结构示意图

似的结构。从结构看，这些区块虽然整体上围护在内城之外，但彼此并不构成如内城墙那样标准的城圈，而是各自具有独立性（图二一）。

现在的美人地和里山台地是良渚文化晚期的长条状居址，经过多次扩建、堆高而成。

美人地是地势低平的湿地环境。良渚先民堆筑土地时，下层采用青灰色淤泥，上层铺较致密的黄色土，其上建造房屋。现尚存沟槽、柱洞等遗迹。下层的青淤泥可能取自土垄外侧的平地，从而形成人工河道。美人地发现了东西向并列的两排建筑，两排建筑间有一道宽约 2 米的沟，沟底铺一层灰土，应当是两侧建筑使用过程中形成的废弃堆积。

美人地的土台原来较窄，后来向南扩宽了 10 米多。南排房屋南墙位置就在扩建的斜坡上。扩建的土台堆筑在松软的淤泥上，所以在这个位置挖沟，底部放置了考究的枕木和垫木，防止地基下陷，又在垫木上竖立木板，作为南墙的承重设施。这些木板宽约 20~30 厘米，厚约 8~13 厘米，存高 170 余厘米。下部为垫木，垫木下隔一定距离铺有横向的枕木，垫木、枕木都是方木。木板表面加工规整，部分留有石锛的加工痕迹。在竖立的木板上部和底部方形枕木头端发现 4 个牛鼻孔，可能与木材运输有关（图二二）。

在河道及北排土垄北侧的废弃堆积层中，出土了大量陶、木、石、玉等材质的生活遗物，其中有精美的刻纹黑皮陶、彩陶、漆器等。这些堆积与城墙两侧的堆积类似，应该属于生活废弃堆积。

总之，外郭的框体是由人工堆筑而成的，被用作居址和墓地，与内城大部分被垫高的块状居住区不同，是一种堰居式的形态。框体之内是低平的湿地，没有居址、稻

图一九 良渚古城城墙场景复原图

图二〇 良渚古城南城墙东南水门复原图（从城外向内看）

图二〇

图一九

田等遗存，与历史时期太湖平原著名的圩田形态不同。由此推测，这种特殊的聚落形态，可能是为了在人口数量相同的条件下，能够形成更大范围的围护而已。

4. 外围水利系统

良渚古城的水利系统主要位于古城的北面和西面，形成面积约 13.29 平方公里的库区，相当于两个西湖的面积，总库容 4635 万立方米，相当于 3 个西湖的水量。目前，共确认 11 条堤坝，这些堤坝是良渚古城建设之初便统一规划、设计的有机组成部分（图二三）。堤坝主要修筑于两山之间的谷口位置，可分为南、北两组，分别是由塘山、狮子山、鲤鱼山、官山、梧桐弄等组成的南边低水坝群（图二四）和由岗公岭、老虎岭、周家畈、秋坞、石坞、蜜蜂弄组成的北边高水坝群（图二五）。它们构成古城前后两道防护体系。

整个水坝系统人工堆筑土方达 288 万立方米，仅塘山长堤堆筑的土方就达 198 万

图二二 高程模型显示的良渚古城外郭结构

图二三 美人地板桩细部

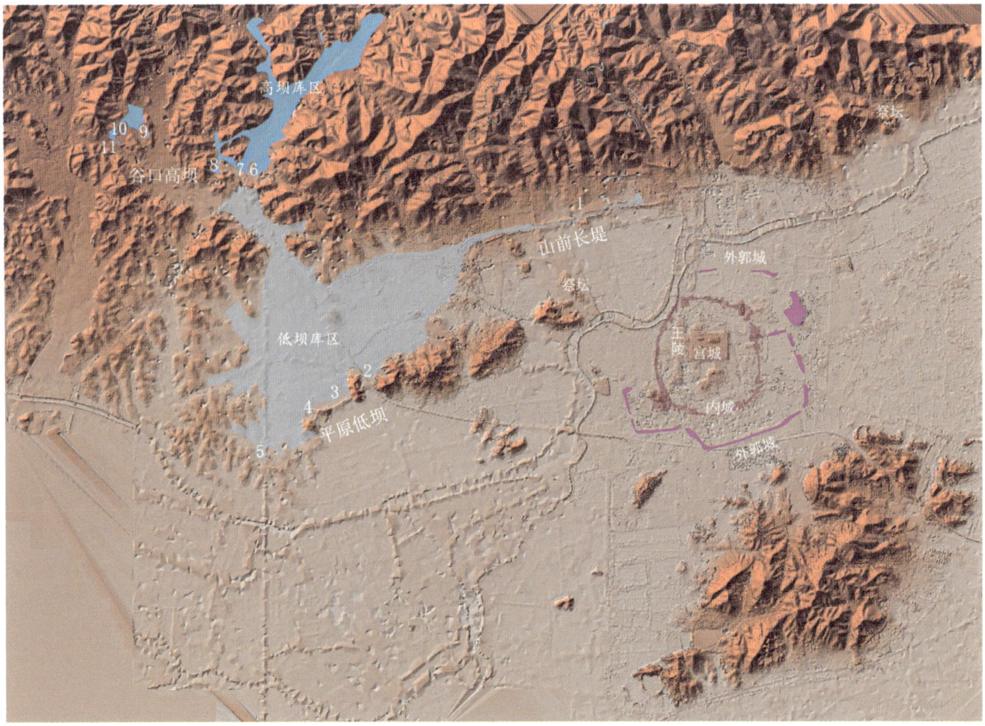

低坝系统：1. 塘山；2. 狮子山；3. 鲤鱼山；4. 官山；5. 梧桐弄
高坝系统：6. 岗公岭；7. 老虎岭；8. 周家畈；9. 秋坞；10. 石坞；11. 蜜蜂弄

图二三 良渚古城外围水利系统

立方米，这是同时期世界上规模最大的水坝系统，也是同时期规模最大的公共工程。

水坝系统通过自然山体将多段坝体勾连而成。从堆筑结构的角度看，塘山坝底部铺石、上部堆土的模式，与良渚古城城墙的堆筑方式是一致的。岗公岭、蜜蜂弄等大型坝体，则采用内芯以淤泥堆筑、外部包裹黄土的模式，和莫角山土台的堆筑方式如出一辙。

图二四 低坝系统：狮子山—鲤鱼山—官山坝体现状（北向南拍摄）

图二五 高坝系统：秋坞—石坞—蜜蜂弄坝体现状（北向南拍摄）

从工艺的角度看，岗公岭、秋坞、梧桐弄、狮子山等坝体的坝芯部分都使用草裹淤泥的工艺堆筑。我们推测，水坝系统可能兼有防洪、运输、调水、灌溉等方面的用途。

从防洪角度看，天目山系浙江省最大的暴雨中心，夏季极易形成山洪，对地处下游平原的良渚遗址群形成直接冲击。古城通过高、低两级水坝，将大量的上游来水拦蓄在山谷和低地内，从而解除了洪水的直接威胁。

这一水利系统在运输上应该也发挥着重要作用。天目山有着丰富的石料、木材及其他动植物资源。但与平原区发达的水系不同，本地区山谷陡峻，降水季节性明显，水量变化大，夏季山洪暴发，冬季则可能断流，大多时候不具备行船的条件。通过筑坝蓄水形成水库，就可以在各个山谷间搭建起便利的水上交通运输网络，从而解决了交通运输不便的问题。

良渚古城是一个政治、宗教、手工业中心，其居民除贵族、祭司等特权阶层外，还有大量手工业者，但是没有农民，因为区域内没有稻田。这就意味着良渚古城不具备自给自足的农业生产能力。像现代城市一样，其后勤供应应该是依赖于外部的生产型聚落。因此，在上游建立便利的水利系统，汛期蓄水，旱期向城内调水，以此保证古城全年的水上交通不断。

另外，我们在低水坝群下的几个位置的土壤内发现水稻植物硅酸体密度较高，据此推测，可能存在古代稻田。因此，也不排除水利系统具有灌溉功能。

5. 祭坛

良渚古城的外围还分布着瑶山、汇观山等祭坛遗址和权贵的墓地。

瑶山是一座海拔约 35 米的自然山丘，位于良渚古城东北约 5 千米处。1987 年，在瑶山的顶上第一次发现了良渚文化时期的祭坛。祭坛的西边和北边是覆斗状的石头护坡。祭坛顶部平整，以挖沟填筑的方式，做出规则的回字形灰土框，由内而外形成红土台、灰土框和砾石台面三重结构。祭坛上共清理出 13 座良渚文化时期的大墓，分两排埋在祭坛南侧（图二六）。

汇观山位于良渚古城西边约 2 千米处，是一座海拔约 22 米的自然小山。这里发掘出一座形制与瑶山祭坛十分相似的祭坛。祭坛西南部发现了 4 座良渚文化时期的大墓。

关于瑶山、汇观山两处人工营建的祭坛的性质，刘斌先生经过多年的观察与研究，推测其应是通过观测太阳来测年的，利用类似立杆观影的方式，以确定一个回归年的周期（图二七）。

埋设在祭坛上的墓葬等级都很高。从层位学角度看，墓葬晚于祭台，但是却都空出了祭坛的中心位置，推测这些墓可能就是从事这些观象活动的巫觋之类的人物死后的埋身之地，祭坛则持续保持着原有功能。

6. 近郊与远郊

除良渚古城，水利系统，瑶山、汇观山祭坛等核心区之外，100 平方公里的城市系统范围以内还分布着广阔的郊区。

据最新统计，目前，良渚古城系统所在的 100 平方公里的范围内已发现各类遗址 300 余处，其中郊区聚落 220 余处。这些聚落与古城应有密切的内在联系，除了部分可能为次级中心聚落外，大部分应是直接从事农业活动的基层小聚落。相信随着今后 100 平方公里范围内全覆盖式勘探工作的持续开展，将会发现更多的遗址。

从更大的区域观察，良渚古城东侧的临平遗址群和东北侧的德清杨墩—中初鸣遗址群可以视为与良渚古城关系密切的远郊，从而可以将这 800 平方公里的 C 形盆地内所有的良渚遗址视为一个超级大聚落，类似后代的“京畿”（图二八）。目前，虽无法断定当时整个环太湖地区的遗址是否属于同一个古国实体，但良渚古城无疑是其中发展水平最高、规模最大的都邑级遗址。

三、良渚实证了中华五千年文明

对于中国文明史的阶段划分，说法不完全一致，但是比较具有代表性的意见是经历了古国（邦国）—王国—帝国三个发展阶段。古国阶段是刚刚进入文明时代，万国林立，此起彼伏，属于没有中心的多元文明时期。许宏先生形象地将其比喻为“满天星斗”，其后大致以二里头遗址为界，进入以中原为中心的广域王权国家阶段，涵盖夏、商、周三代。此阶段，虽然中央王朝在法理上统有天下，宣称“溥天之下，莫非

图二六
图二七

图二六
瑶山祭坛及权贵墓地

图二七
瑶山祭坛的观象示意图

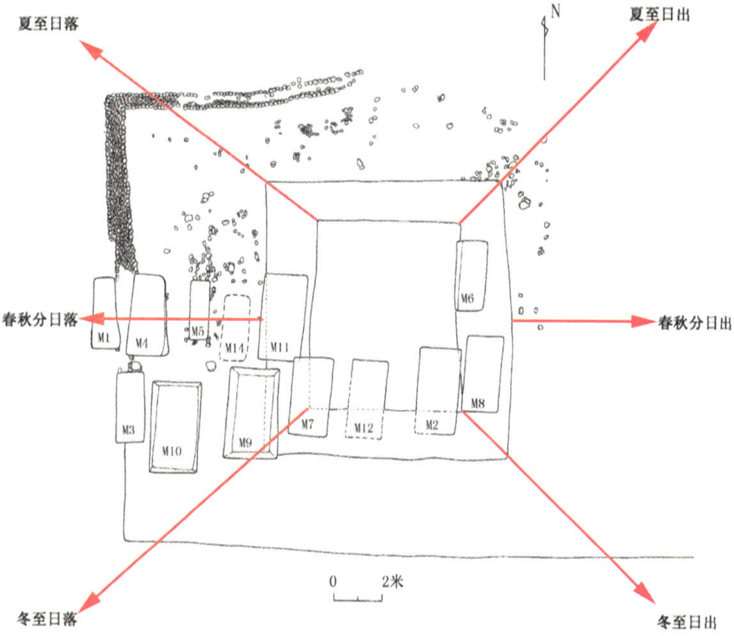

（采自《瑶山》图四）

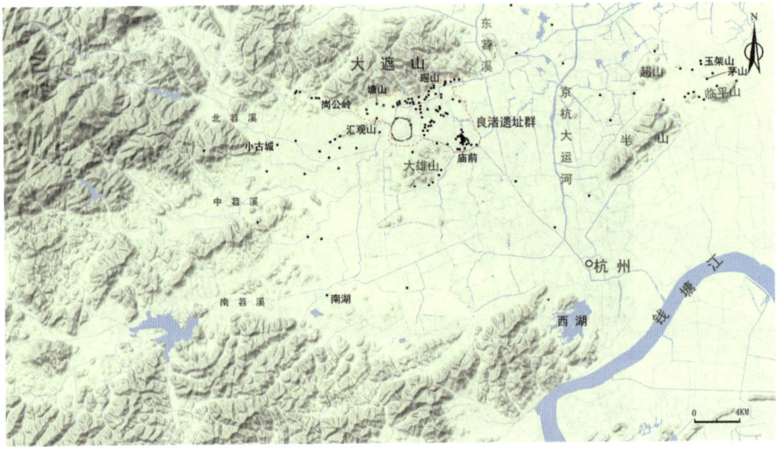

图二八 C形盆地及其内的良渚文化遗址分布图

王土；率土之滨，莫非王臣”。但实际上，天子只直接控制王畿地区，周边区域都是分封给同姓亲戚和近臣的诸侯国，实施独立管理，所以本质上是有中心的多元文明时期。许宏将其形容为“月明星稀”的时代。这个阶段的后期，周天子对各诸侯国的实际控制能力逐步瓦解，各诸侯国实力强盛，彼此征战不休，形成春秋五霸、战国七雄的纷乱景象。直到秦灭六国，统一天下，推行郡县制，实施中央政权的直接管理，才进入帝国时代。许宏形容为“皓月当空”，星星都看不见了。因此，从社会发展史的角度而言，夏代和秦代分别是王国和帝国时代的开端节点，而良渚是5000年前进入古国时代的标志。

从距今6000年开始，各区域进入文明化、城市化、复杂化加速发展的新时期。距今5500—4000年，形成了许多强势的文化，如较早的庙底沟文化、凌家滩文化、红山文化，稍晚的良渚文化、屈家岭文化、大汶口文化，更晚的龙山文化、石家河文化、齐家文化、陶寺文化等。这些文化中，不少已进入文明阶段。但这一时期，面貌统一的中华文明尚未形成，我们不妨称之为区域文明时代。良渚文明是中国区域文明时代的重要代表，在其所处的公元前 3000 年前后，中华大地上已孕育了多个区域文明或强势文化，如良渚、屈家岭、大汶口等，这些文明之间存在着紧密的文化交往。这一时期，中原地区反而处于文化发展相对缓慢的阶段，大汶口文化、屈家岭文化和良渚文化都对中原地区的文化发展进程产生了强烈的影响。

良渚古城的考古成果得到国内学术界的广泛认可。张忠培先生根据反山、瑶山等墓地的发现指出良渚文化已经进入文明社会。随着良渚古城的发现和日益丰富的考古成果，他进一步指出，如果谈到中华五千年文明，只有良渚文化的良渚遗址能拿得出来，而且这一时期已是神权和军权并重的神王之国的国家形态。严文明先生认为，假若良渚是一个国都的话，那么，福泉山、寺墩等就是各个州郡所在地，这就是一个很像样的广域王权国家。李伯谦先生也认为，良渚文化已正式进入王国阶段，是中国王国阶段的开端。

随着几次国际会议的召开，良渚古城也越来越得到国际考古学家的关注。伦福儒先生最近与刘斌先生撰文指出，良渚古城已展现出强大的社会组织能力，良渚文化的复杂程度超过英国的巨石阵、希腊的克罗斯等早期文明，良渚社会已超出“酋邦”的范畴，是东亚最早的国家社会。

良渚文明有着许多与西方文明不一样的特征，如以稻作农业为基础，以玉器为核心的文明载体。良渚古城的城市格局也具有唯一性。良渚遗址丰富了世界遗产中早期文明的类型。良渚文明作为东方文明圈的典型代表，对其进行探索，无疑有助于丰富对世界早期文明形成的认识。

未解之谜

1. 良渚古国是将整个长江三角洲太湖平原的3.6万平方公里作为一个政治实体，还是具有共同信仰的不同的地域小国？

2. 良渚文明的社会组织结构为何？特别是基于血缘关系管理的基层聚落与其上的二级聚落、一级聚落之间是按照何种方式进行组织管理的？

3. 良渚社会的物资流动范围和模式为何？尤其是玉器、石器、陶器、稻米等生产、流通和分配方式，是商品交换，还是类似于贡赋制度？

4. 良渚古国因何而亡？良渚人最后去了哪里？为何在历史记载和传说中了无痕迹？

广富林遗址

陈杰

上海博物馆

在一个垃圾堆里能发现什么呢？

一件夹砂灰陶鼎。垂腹，圜底，底部饰有错乱绳纹，器身下接侧装的三角足，足尖按捺成勾状，出土时器表还粘满厚厚的烟灰——好像它的主人昨天还在用它烹煮食物，我们眼前好像还闪烁着柴火的光芒。

当先民的“废弃物”碰到考古队长，广富林遗址，这个重要的考古发现露出了冰山一角。

广富林遗址位于上海市松江区广富林街道，是一处以新石器时代遗存为主的遗址，是上海考古史上发掘面积最大的一个考古项目。广富林遗址是反映上海地区古代文化演进过程的重要载体，是上海城镇历史发展中的重要实证，因广富林遗址而命名的“广富林文化”，填补了长江三角洲地区考古学文化谱系的空白。

2013 年 5 月，广富林古文化遗址被国务院公布为第七批全国重点文物保护单位。苏秉琦先生曾经使用“满天星斗”来形容中国早期文明发展的态势，长江下游地区的良渚文化无疑是中国境内史前文明最耀眼的一颗星。然而，正如汤因比所说，文明就像一个有机体，都会经历起源、生长、衰落、解体和死亡 5 个发展阶段。在经历快速发展的繁华之后，良渚文明也走向衰落、解体，广富林遗址的考古发现为这一文明的演替提供了关键性的证据。从良渚文化到广富林文化，显示出早期文明化进程的复杂性，由此引发的思考可以启示现代文明的发展。

一、良渚文化圈里的“外来者”

秋冬时节是上海地区进行考古发掘的最好季节。这个季节雨水少，农忙刚刚结束，考古发掘不会影响农业生产，空闲着的农民也是考古工作的重要劳动力资源。1999 年国庆节后不久，按照工作计划，上海博物馆考古工作队在宋建先生的带领下进驻广富林遗址，希望通过再次发掘，为良渚文化的研究积累更多的材料（图一）。

经过一个多月的发掘，出土了一些陶器残片，这些陶片器表或刻划花纹，或拍印绳纹、篮纹等。陶器式样显然不是良渚文化的遗物，也不同于长江下游地区本地传统史前文化的遗物。那么，它们来自哪里？是什么部族的先民创造的呢？许多问号盘旋在大家的心里。

12 月的一天，一个灰坑中出土的器物为考古队员找到了解开谜底的钥匙。这个灰坑，坑口平面近椭圆形，坑壁较直，平底，可能是垃圾坑。灰坑中出土了一些陶片和龟甲残片等，其中的两件器物引起了大家的注意，一件是夹砂灰陶鼎，一件是一小片流口残片。

夹砂灰陶鼎的形制为折沿，沿面内凹，似盘口状，垂腹，圜底，底部装饰错乱的绳纹，器身下面有侧装的三角足，足尖有按捺的痕迹。这是一件炊煮用具，出土时，器表粘满厚厚的烟灰，仿佛告诉我们，先民们昨天还将其置于柴火之上烹煮着食物（图二）。

流口残片上有三道凸弦纹，应该是一件夹砂白陶鬶口沿部位的残片（图三）。夹砂白陶鬶在当时应该是作为盛水器物使用的。

此外，在地层中也出土了一些器物残片，如泥质灰陶杯残片，仅存杯身下半部，杯身下部内收，近底部外撇，凹底，腹部饰竖条纹；豆座残片，多为细高形，上部常饰多道弦纹或凸棱。宋建先生敏锐地意识到，这些遗物可能与北方新石器时代晚期的龙山文化有关。随着考古发掘的逐步进行，这类遗存的特征越来越清晰。为了便于进一步研究，他把这类遗存命名为“广富林遗存”。由此，一个重要的考古发现露出了冰山一角。

二、时间到哪儿去了？

20 世纪 80 年代以来，基于田野考古发现，学界逐步构建出长江下游地区的考古学文化谱系。一般认为，长江下游地区新石器时代文化到早期青铜时代文化经历了马家浜文化—崧泽文化—良渚文化—马桥文化这样一个演进过程。前三者属于新石器时

图一 广富林遗址一角，远处为佘山、凤凰山

代晚期文化，从文化面貌而言，相互之间的承继关系比较明确。马桥文化则属于早期青铜时代文化。这个文化谱系显示了从早到晚的相对年代关系。

虽然相对年代的方法极其有用，但是考古学家最终还是想要知道那些器物、遗迹及其反映的文化事件的绝对年代有多古老。不同学者对各个考古学文化绝对年代的断定存在差异，其中，争议最大的就是良渚文化绝对年代的下限。

关于良渚文化的结束年代，目前有三种典型认识。

一是最早提出良渚文化绝对年代方案的夏鼐先生，根据当时 4 个遗址中 7 个标本的测年数据，认为良渚文化的年代为距今 5300—4250 年，相当于黄河流域的河南龙山文化和山东龙山文化。

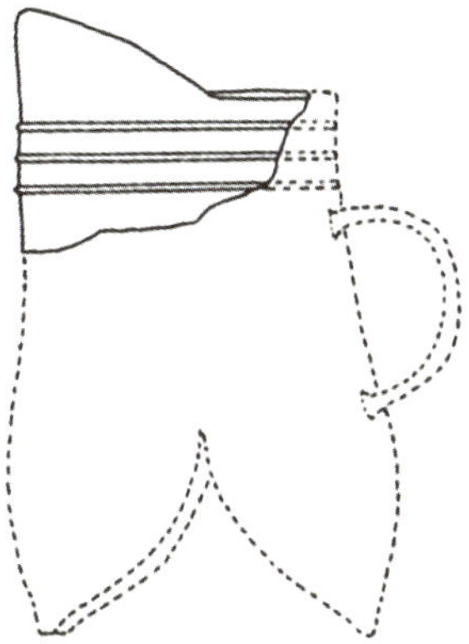

图二　图三

图二 广富林遗址灰坑中发现的陶鼎

图三 广富林遗址出土的流口残片示意图

二是一些学者根据德清辉山 M2 木质葬具和金山亭林 M12 样品的测定数据，认为良渚文化的下限应为距今 4000 年或距今 4100 年左右。

三是以张忠培、栾丰实先生为代表的一些学者，提出良渚文化的结束年代大致相当于山东地区大汶口文化的中晚期，应该在距今 4600 年左右。

于是问题来了，根据文化谱系反映的承继关系，良渚文化之后是马桥文化，而根据碳十四测年的数据，马桥文化的绝对年代为距今 3900—3200 年，那么，在良渚文化和马桥文化之间存在几百年的时间空白。这段时间去哪儿了？这段时间内，是否有人在长江下游地区活动，其文化面貌是怎样的？可以说，长江下游地区文化谱系的构建遇到了巨大的挑战，直到广富林遗址的发掘。

三、广富林文化的面世

广富林遗址历年的考古发掘显示，广富林文化遗存直接叠压在良渚文化晚期遗存之上，提供了良渚文化与广富林文化的地层学证据，据此可以判断两者之间的相对年代关系。在浙江省湖州市钱山漾遗址和嘉善县的大往遗址中，广富林文化层之上都叠压着马桥文化堆积。因此，田野考古发现的地层学证据证明，广富林文化是晚于良渚文化而早于马桥文化的一支考古学文化。

关于广富林遗址的绝对年代，1999 年发掘时，曾选取两个样品进行了常规性碳十四年代测试，经树轮校正，为 4260±170aB.P. 和 4270±170aB.P.。进入 21 世纪以后，放射性碳断代方法经过不断改进，AMS 技术和高精度校正年代的方法使测年的科学性得到增强，而采样过程中强调系列样品的重要性，使测年样本与考古环境相结合，从而令测年的数据更加可靠。2008 年，广富林遗址发掘简报中公布了 5 个样品的 AMS 测年数据，样本主要是桃核、葫芦籽和稻米等；钱山漾遗址发掘简报中也公布了 11 个 AMS 测年数据，其样本为木头和木炭。这些数据中，除了明显超出该时期年代范围的样本外，经过树轮校正的绝对年代区间大致为公元前 2200—公元前 1900 年（图四），即大致距今 4200—3900 年，存续了大约 300 年。因此，根据现有研究，我们可以明确地提出广富林文化是处于良渚文化和马桥文化之间的一支考古学文化。2006 年，根据考古学文化的命名原则，我们提出将“广富林遗存”命名为“广富林文化”，获得考古学界的广泛认同。

实际上，广富林遗址早在 1961 年就进行过小范围的试掘，已经发现了现在被称为“广富林文化”的遗物。试掘时发现 2 座古墓葬、1 座灰坑，出土较完整的石器、陶器 30 余件，并采集到一部分遗物 。从墓葬的随葬品判断，其应是良渚文化的典型墓葬。在地层和灰坑出土的数十件器物中，有一件夹砂红陶鼎，小口，唇稍外折，鼓腹，圜底，鼎足为侧装三角足，足尖残，颈部有五道弦纹，器底有划纹和烟熏痕迹（图五）。这件器物就是后来被确认的广富林文化的陶鼎，只不过囿于当时对环太湖地区乃至全国其他地区新石器时代文化的认识水平，还无法辨识其准确的文化属性，也看不到此类遗存的重要性。广富林遗址这一重要发现直到 38 年后世纪之交的 1999 年才初显真容。

从良渚文化到马桥文化间“丢失”的时间，通过广富林遗址“迟到”的发现，弥补了文化谱系上的部分空白。

四、广富林文化的多元性

无论是生产工具、生活物品、美术作品，还是建筑形态、聚落格局和墓葬结构等，往往受到当时技术水平、审美情趣、思想信仰等的影响，因此，通过分析这些遗存，可以基本了解一个考古学文化的特征。陶器、石器等是考古发掘中最为常见的出土器物，所以它们成为研究考古学文化的主要材料。

前面说过，广富林文化的陶器、石器等体现出异于本地传统的特点，它们不同于长江三角洲地区以往发现的新石器时代文化遗存，在当地既找不到它的渊源关系，又缺乏可资比较的材料，因此必须同其他地区的文化遗存进行比较，以寻找其来源。

1. 广富林文化与黄河流域新石器时代文化的关系

宋建先生提出，广富林文化与长江以北分布于江苏高邮、兴化一带里下河地区的南荡文化遗存有较多的相似之处。南荡文化遗存在里下河地区也非“土著”，其来源可追溯到黄河流域的王油坊类型。

王油坊类型分布于河南东部、山东西南部和安徽北部地区，因河南商丘市永城王油坊遗址而得名。广富林文化的遗物与王油坊类型的遗物，在器物的种类、形制和装饰手法上有很多共同点。比如，两地的夹砂陶侈口瓮，在器型、肩部纹饰的特征方面

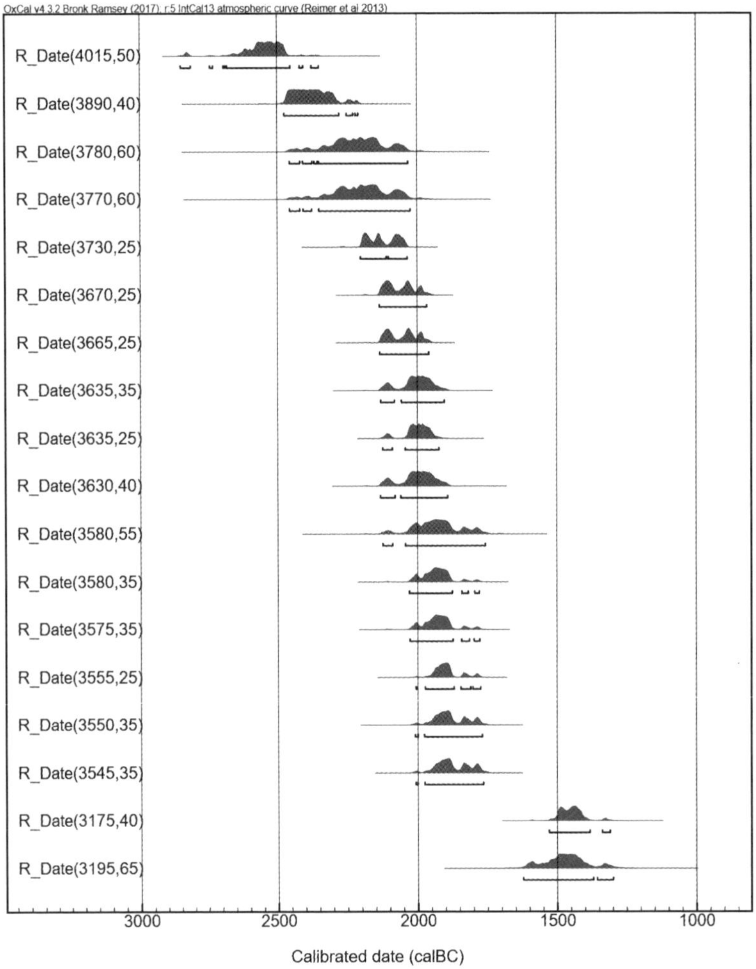

图四 广富林文化绝对年代示意图

图五 广富林文化陶鼎

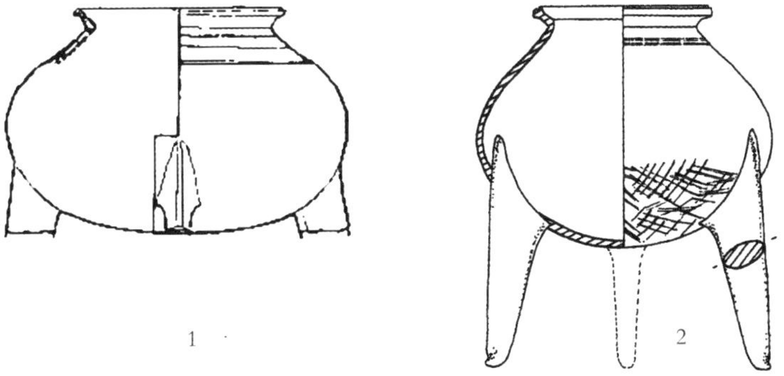

1.1961 年在广富林遗址发掘出土的陶鼎　　2. 新发现的广富林文化的陶鼎

基本相同。杯、钵和覆碗形器盖等几乎没有区别。如杯都是筒形，腹部装饰竖条纹；夹砂陶器盖顶部常有切坯后留下的同心箕纹。深腹盆，两者均为侈口、束颈、弧腹。平底盆，均为浅腹，大平底。广富林文化的豆，分细柄与粗柄两类。细柄豆与王油坊遗址同类器物相比，弧腹浅盘和豆柄底部外鼓的特征极为相似。广富林文化细柄豆根部的凸棱装饰风格，常见于该地区的同时期文化。广富林文化粗柄豆豆柄上饰凸弦纹，这一特征与河南夏邑清凉山遗址的同类器物相似（图六）。

此外，广富林文化的一些陶器虽在器型上与王油坊类型的同类器物基本相似，但是装饰风格却具有自身的特色。这些器物主要为鼎、直领瓮等。

两种文化的鼎在器型和工艺特点上极为相似。只是广富林文化的鼎，腹部一般装饰弦纹，底部多有错乱的绳纹，这一点与王油坊类型的鼎有着比较大的区别。王油坊类型的鼎装饰篮纹、绳纹或大方格纹。

两种文化的直领瓮器型相似，都为直领，鼓肩。但是王油坊类型的瓮，纹饰以篮纹为主，广富林文化的瓮或是肩部有组合丰富的刻划纹和弦纹，或是器表素面，没有装饰（图七）。

值得注意的是，由于龙山文化时期的黄河流域各地区之间相互交流、相互影响十

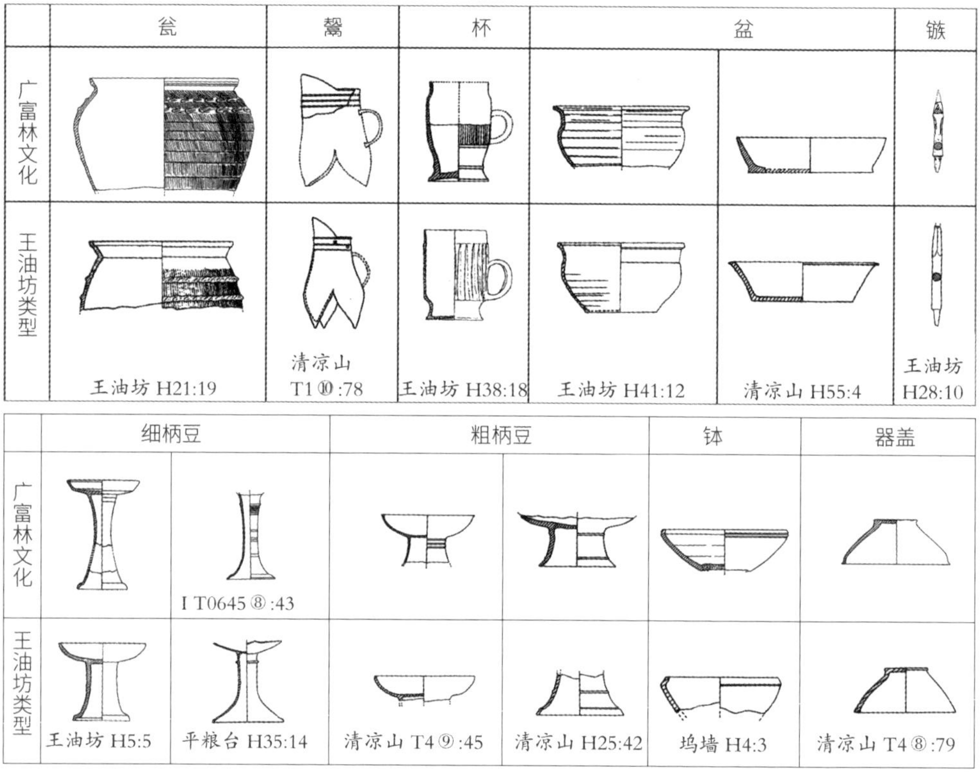

图六 广富林文化器物与王油坊类型器物对比

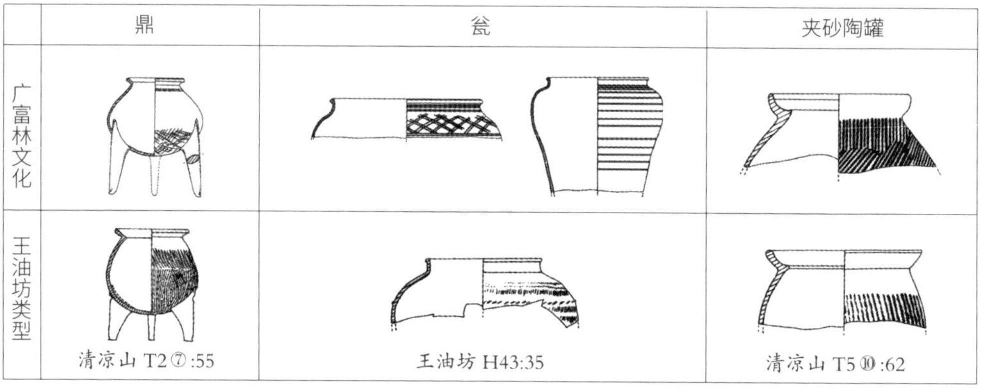

图七 受王油坊类型影响的广富林文化器物

图八 广富林遗址出土的袋足陶鬶

分频繁，有些器型成为黄河流域各地区的共有特征。比如直领瓮、夹砂陶罐、盆、敛口钵和覆碗形器盖等，基本上在中原地区的龙山文化遗址中都发现过。广富林遗址中发现的袋足肥大、口沿下装饰弦纹的陶鬶（图八），在王油坊类型中也有同类器物。由于山东龙山文化的陶鬶演变序列完整，因此推测广富林文化的陶鬶或者直接受到山东龙山文化的影响，或者是山东龙山文化影响了王油坊类型，进而传播到广富林文化。王油坊类型的生产工具以骨角器为主，石器较少，所以，广富林遗址出土的一些石器，如半月形和双孔长方形石刀（图九），可能来源于其他区域的龙山文化。

2. 广富林文化与本地传统文化的关系

广富林文化处于长江三角洲地区，其文化内涵不可避免地会受当地传统文化的影响，这类器物主要有三角形大石犁、鼎和玉琮等。

三角形石犁是长江三角洲地区特有的生产工具，早在崧泽文化晚期就已经出现。良渚文化时期，石犁被广泛地应用到农业生产中。广富林遗址出土的石犁，在器型上

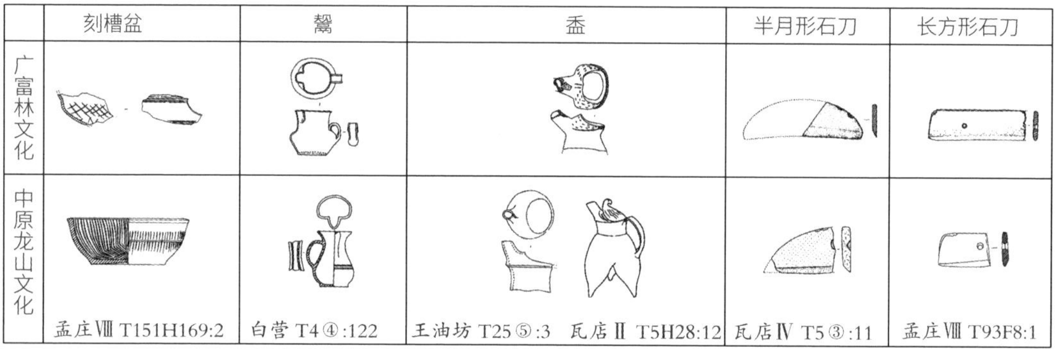

图九 广富林文化器物与中原龙山文化器物对比

与良渚文化有传承关系，说明农业生产方式具有一定的延续性（图一〇）。

玉琮是良渚文化的代表性器物，是精神文化的象征。广富林遗址发现的多件玉琮，虽然在选材、制作工艺和纹饰特点等方面都与良渚文化的玉琮存在明显的区别，但基本特征却被保留了下来。

广富林文化的鼎明显受到王油坊类型的影响，但其垂腹、鼎足单面或双面有竖向刻划纹、足背略鼓、抱腹式的特征，又似乎与更早的钱山漾遗存（距今4400—4200年）中的鱼鳍足鼎有着一定的嬗变关系（图一一）。

3. 广富林文化与浙南、闽北地区新石器时代文化的关系

浙南、闽北地区的新石器时代文化中，陶器主要以印纹陶为特色，出现时间较早，延续时间长。

印纹陶器在烧造工艺、制作方法、装饰风格和器型特征上与其他陶器有着明显的差别。我们曾经对广富林遗址地层出土的陶片进行过统计，印纹陶陶片大约占陶片总量的3%，说明相较于豫、鲁地区的史前文化，浙南、闽北地区

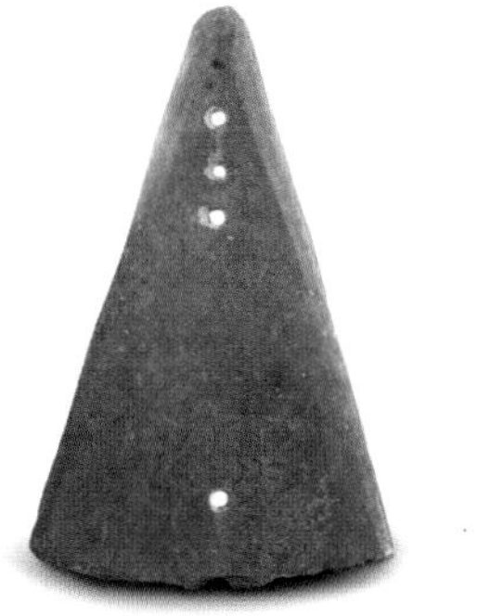

图一〇 广富林遗址出土的石犁

的新石器时代文化对广富林文化的影响力是比较弱的。

广富林文化的印纹陶，主要是造型各异的圈足或凹底的罐。比如，广富林文化的高领罐，与浙南好川墓地M71填土中的一件同类器十分相似，两者都是高领，唇部外勾。这一特征还见于福建闽侯溪头遗址下层文化中，年代稍晚的昙石山遗址三期遗存的高领罐仍能看到这种特征的延续（图一二）。广富林文化的宽把硬陶鬶甚至与广东曲江石峡遗址发现的同类器如出一辙（图一三）。从这些断断续续的线索中，能清楚地看到浙南、闽北地区以印纹陶为特征的新石器时代文化对广富林文化的影响。

4. 广富林文化的自身特色

广富林文化陶器中，还有一些器物，如泥质陶罐（图一四），是广富林文化所特有的，在其他文化中尚找不到可资比较的参照物。这些器型很可能是先民在广富林文化的形成过程中将外来的文化因素与自身的土著文化杂糅创造出来的。

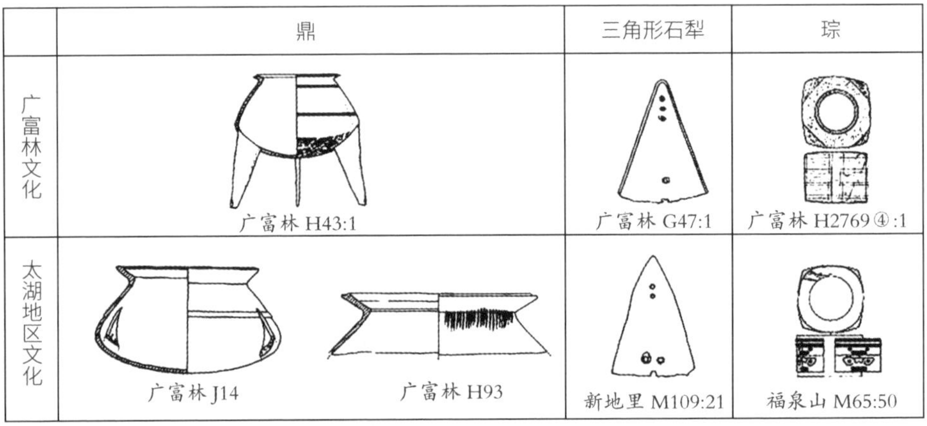

图一一　与本地传统有关的广富林文化器物

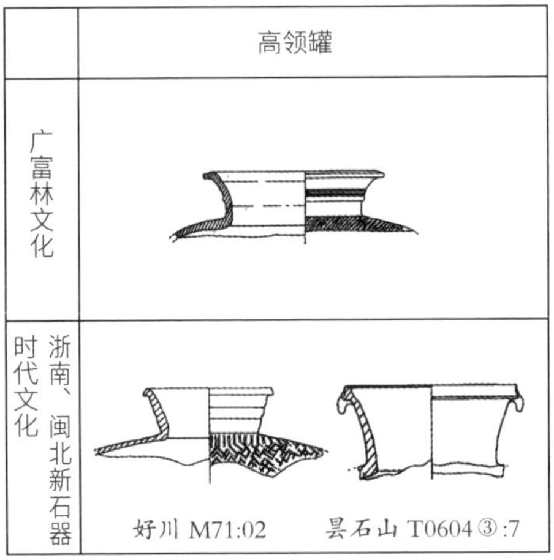

图一二　与浙南、闽北地区新石器时代文化有关的广富林文化器物

图一三 图一四

图一三 广富林文化印纹陶鬶

图一四 广富林文化泥质陶罐

五、广富林文化在早期文明研究中的启示

早期文明研究是人类进化史中最引人注目的话题之一。世界历史上，曾经存在过许多古代文明，如古埃及文明、古玛雅文明、美索不达米亚古代文明、印度古文明等，它们就像灿烂的烟火，在历史的天空中一闪而过，然后消失。因此，文明的衰落与文明的起源一样，同为早期文明研究的重要问题。

研究表明，广富林文化是处于良渚文化和马桥文化之间的一支考古学文化。它明显晚于良渚文化，却在各个方面反映出与良渚文化文明发展水平上的巨大差异。

1. 聚落规模上的差异

良渚社会具有运转良好的组织架构和社会管理职能，其物化表现就是可以征调大量人工进行大型工程建设。良渚遗址是良渚社会的中心性聚落，也是良渚社会大型工程建设的典范，其主体是一座面积达 300 万平方米的土筑古城，古城外围有规模宏大的防洪和灌溉系统。这些工程需要动用大量的劳力，花费大量的时间来完成。

目前，确认含有广富林文化遗存的遗址只有20余个，遗址数量的锐减，反映了人口的大幅减少和社会规模的紧缩。在这些遗址中，没有发现任何大型工程建筑的遗迹。大型纪念性建筑的缺失，反映了社会控制能力和管理层次的降低。

2. 社会等级分化方面的差异

良渚社会已经形成了明显的等级差异。这首先体现在不同聚落之间的级差上，既有以良渚遗址为代表的中心性聚落，也有以福泉山遗址、寺墩遗址为代表的次级中心聚落，更多的是一般性聚落。等级差异还体现在人群间的社会分层现象上。良渚文化的墓葬规模已经出现了明显的等级分化，大墓结构复杂，多使用棺椁，随葬品的数量众多，且以玉器为主。小墓形制简单，少见或不见随葬品。

广富林遗址中发现的500余座新石器时代的墓葬中，广富林文化时期的只有11座。这些墓葬分布散乱，其中6座相对集中，其余5座分布于遗址的北部、南部，相互之间没有联系（图一五）。墓葬基本以长方形竖穴土坑墓为主，除了常见的单人仰身直肢葬外，还有2座为侧身屈肢葬。如M254，墓主为30多岁的男性，头向东，面向北，双膝弯曲（图一六）。各墓主头向也不一致，东北、西南、东南等不同方向都有。墓葬的随葬品较少，11座墓葬中仅有3座发现少量的随葬品。其中，M35的随葬品数量最多，共9件，有夹砂陶鼎、泥质陶罐、豆、器盖、纺轮、石刀等（图一七）。

3. 手工业水平的差异

良渚社会具有高超的手工业水平。良渚文化的陶器普遍使用轮制，器整胎薄，制作精美；玉器琢磨精巧，雕刻细微；丝织品、漆木器、象牙器都是使用当时最高技术制作的工艺品。

而广富林文化的陶器装饰较为简单，拍印或者刻划的纹饰大都比较粗犷，与良渚文化黑陶上精致、细巧的细刻纹相去甚远。仅见的几件玉琮，材质以绢云母类石质为主，表面或素面，或饰简单的弦纹，不见良渚文化制作玉器的浅浮雕、微雕等技艺（图一八）。这种情况反映了当时的经济和手工业水平无法完成高档艺术品的生产。同时，手工业的生产涉及社会资源的获取和分配，一些技艺的失传也反映了资源贸易与再分配贫乏的事实。

中国常常被视为世界四大文明古国中唯一文明未曾中断、延续至今的国家。张光直先生曾经把中国早期文明的起源概括为连续性的形态，将之与西方世界断裂性的形态相对比。但仔细分析，新石器时代末期向青铜时代过渡的这段时间，中国史前文明只有中原地区保持着原有的节奏，持续发展。中原地区以外的许多早期文明，如长江中游地区的石家河文化、东北地区的红山文化、黄河下游地区的山东龙山文化、长江三角洲地区的良渚文化等，都走向衰落。这些地区后起的新文化，与前期文明之间呈现出明显的断裂。因此，从中国的实例分析，文明的衰落也是文明发展的一种普遍现象，也有学者将之称为“连续”中的“断裂”。从良渚文化到广富林文化的文明衰落现象，说明文明的进程并不是单线条直线进化的模式，它警醒着后人：文明是脆弱的，并非永恒的！

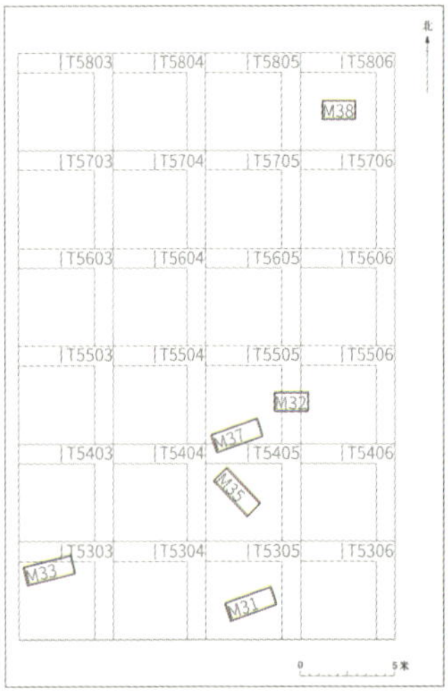

图一五 广富林文化部分墓葬分布图

图一六 广富林文化M254

图一七 广富林文化M35随葬器物

图一八 广富林文化玉琮

图一五	图一六
图一七	图一八

未解之谜

由广富林遗址的考古发现而命名的广富林文化，为探索长江下游地区早期文明化进程提供了重要材料，解决了一些问题，但同时也带来了更多新的疑惑。

1. 广富林文化的确认是否完全填补了“时间黑洞”？

广富林文化的发现，部分证实了栾丰实先生等人关于良渚文化年代的认识，原来所说的典型良渚文化遗存的结束年代与马桥文化的起始年代之间大致有500~600年的时间空白。广富林文化填补了两者之间的部分时间空白，但是依然没有完全解决历史问题。

根据对比分析，可以看出广富林文化与典型良渚文化之间差异很大，似乎从良渚文化到广富林文化之间缺乏一种文化的过渡。实际上，上海松江广富林遗址还发现了一类以鱼鳍足鼎和细长颈鬶为代表的遗存。这类遗存于20世纪50年代首先在浙江钱山漾遗址出土。广富林遗址的田野考古工作，从地层关系上明确了这类遗存的年代晚于典型良渚文化，早于广富林文化，这种地层关系也被钱山漾遗址新的发掘成果所证实。为了与典型良渚文化、广富林文化有所区别，我将之称为“钱山漾阶段”遗存，它代表了良渚文化向广富林文化过渡的一个特殊的时间阶段。但是，从文化面貌来看，钱山漾阶段遗存与广富林文化之间还是存在比较大的差异，是什么原因造成了这种文化上的演变？

青铜时代的马桥文化的器物组合、装饰方式、制作技术等都与广富林文化存在巨大的差异。马桥文化的文化因素无法从广富林文化中找到源头。同时，参考夏商周断代工程的研究结果，与马桥文化的年代上限大致相当的二里头文化二期的绝对年代为距今3750—3600年。如果参考二里头文化的年代，马桥文化的年代上限时间也应该推后。如果这个年代数据比较客观，那么在广富林文化与马桥文化之间还存在一段时间空白，或许还存在一个我们未发现的考古学文化。

2.广富林文化是移民文化吗?

由于文化因素的多元性，广富林文化在被确认之后，上海当地的媒体就不断在报道中称其为“上海最早的移民”。

从广富林文化的主体文化因素来看，它来源于黄河流域的王油坊类型。张敏先生曾经考证，王油坊类型可能是有虞氏部落所创造的文化。舜是有虞氏部落中最著名的人物。当时，舜所在的有虞氏部落主要活动在今天王油坊类型遗址分布的地区。江淮地区发现的南荡遗存可能就是有虞氏部落南迁的结果。广富林文化与南荡遗存、王油坊类型文化面貌相似，据此似乎可以勾连出早期先民长距离文化传播的路径。

文化因素的分析也得到了科技考古研究的支持。科技考古学者曾经对广富林遗址周围的现代植物和出土的动物骨骼进行了分析。通过对M254人骨微量元素的数据分析可知，他所代表的古代人类可能不是土著居民，从而显示，在距今4000年左右，一部分外来移民来到了上海及周围地区。

有关广富林文化的研究才处于起步阶段，还有许多问题需要寻找答案。

遥远的远古时期到底发生了什么，使这批先民千里迢迢地从黄河流域迁徙至此?

他们又是走了哪条路线，如何克服重重险阻，渡过天堑长江来到这里的呢?

这一时期，上海本地的原住民去了哪里?他们与迁徙人群之间发生了怎样的故事?

还有，究竟是什么原因导致了从良渚文化到广富林文化的文明衰落呢?是海侵、洪水或者气候恶化等环境因素，还是某些社会内部原因?

辽河流域

牛河梁

牛河梁红山文化坛、庙、冢等遗址和珍贵玉器的发现，证明了早在5000年前

牛河梁遗址的考古发现，被称为

牛河梁遗址

郭明

辽宁省文物考古研究院

牛河梁遗址位于辽宁省建平县、凌源市和喀喇沁左翼蒙古族自治县的交界处，遗址面积达50余平方公里，是一处由不同地点、不同功能的多组遗迹构成的红山文化晚期遗址群。遗存的主体年代距今5500—5000年。牛河梁红山文化坛、庙、冢等遗迹和发现的珍贵玉器，证明了早在5000多年前，这里的社会形态已经发展到原始文明的古国阶段。它对中国上古时代的社会发展史、传统文化史、思想史、宗教史、建筑史、美术史的研究都产生了重大影响。

1988年，牛河梁遗址被国务院公布为第三批全国重点文物保护单位。

2003年，牛梁河遗址第十六地点被评为“2002年度全国十大考古新发现”。

“辽宁西部山区发现5000年前大型祭坛、女神庙和积石冢群。考古学家根据已出土的大批文物初步判断，5000年前，这里存在过一个具有国家雏形的原始文明社会，这一重大发现使中华文明史提前了一千多年”。

新华社1987年7月24日的报道，使“牛河梁”这个名字跃入了大众的视野。以坛、庙、冢为标志性遗迹的牛河梁遗址的考古发现，被称为“中华五千年文明的曙光”。由此，牛河梁遗址一度成为众多历史、考古和艺术研究者争相前往的“圣地”（图一）。

一、被考古发现重新定义的牛河梁

牛河梁遗址位于辽宁省西部努鲁尔虎山东南侧的山前丘陵地带，北靠努鲁尔虎山，南隔大凌河谷与松岭相望。由于岩石风化严重，质地疏松，土壤蓄水能力较差，夏季爆发的山洪给区域内留下了大量冲沟。现代人群沿着地势平缓的山间谷地分散居住，在村村通公路之前，坡度相对平缓的梁脊是不同沟谷间居民的重要通道。

虽然现代这一区域内的水系并不发达，且降雨量小，但对周边区域的环境分析显示，牛河梁遗址红山文化人群活动的距今5500—5000年的时期，正处于全新世大暖期最适宜的阶段。当时的气候较现代暖湿，由落叶乔木、灌木和草地共同构成高低错落的地表植被，常见桦树、榛树、橡树、松树、柳树、榆树、椴树等树种。清澈平缓的河流中生长着环纹藻等水生藻类。适宜的环境为野生动物提供了丰富的食物，鸡、猪、牛、羊、野兔、鹿等动物在此间生存，也为人类提供了必要的肉食资源。

图一 红山文化主要遗址分布示意图

无论是发掘者，还是来访者，都注意到了牛河梁遗址西南侧的一座造型独特的山峰。两侧山峰直立，中间平缓，远远望去，恰似某种神兽从远处穿越丛林而来，隐隐露出头。虽然遗址点的分布位置有很大差异，但无论从哪个地点看，这座山峰所呈现出来的形象都是一致的，发掘者根据山的形状，将其称为猪首山或猪山（图二）。

实际上，猪山是由广山、木兰山和龙首山三座山峰组成的，只有站到牛河梁遗址的位置，猪山的特征才能显现。猪山可能对各地点的选址产生

图二 远望猪首山

过重要影响。有趣的是，在牛河梁遗址出土的较为重要的玉（猪）龙和单勾型的勾云形玉器的造型（图三），都能隐隐看出与此山相似的特征。它们似乎显示出，当时，猪山作为一座存在于人们生活环境中的大山，其影响力已经渗透到人们的社会生活中了。

二、牛河梁遗址的追寻与探索

牛河梁原指连通建平县（老建平）和凌源市的东北—西南走向的山梁，因牤牛河发源于此山东麓而得名。牛河梁遗址最早被发现的第二地点就在这道山梁的南侧（图四），很快，在附近又发现了八个地点。而后，在外围更广泛的区域内发现了更多的遗址点。考虑到遗存性质和分布区域地貌的相似性，此区域被统称为牛河梁遗址，区域内的遗迹也以地点来区分。因此，牛河梁也扩大成为这个区域范围的代称，成为不隶属于特定行政区划的“特区”。

考古发现有运气的成分，但运气总是偏爱有准备的人。牛河梁遗址的发现，既是

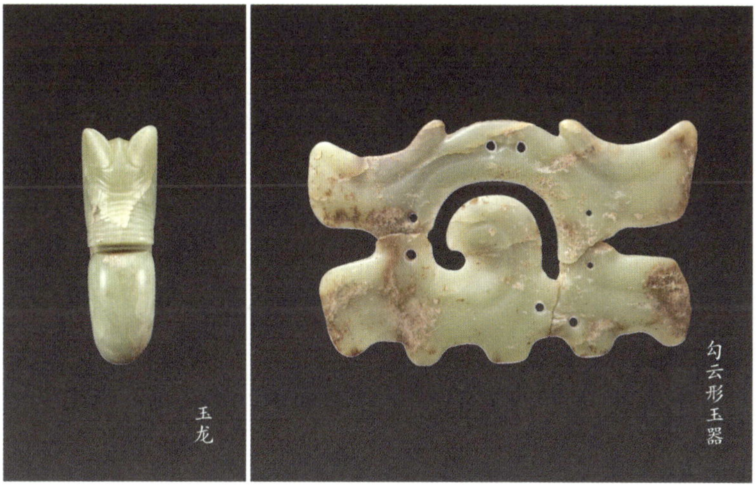

图三 牛河梁遗址出土的玉龙和勾云形玉器

考古学家的运气，更是他们不断探索的必然结果。

如果说运气，就是这些重要的发现成功地避开了被破坏的命运，默默等待着重见天日、一鸣惊人的时机。一条冲沟自东北向西南贯穿了发现墓葬和出土玉器数量最多的第二地点一号积石冢（图五），据说这是日本人修建第二地点下面的那条铁路时挖出的排水沟。很多墓葬都被这条排水沟破坏，包括位于中央位置的 M25。受到破坏最为严重的 M22，其砌筑石棺的石块都已残失，仅残存最底部的几块，但人骨和随葬玉器却得以存留。此后，虽有零星的玉器被村民捡到，但并未引起大的轰动。

20 世纪中期，国际上出现了一股玉器收藏和研究的热潮，造型新颖的勾云形玉器、斜口筒形玉器进入收藏和研究者的视野中。因其成熟的风格和高超的工艺，这批玉器的时代被确定在商周之后。而几乎在同一时期，文物部门也陆续征集到一批造型相近的玉器，三星他拉的 C 形玉龙便是其中最为著名的一件（图六）。有些研究者敏锐地注意到这类器物与中国传统的龙文化之间可能存在的相似性，并开始探寻这类玉器的年代和来源。

图四 牛河梁遗址第二地点全景

这时，摆在辽宁省文物工作者面前的还有另外一个问题。自从文物工作重新步入正轨之后，各地的史前考古工作都取得了相当大的成果，各地区的考古学文化谱系都逐步建立起来。在辽宁，辽东地区的文化谱系也相对完善，而辽西地区却仍然没有什么进展。作为传统的红山文化分布区，却没有发现红山文化遗址，这也是激励考古工作者去探寻的重要原因。探寻玉器的来源和建立辽西地区的考古学文化谱系成为辽宁的学者们迫切想要解决的问题，牛河梁遗址发掘的时机伴随着解决学术问题的需要慢慢成熟了。

很快，关于玉器来源的线索就出现了。1972 年，在阜新胡头沟遗址发现了一座石棺墓。因着牤牛河水的冲刷，石棺暴露在断崖上，随葬品被村民捡走。玉器被成功收回后，初步确认了勾云形玉器、玉鸟、玉龟等 15 件玉器都出自该墓葬。这是辽西地区第一次明确地发现出土玉器的墓葬。这座出土玉器的墓葬被春秋时期的墓葬打破，可以确定此墓的年代较早。由于此前并未发掘过红山文化时期的墓地，对红山文化时期的墓葬形制和出土遗物的特征并不了解，虽然地层中发现了红山文化的彩陶片，但墓葬的年代是否可以早至红山文化时期仍然存疑。对外公布信息的时候，发掘者保守地将墓葬的年代定在了西周到春秋时期。与玉器墓相关的发现还有墓葬外围的无底彩陶筒形器和石砌围墙。这些此前未曾发现的多种现象，为未来牛河梁遗址的发现及年代的确定奠定了基础。

此后，大甸子墓地出土了斜口筒形玉器（时称马蹄形玉箍）和勾云形玉器，明确了这类玉器出现的时间可能不晚于夏家店下层文化时期。

在 20 世纪 70 年代末开始的第二次全国文物普查工作中，辽西地区不断有新的发现。喀左东山嘴遗址出土了与胡头沟遗址玉鸟造型相似的松石鸮、与三星他拉玉龙的龙首造型相似的双龙首玉璜。凌源三官甸子城子山（后来编号为牛河梁遗址第十六地点）发掘了三座墓葬，出土了勾云形玉器等玉器 17 件。由于发掘区地层都较薄，且被夏家店下层文化遗迹打破，遗迹中混出夏家店下层文化时期的陶片，无法对其年代进行准确判定。打破墓葬的夏家店下层文化的遗迹以及地层中发现的红山文化陶片都显示，这类玉器的年代早于夏家店下层文化，可能与红山文化相关。虽然并未成为确证，但将这类玉器与红山文化联系起来的朦胧想法，为接下来的发现提供了指引。寻找红山文化遗址、确认这类玉器的出土地点及年代，这两个问题渐渐合流，牛河梁遗址的发现，为这两个学术问题提供了答案。

接下来的 1981 年，作为建平县文物普查工作的业务指导，郭大顺先生将对红山文化遗存的调查作为此次建平县文物普查工作的重点。在培训会上，他特意提醒参与调查的工作人员要重点关注有关玉器的线索。当地文物干部告知工作人员，村民家里收藏有玉笔筒（斜口筒形玉器）。随后，根据当地村民提供的线索，在建平县富山乡马家沟西北侧建平和凌源交界的山岗上找到了玉器的出土地点。

这条东西向山梁的山脊上，在沟边农民取石头的地方发现了出露的人骨，清理出一座石板砌筑的石棺墓葬，这是牛河梁遗址正式发掘的第一座墓葬（编号为N2Z1M1）。墓葬中出土了一件大玉环，从而确认了出土玉器的墓地，即如今所知的牛河梁遗址第二地点。地表散布着红山文化的陶片，也发现了和东山嘴、胡头沟遗址一样的筒形器片，但未见其他时期的遗物，可能是一个性质较为单纯的红山文化遗址。1983年，孙守道和郭大顺两位先生在中国考古学会第四次年会上发表了《论辽河流域的原始文明与龙的起源》一文，将辽西地区的考古发现向业内公布，正式提出了三星他拉玉龙等一批征集玉器属于红山文化的观点，引起了很大的反响。

1984年，牛河梁遗址第二地点M4出土了两件玉雕龙和一件斜口筒形玉器（图七），这类玉器属于红山文化的观点得到了考古材料的证实。红山文化遗址和玉器的年代终于都得到了确认，一个发现同时解决了两个问题。

牛河梁遗址在发现之初就得到广泛关注，这与一直到如今都为考古界所关注的对文明起源的讨论有关。中华文明五千年是我们的习惯认知，可我们的历史记载所能追溯的历史却最多只有四千年，探寻中华五千年文明的证据，成了摆放在学者面前的重要任务。

对牛河梁遗址的关注也得益于此前东山嘴遗址的发掘工作。1982年，东山嘴遗址发现了中心对称的石砌建筑群，包括北侧的方形基址、南侧的圆形祭坛以及大大小小的女性陶塑像。日用生活陶器群的缺失，提示着考古工作者这是一处特殊的礼仪性建筑群，可能是进行宗教祭祀的场所。碳十四年代测定的结果表明，北侧方形基址的年代为距今5485±110年，已经进入了红山文化晚期。

宗教被视作文明社会的产物。距今五千多年前的祭祀遗存的发现，很快引起了正寻找五千年文明证据的学术界的关注。1983年，在著名考古学家苏秉琦教授的倡导下，“燕山南北、长城地带考古专题座谈会”在朝阳召开，与会专家亲到现场“座谈东山嘴”。东山嘴遗址是当时发现的中国境内年代最早的宗教活动遗存，显示辽西地区的

图五
牛河梁遗址第二地点一号积石冢

图六
三星他拉的C形玉龙

图七
N2Z1M4及遗物出土状态

图五
图六 图七

红山文化遗存可能是探讨中华五千年文明发展史的关键，而规模更大的牛河梁遗址也很快成为关注的重点。

牛河梁遗址的考古发现，是辽宁的考古工作者思考和主动探寻的结果；牛河梁遗址的持续工作，则得益于学术界对文明起源这一重大问题的关注和讨论。玉器成为发现牛河梁的重要线索，而牛河梁遗址名称的最后确定，则是一系列考古发现的结果。考古发掘工作之初，牛河梁遗址就以探讨中华文明起源和早期社会发展的特征为目标。这不仅具有区域考古发展的意义，更是站在了探讨中华文明起源的前沿。

三、红山文化庙、坛、冢——牛河梁遗址的考古发现

庙（第一地点“女神庙”）、坛（祭坛 N2Z3）、冢（可能具有祭祀功能的墓地）是牛河梁遗址最受关注的三类遗迹。

庙

虽然出土玉器的墓葬是牛河梁遗址最早发现的遗迹，但最早发掘并引起关注的却是一座特殊的建筑，直到如今，这座建筑的神秘面纱也未能完全揭开，这就是“女神庙”。

在第二地点北侧山梁的冲沟中，考古工作者发现了大量红烧土，从中可以分辨出一些表面磨光的人体塑像残块。沿着冲沟上行，塑像残块的原生地出现了，那是冲沟边缘一处厚约 80 厘米的红烧土堆积。在这些红烧土集中分布的区域里，发现了两个规模不大的半地穴式建筑遗址（图八）。

北侧的建筑遗址规模略大，平面呈不规则形，多室，主体为长方形，东、西两侧有圆形侧室，南侧有一个长方形南室。南侧的建筑遗址规模较小，约与北侧建筑遗址的南室相当，发掘者选择从这里开始发掘。很快，更多人像的肩部、残臂、断手、乳房残块以及彩陶祭器、塌落的建筑壁画残块等被发现了。在发掘快要结束的时候，最

图八 『女神庙』全景

激动人心的时刻出现了——一件与真人近乎等大的相对完整的泥塑人头像出现在大家面前。这场穿越五千年的相遇，给发掘者和当地居民带来了极大的震撼。

这件头像由黄黏土掺草禾捏塑，面部打磨光滑，施以红彩，五官保存相对完好。头像的顶部及左耳缺失。左耳残存部分规整的圆孔痕迹，可能曾佩戴玦等装饰品。头像的双眼内以镶嵌的淡青色玉片为睛，口内残存的蚌片可能是其牙齿（图九）。

头像的面部特征非常写实，甚至连细微的表情都隐约可见。可能与著名的大卫雕像一样，女神头像也是根据一位真实存在的、有名有姓的女性雕塑出来的。这件女神头像被著名的考古学家苏秉琦先生称为“红山女祖”。

图九 女神头像正面

“女神头像”和大量女性人体塑像残件的发现，使“女神庙”代替了客观的田野考古编号，成为这座建筑遗址的名称。虽然后来又清理、出土了动物塑像（图一〇），如“猪龙”（熊）的头、蹄，泥塑大禽（鹰）的脚趾残块，但“女神庙”的名称却未再改变。

“女神庙”的堆积以红烧土为主，揭开表土，就可以看到大量烧毁的泥塑人像残块和建筑构件，各类遗物以红烧土块的形式混杂堆积在一起。史前时期的雕像曾被认为是宗教出现的重要特征，各类塑像集中出现的“女神庙”也被视作这一时期重要的宗教礼仪场所。除了保存相对完好的女神头像之外，遗址内还出土了三种规格的人体塑像，分别为真人的三倍大、两倍大及等大。多种规格的人像共存，是否显示了这些人像之间存在着等级差异呢？

在“女神庙”的北侧不远处，一座更大的建筑遗址露出了痕迹，那里有石砌的边

图一〇
『女神庙』出土的动物塑像

界，台地边缘有石块堆积的护坡。沿着地表可见的石墙痕迹，考古工作者找到三组面积不等、呈“品”字形排列的山台。山台的整体情况、山台与女神庙的关系，仍然需要进一步探索。

坛

第二地点距第一地点“女神庙”最近。就在“女神庙”开始发掘的第二年，第二地点的发掘工作也开始了。与“女神庙”不同的是，这处遗迹最为明显的特点就是大大小小的石块。

在这个牛河梁遗址规模最大的积石冢群中，需要再细分的遗迹单元包括石板砌筑的墓葬、石块砌出的多组石墙和冢上封石三部分，因此，发掘者曾将“以石筑墙、以石砌墓、墓上堆石”三种特征作为判断积石冢的依据。虽然有些积石冢也可见封土，但遗迹的主体是石头的，主要通过石块之间的关系对遗迹进行确认。

第二地点开始发掘的第一年，在西部发现了三座积石冢，自西向东分别编为1号、2号、3号。每个区域内都发现了大量石块，但随着发掘工作的继续进行，3号积石冢渐渐显示出了不同。

首先是形制的不同。西侧两个积石冢的多道石墙都是直墙，由白色石灰岩石块砌筑；而3号积石冢的墙是圆形的，由埋在土中的红色安山岩切成的多面体石柱组成。

其次是墓葬的不同。在清除掉表面杂乱的石块之后，1号和2号积石冢都开始发现墓葬，3号积石冢却不见墓葬。这种差别对刚刚形成的“以石筑墙、以石砌墓、墓上堆石”的积石冢的概念产生了挑战。虽然砌石边界和积石的特征与积石冢一致，但其中并未发现墓葬。这说明，它的功能可能与作为墓地的积石冢有所不同，所以发掘者将其区分出来，另称为“坛”。在发现了堆满偶像的“庙”之后，“坛”露出了形迹。

最早被认识的红山文化的坛，是东山嘴遗址发现的圆形坛，由石块砌成圆形的区域，内侧填充鹅卵石。而牛河梁遗址的坛，形制更加规整，规模也明显更大。牛河梁遗址的坛分为圆形与方形两种形制。

圆坛N2Z3位于第二地点的中心位置。坛的建造过程是先平整地面，之后垫土，同时埋入由红色安山岩制成的柱状石桩。石桩排列成三重规整的圆环形，规格由外向内逐层缩小，但出露位置却逐渐增高，形成了逐层高起的三层圆台（图一一）。

在内圈界桩的内侧，摆放着陶筒形器，大石块堆积主要集中于内层界桩以内的坛顶中心位置。一个与石界桩弧度相同、摆放规整的残存石块，显示这里当年可能存在一个石砌的圆形台面。

石界桩所圈定的三层圆环，直径分别为11米、15.6米和22米。冯时先生推断其应该是五千年前的“盖天图解”。三重圆环直径的等倍关系也见于后世的天坛，因此，牛河梁遗址的三重圆坛是北京天坛的鼻祖，是目前发现的年代最早的祭天圆坛。

这些发现给当时的学术界带来很大的震撼。坛、庙、冢被视为可以与北京的天坛、

图一一 牛河梁遗址圆坛（N2Z3）遗迹

太庙和十三陵相类比的存在。后者是京城的标配，而在距今五千多年前出现的这类遗存，是否暗示当时可能有类似国家的结构出现了呢？

1983—2003 年是牛河梁遗址考古工作的黄金时期。该阶段的调查确认了牛河梁遗址的十六个地点，并对其中的第一地点、第十三地点进行了试掘，对第二、三、五、十六地点进行了系统发掘。

除了圆坛之外，第二地点、第五地点又发现了方形的，有砌石边界和积石而不见墓葬的遗迹。根据此前对坛与冢的认识，这两个方形的积石遗迹也应称为坛。方坛规模相对较小，皆为长方形，有砌石边界，表面积石。

方坛的特征与后世的地坛差别较大，无法通过与后世相似建筑的类比来确定其功能。

方坛仅发现于多个积石冢共存的地点，只有单一埋葬区的第三地点、第十六地点未见。虽然依据现有的材料无法判定其具体的功能，但似乎可以看出坛的规格和使用范围出现了等级化的趋向。

冢

第一地点的“女神庙”、大平台，第十三地点的建筑，都是在以往发掘中发现的与特殊行为有关的遗迹，但由于发掘和保护技术手段的限制，只获得了少量的信息。除此之外，发掘数量较多的积石冢虽然提供了社会分层的证据，却也提出了新的问题。

积石冢是牛河梁遗址最早确认的遗迹，墓葬是其中最为核心的特征。在牛河梁遗址的晚期阶段，已经出现了明显的社会垂直分化，墓葬的规模、随葬品种类和数量等方面都出现了明显的差异，呈现出层级化的变化趋向，这种个体间地位和等级的差异成为社会的普遍现象。其中，等级最高的中心大墓的出现，是判断牛河梁遗址已经进入复杂化社会的依据。

以墓葬数量最少的第二地点 Z2 为例，其共有四座墓葬，位于石砌围墙中心位置的 M1 规模最大。虽然因墓葬早期被盗，未见随葬品，但可知修筑过程为墓穴凿入基岩，石板错缝砌筑石棺，而后在地面砌筑方形二层台，再垫土，砌筑外侧石墙，最后积石。N2Z2 的石砌围墙是服务于中心位置的 M1 的，这意味着位于中心位置、另外兴建地面二层台和围墙的 N2Z2M1 的墓葬等级明显高于它南侧的三座墓葬，三座墓葬是凿入基岩并且在南侧留出阶梯的台阶式大墓。与 N2Z2M1 规模相似，有围墙等附属设施的中心大墓还有 N2Z1M25、N2Z1M26、N5Z1M1、N16M4，除 N2Z2M1 未见随葬品之外，其余墓葬的随葬品数量都相对较多。

虽然不是每个积石冢（埋葬区）都有此种规模的墓葬，但在牛河梁遗址晚期阶段仍发现了五座规模、等级相似的墓葬。于是，新的问题来了：这些大墓的墓主是同时并存、彼此具有竞争关系的个体呢，还是不同时期前后相继的最高权力的拥有者呢？如果他们同时并存，那么哪一个的墓葬规模更大，哪一个就是牛河梁地区当之无愧的领袖吗？如果他们作为领导者的时间不同，那他们的早晚关系又该如何确认？

玉器

玉器是牛河梁遗址最受关注的遗物，大多出土于墓葬中，少量出土于地层中。这些出土玉器的制作工艺非常成熟，玉工已经熟练掌握了管钻、片切割、绳锯切割等多种技法，并且可以根据器类和制作要求的不同，灵活地采用不同的加工技法。不同玉器的制作工艺是存在差异的，虽达不到良渚玉器的那种精细程度，但总体上器表打磨光滑，以器表的高低变化表现纹饰特征，几乎不见制作痕迹，粗犷中显示着细腻。

随葬玉器的种类和数量是判断墓主人社会地位的重要依据。牛河梁随葬品最多的墓葬（N2Z1M21）共出土玉器 20 件（图一二），不仅数量明显超过同一埋葬区中心位置的大墓，而且玉料的来源相当复杂，其中多件玉璧的原料可能产自贝加尔湖地区。无论是墓主人跨越数千公里获得这些器物，还是这些器物因着某种原因跨越广阔的空间出现在牛河梁，都会是当时引人注目的事件。无论是哪种情况，我们都可以将这位墓主纳入牛河梁遗址社会层级体系的最上层。在那个时候，贫富已经出现了分野。如果不是这种获取远方物品所彰显的墓主的魅力和活动能力，那什么才是进入牛河梁社会管理核心的必要条件呢？

虽然有这些疑问，但玉器的使用规范与墓葬规模之间的对应关系显示，以玉作为载体的社会规范开始出现，并被当时的人群严格遵守。

玉器的使用，玉器的生产组织和再分配，都是了解牛河梁遗址的重要方面。这些问题推动我们不断地去探索牛河梁遗址的奥秘。

随着对牛河梁遗址和积石冢形成过程的认识不断深入，我们发现，这是一个相对统一的社会，在同一领袖的领导之下。虽然我们不清楚最高权威个体的产生方式，但社会职能、社会权威与个体之间差异的出现，显示了纵向分化明显的复杂化社会已经渐趋形成。

图一二
牛河梁遗址 N2Z1N21 遗物出土状态

四、中华文明的曙光——牛河梁遗址与中华文明起源

距今 5600—5000 年的牛河梁遗址，是与传说中“三皇五帝”年代相同的遗存。坛庙、陵寝和宫殿，是中国历史上非常重要的三类建筑，兼顾神灵、生死的多重需要，是帝王权威和统治的象征，是统一帝国中心的标配。N2Z3 的三重圆环及三层圆直径

之间的等倍关系与天坛的结构相似，“女神庙”内的各类泥塑与宗教或礼仪行为相关，加之为特定个体修建的封土封石的积石冢，这些特征似可与天坛、太庙和十三陵相类比。牛河梁遗址的这些发现，对后世产生了持续的影响，是不间断文化传统的重要证据，为五千年文明的讨论提供了重要资料。这也是牛河梁遗址一经发现就引起关注的原因，也使得牛河梁遗址的发掘与研究从开始就站在了探讨文明起源的前沿。

虽然牛河梁遗址的遗存性质相对单一，但牛河梁遗址的考古发现为我们展现了一个手工业生产发达，有着复杂的社会分工，出现了明显的等级分化和相应的社会秩序，以统一的意识形态和社会公共礼仪行为作为协调社会行为手段的“神权”社会。

与礼仪活动有关的陶器和玉器的生产都显示出复杂的分工和生产组织模式，同一个积石冢内筒形器的生产显示着社会强大的生产组织能力，而出土玉器的特征差异及玉料复杂的来源则表明人群控制和影响的范围可能相当广阔。

社会公共设施、复杂的社会群体构成、高度的等级分化以及玉器使用所表现出来的规范化的特征，无一不在提示着这是一个高度复杂化的社会。如果我们将牛河梁遗址的每个墓葬区都作为一个社会群体的基本单位来看待的话，排除明确以社会公共设施为主的第一、第十三地点之外，牛河梁遗址所代表的社会可能是团结在一人之下，由四十多个同等规模的社会单位组成的群体。而在这个社会中，出现了成员在墓葬规模和随葬品数量上的差异，即我们通常所说的垂直分化。墓葬规模和随葬品的规范开始出现，表明社会分化开始出现了制度化的特征。

牛河梁遗址的玉器已经对装饰用玉和礼仪用玉进行了明确的区分，前者是每个个体皆能获取的资源，而后者则成为划分拥有者社会地位的重要标志。玉器的使用规则是社会行为规范的物质表现，玉器成为社会规范的载体。

虽然没有城市、文字和金属器，但以牛河梁遗址为代表的红山文化所表现出的社会等级的高度分化，礼制和社会规范的出现，大型社会公共设施的兴建和使用，复杂的手工业生产专业化的分工，都显示着复杂社会的形成。虽然在中华文明起源的庞大系统当中，牛河梁遗址只是满天星斗中的一颗，但其自身的发展、成熟和衰落，文化的引进与输出，与其他地域文明的交流和互动，都是中华文明起源的讨论中不可或缺的一环。牛河梁遗址代表着辽西地区文明化进程的高峰，是多元一体文明的重要参与者和贡献者。

五、古迹新生

2008 年，牛河梁国家考古遗址公园开始建设。

对第一地点“女神庙”仅做了局部清理，回填后在地上做了简单的遗迹复原展示。

第二地点的遗址面积最大，遗迹现象最为丰富，可以看到上下层积石冢在地层上的区分和多个遗迹单位的形成和使用过程。因此，为保护裸露在外的石灰岩石块，减少雨水和空气氧化对其造成的侵蚀，在发掘区域用搭建保护棚的办法进行了全覆盖，并在四周搭设了参观通道。

对与第二地点遗存性质基本相同的第三、第五和第十六地点则进行了回填。

未来的考古发现，将会以不同的形态加以展示。漫步在牛河梁国家考古遗址公园，体验五千年前牛河梁先民所创造的辉煌文明，将是历史给予今天的我们最伟大的馈赠！

未解之谜

1. 牛河梁遗址的这些大型社会公共设施的建造者和使用者是谁？他们从哪里来，是如何生活的？与牛河梁遗址规模相匹配的大型居邑坐落在何处？是何种原因导致了牛河梁遗址的衰落，甚至这一区域后继者的埋葬习俗都发生了明显的变化？

2. 这一时期的社会结构和组织方式是什么样的？从设施的规模上看，牛河梁遗址是红山文化晚期重要的社会公共活动中心，这个中心所辐射的范围有多大呢？在胡头沟遗址也发现了与牛河梁遗址类似的墓地布局，这两地的人群之间有什么关系呢？

3. 牛河梁遗址发现的玉器，有些虽然有修复的痕迹，但皆为成品。多年来的调查皆未发现玉器作坊的遗迹，而且玉料的来源复杂，不同器类的工艺传统差别明显。那么，这些玉器从何而来，又是如何生产的呢？

4. 这些没有防御设施、没有武器、爱好和平、沉迷宗教的人群赖以生存的方式是什么样的呢？

5. “女神庙”形体巨大的偶像、第五地点发现的陶塑穿靴小人像、第三地点发现的陶塑人面、第十六地点发现的陶塑手部残件，它们是否代表着不同小区域间祭祀方式的差别，抑或是反映了不同时期祭祀方式的变化呢？

图书在版编目（CIP）数据

考古队长现场说　中华何以五千年 / 高江涛，李平编 . —
太原：三晋出版社，2021.6
ISBN 978-7-5457-2300-7

Ⅰ . ①考…　Ⅱ . ①高…　②李…　Ⅲ . ①文物—考古—中国—
通俗读物　Ⅳ . ① K87-49

中国版本图书馆 CIP 数据核字（2021）第 122570 号

考古队长现场说 · 中华何以五千年

编　　者：高江涛　李　平
责任编辑：秦艳兰
助理编辑：张丹华　孙科科
责任印制：李佳音
装帧设计：我在文化工作室

出 版 者：山西出版传媒集团
三晋出版社（山西古籍出版社有限责任公司）
地　　址：太原市建设南路 21 号
电　　话：0351－4956036（总编室）
0351－4922203（印制部）
网　　址：http://www.sjcbs.cn

经 销 者：新华书店
承 印 者：山西新华印业有限公司

开　　本：720mm × 1020mm　　1/16
印　　张：29
字　　数：450 千字
印　　数：1-3000 册
版　　次：2021 年 7 月　第 1 版
印　　次：2021 年 7 月　第 1 次印刷
书　　号：ISBN 978-7-5457-2300-7
定　　价：88.00 元